# MONOGRAPHIE

DE L'ÉGLISE ROYALE

DE

# SAINT-DENIS

Tombeaux et Figures historiques

PAR LE B<sup>on</sup> DE GUILHERMY

MEMBRE DU COMITÉ DES ARTS ET MONUMENTS

Dessins

## PAR CH. FICHOT

CORRESPONDANT DU MÊME COMITÉ

> Moult de gent... viennent en liglise de monsegnour saint Dyonise de France où partie des vaillans roys de France gisent en sépouture.
>
> GUILLAUME DE NANGIS. Chronique française.

**Prix : 5 francs.**

## PARIS

LIBRAIRIE ARCHÉOLOGIQUE DE V<sup>or</sup> DIDRON
PLACE SAINT-ANDRÉ-DES-ARTS, 30

MDCCCXLVIII

# MONOGRAPHIE

DE L'ÉGLISE ROYALE

DE

# SAINT-DENIS

PARIS. — IMPRIMERIE DE CLAYE ET TAILLEFER
RUE SAINT-BENOÎT, 7

# MONOGRAPHIE

DE L'ÉGLISE ROYALE

DE

# SAINT-DENIS

Tombeaux et Figures historiques

PAR LE B<sup>on</sup> DE GUILHERMY

MEMBRE DU COMITÉ DES ARTS ET MONUMENTS

**Dessins**

PAR CH. FICHOT

CORRESPONDANT DU MÊME COMITÉ

> Moult de gent... viennent en l'iglise de monseignour
> saint Dyonise de France où partie des vaillans
> roys de France gisent en sépouture.
> GUILLAUME DE NANGIS, Chronique
> françoise.

PARIS

LIBRAIRIE ARCHÉOLOGIQUE DE V<sup>ve</sup> DIDRON

PLACE SAINT-ANDRÉ-DES-ARTS, 30

M.DCCC.XLVIII

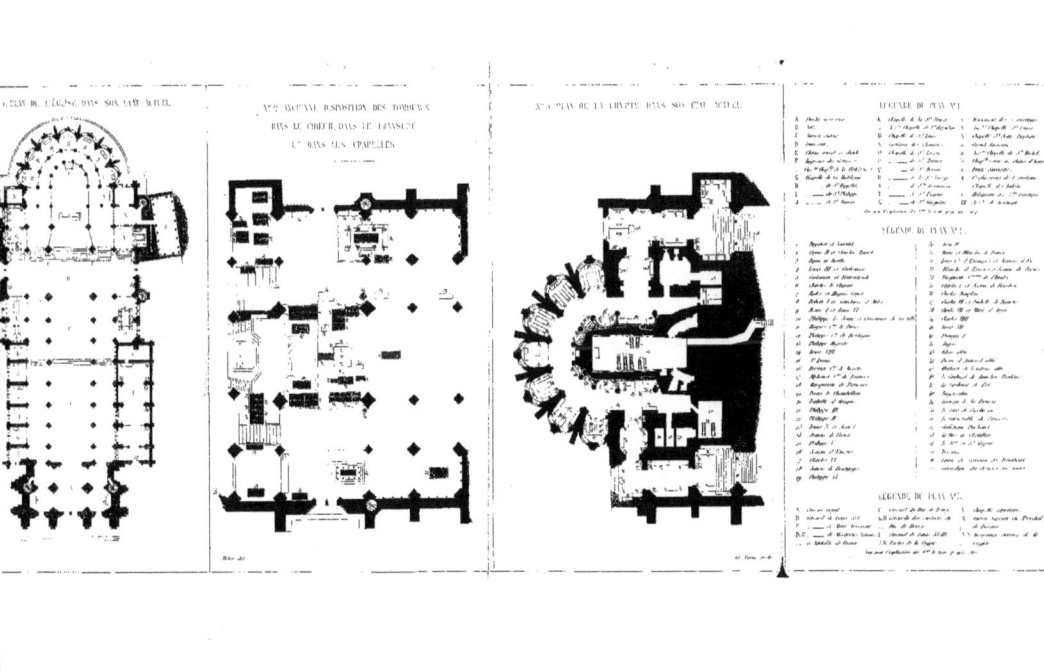

L'église de Saint-Denis a dû son illustration aux tombes royales dont elle a été constituée dépositaire, plus encore qu'à la majesté de son architecture, ou à la splendeur de son ancienne décoration. Ce sont les tombeaux qu'elle renferme, qui ont fait sa réputation dans le monde populaire. Il s'est aussi trouvé des poëtes pour les chanter, des historiens pour en dire les origines, des antiquaires pour en décrire l'ordonnance et l'ornementation. Qu'on ne s'étonne pas trop cependant d'en voir paraître une description nouvelle. Notre siècle comprend autrement que ses prédécesseurs les travaux d'histoire et d'érudition; rien n'est plus ordinaire de nos jours que d'entendre dire des choses assez neuves sur des sujets qui depuis longtemps semblaient épuisés.

Chargé par M. le Ministre des travaux publics d'étudier, de concert avec le nouvel architecte de l'église, M. E. Viollet-Leduc, les nombreux monuments aujourd'hui rassemblés à Saint-Denis, dans leurs rapports avec l'iconographie historique et religieuse, nous allons résumer dans ce volume les re-

# L'ÉGLISE
DE
# SAINT-DENIS.

## CHAPITRE PRÉLIMINAIRE

**Histoire et Description sommaires.**

L'époque du martyre de saint Denis est demeurée incertaine. Les historiens ecclésiastiques ont hésité entre le $1^{er}$, le $11^e$ et même le $1V^e$ siècle. Mais la tradition qui indique le sommet de la colline de Montmartre comme le lieu de la mort du saint apôtre, et qui place son tombeau dans l'endroit où se trouve aujourd'hui la ville de Saint-Denis, n'a pas été contestée par la critique sévère de l'histoire.

« Le saint évêque Denis, et ses deux compagnons, le prêtre
« Rustique et le diacre Éleuthère, souffrirent, comme le dit
« Hilduin dans son livre des Aréopagitiques [1], leur mémorable
« et très-glorieuse passion, à la vue de la cité des Parisiens,
« sur la colline qui se nommait auparavant Mont de Mercure,
« parce que cette idole y était particulièrement honorée des

---

[1]. Hilduin était abbé de Saint-Denis au commencement du neuvième siècle; il prit le gouvernement de l'abbaye, l'année même de la mort de Charlemagne.

« Gaulois, et qu'on appelle aujourd'hui le Mont des Martyrs,
« en mémoire des saints du Seigneur qui accomplirent en ce
« lieu même leur martyre triomphal. »

L'île de la Cité et le quartier de Paris qui s'étend au midi, sur la rive gauche de la Seine, étaient pleins, il n'y a pas encore soixante ans, de monuments dont les souvenirs se rattachaient à toutes les circonstances de l'apostolat et du martyre de saint Denis. Aucun de ces édifices n'a survécu à nos troubles religieux et politiques.

Sur la cime de Montmartre (Mons Martyrum), une abbaye, dont l'église subsiste encore, couvrait de ses curieux bâtiments le lieu arrosé du sang des trois martyrs. Des chapiteaux de marbre dont le style appartient aux premiers siècles chrétiens, attestent encore, dans cet édifice, l'empressement que montrèrent les fidèles à consacrer par des monuments la mémoire des saints, dès que la paix eut été donnée à l'Église.

*Origine de l'église.* — Une pieuse femme, l'histoire a conservé son nom, elle s'appelait Catulle, avait courageusement assisté dans leur prison, et défendu devant le préfet romain, saint Denis et ses deux compagnons. Ce fut elle encore qui osa recueillir les corps mutilés des trois martyrs. Elle les fit déposer dans un champ qui lui appartenait, et dont l'emplacement se trouva compris plus tard dans l'enceinte de l'abbaye de Saint-Denis. Nous savons que longtemps avant l'invasion des Francs, une basilique superbe en ornements et illustrée par de fréquents miracles, s'était élevée sur le champ de Catulle. Ce premier édifice tombait en ruines au v<sup>e</sup> siècle; sainte Geneviève le fit rebâtir, avec le secours du prêtre Génès et des autres prêtres de l'Église de Paris. On peut lire dans Grégoire de Tours le récit des prodiges arrivés dans le nouveau temple pour la guérison des pèlerins et pour le châtiment des profanateurs. Une communauté de moines gouvernée par un abbé, desservait dès lors l'église des saints Martyrs. Mais la magnificence avec laquelle Dagobert renouvela l'église et dota l'abbaye, fit oublier l'œuvre de ceux qui les premiers avaient honoré la sépulture des martyrs ; à ce prince fut décerné sans partage le titre de fondateur, et jusqu'à la suppression du monastère, les religieux de Saint-Denis n'ont jamais manqué de célébrer chaque année, le 19 janvier, un service solennel en sa mémoire.

*Rétablissement de l'église par Dagobert.* — Dès les premiers temps de son règne, vers l'an 630, Dagobert entreprit la réédification de l'église. Il la décora de marbres précieux, de tapis magnifiques, de portes en bronze, de vases d'or rehaussés de pierreries. Saint Éloi cisela de ses mains le tombeau des martyrs et la grande croix d'or érigée à l'entrée du chœur. Il fallait à ce temple une consécration digne de lui : une antique tradition assurait que Jésus-Christ lui-même en était venu célébrer la dédicace, entouré d'un merveilleux cortége de martyrs et de confesseurs. On montre encore, dans une des chapelles de l'église, l'endroit par où le divin pontife entra dans la basilique de Dagobert [1].

*Reconstruction au VIII$^e$ siècle.* — Le roi Pépin, après avoir reçu en 754, à Saint-Denis, avec la reine Berthe et ses deux fils, l'onction royale des mains du pape Étienne II, commença la reconstruction de l'église mérovingienne, qui ne comptait pas encore un siècle et demi d'existence. Charlemagne acheva l'édifice et le fit dédier de nouveau en 775.

*Preuves d'une reconstruction au XI$^e$ siècle.* — Durant les

---

1. V. pour les détails de fondation et de reconstruction, FÉLIBIEN, *Histoire de l'abbaye de Saint-Denis*; dom DOUBLET, *Histoire de l'abbaye de Saint-Denis*, 1625; dom DUBREUIL, *Antiquités de Paris*; dom GERMAIN MILLET, *le Trésor sacré de Saint-Denis, etc.*, 1645; GILBERT, *Description historique de l'église de Saint-Denis*; DEBRET, *Notice sur les diverses constructions et restaurations de l'église de Saint-Denis*.

quatre siècles qui séparent le viii<sup>e</sup> du xii<sup>e</sup>, et le règne de Charlemagne de celui de Louis VII, l'église de Saint-Denis dut éprouver le sort de tous les monastères du nord de la France. L'histoire nous a conservé le récit des affreux désastres causés par les invasions des Normands et par les guerres civiles qui signalèrent les derniers règnes de la dynastie de Charlemagne. On sait que l'abbaye de Saint-Denis ne fut pas épargnée. Mais il ne nous est parvenu aucun détail sur les dévastations que l'église et les bâtiments du monastère subirent certainement à cette époque. L'architecture de la partie centrale de la crypte, ses arcs en plein cintre, ses chapiteaux historiés, indiquent de la manière la plus évidente une reconstruction qui a dû être faite dans le cours du xi<sup>e</sup> siècle, mais sur laquelle nous ne possédons pas d'ailleurs de renseignements écrits. L'église de Dagobert et celle de Charlemagne n'ont laissé de leur magnificence si vantée d'autres souvenirs matériels qu'un petit nombre de colonnes et de chapiteaux de marbre restés debout contre les parois de la crypte.

*Suger élève une nouvelle église au* xii<sup>e</sup> *siècle.* — Au xii<sup>e</sup> siècle, le grand abbé Suger résolut de rebâtir l'église tout entière ; c'était au moins une troisième reconstruction. Il éleva rapidement le portail et les tours, le chœur et la nef, enfin les chapelles inférieures du chevet ainsi que l'abside qui les surmonte. Par ses soins, des verrières remarquables par leur éclat et curieuses par la signification mystique de leurs sujets, garnirent toutes les ouvertures de l'édifice ; l'autel reçut la décoration la plus splendide ; le chœur et le trésor se meublèrent d'une incroyable quantité d'objets précieux. Suger surveillait lui-même l'extraction des pierres, le choix des bois de charpente, la confection des vitraux, des croix, des vases sacrés ; c'était lui qui composait, en distiques latins, les inscriptions à graver sur le métal, ou les légendes à inscrire dans les compartiments des verrières. Une double dédicace eut lieu en 1140 et en 1144.

*Reconstruction au XIII* siècle ; portions ajoutées dans les siècles suivants.* — Dans les premières années du XIIIe siècle, en 1219, le lendemain de la Nativité de la Vierge, la foudre consuma une haute flèche en charpente qui couronnait la tour septentrionale du portail. Peu d'années après, vers 1230, l'église elle-même menaçait ruine. Six cents annnées s'étaient à peine écoulées depuis la fondation de l'église de Dagobert, et les édifices successivement reconstruits à la place du premier n'avaient eu, comme lui, qu'une durée moyenne d'environ cent cinquante ans. Une dernière reconstruction qui mit l'édifice à peu près dans l'état où nous le voyons encore, demanda un demi-siècle de travaux (1231-1281.) L'abbé Eudes Clément remplaça l'ancienne flèche de bois par une pyramide en pierre, et releva toute la partie interne de l'abside ; son troisième successeur, Mathieu de Vendôme, termina la croisée et la nef. Les chapelles latérales de la nef, du côté du nord, s'élevèrent l'une après l'autre, dans le cours du XIVe siècle. Quelques additions de médiocre importance, datent de la fin de ce même siècle et du siècle suivant. Le siècle de Henri II et de Catherine de Médicis construisit, sur le flanc septentrional de l'abside, cette somptueuse chapelle des Valois qui fut détruite au temps de la régence de Philippe d'Orléans, et dont les colonnes ont servi à composer une ruine factice dans le jardin de Mouceaux, à Paris.

*Suppression du titre abbatial.* — Louis XIV dépouilla Saint-Denis de son titre abbatial, pour enrichir la maison de Saint-Cyr des revenus attachés à la dignité d'abbé. Depuis Dodon, le premier abbé de Saint-Denis, qui vivait en 627, jusqu'à Jean-François-Paul de Gondi, cardinal de Retz, qu fut le dernier, soixante-treize abbés ont gouverné le monastère. On compte dans ce nombre Fulrad, Hilduin, Suger, Mathieu de Vendôme, Charles le Chauve, les rois Eudes, Robert, Hugues Capet, les cardinaux de Bourbon, de Lorraine, de Guise, Mazarin, et le fameux coadjuteur si célèbre par ses exploits, ses Mémoires et sa pénitence. Par une exception des plus singulières, l'abbaye de Saint-Denis n'a produit aucun personnage que l'Église ait placé au rang des saints.

***Destruction des bâtiments de l'abbaye. Dégradation de l'église.*** — Le règne de Louis XV démolit tous les bâtiments de l'ancien monastère, pour mettre à leur place un lourd édifice qui n'a d'autre mérite que ses immenses proportions. Puis la révolution vint en son temps violer les tombeaux, briser les marbres, fondre les métaux, jeter les reliques aux vents, et substituer, dans l'église des martyrs, les fêtes décadaires aux cérémonies chrétiennes. Tour à tour temple de la Raison, dépôt d'artillerie, théâtre de saltimbanques, magasin de farines et de fourrages, la basilique était menacée d'une ruine complète. Déjà, on l'avait dépouillée de ses vitraux et de sa toiture. Pour en sauver au moins quelques débris, un architecte se vit réduit à proposer sérieusement de la convertir en marché public ; la maîtresse-voûte était sacrifiée, les chapelles se transformaient en boutiques. C'est en ce grave péril que le Concordat trouva l'église et la sauva. En 1806 un décret impérial fit de Saint-Denis le siège d'un chapitre et le tombeau de la dynastie nouvelle. L'édifice, après tant de mauvais jours, fut, pour humiliation dernière, condamné à être restauré par les mains de l'école impériale. Ce que les fureurs du vandalisme le plus sauvage n'avaient pas eu le temps de faire, des architectes sont venus l'accomplir avec tout le loisir, tout l'argent et toute la sécurité désirables. Ils ont nivelé, régularisé, gratté, embelli, agrandi, raccommodé, si bien que le monument n'a plus rien de son caractère primitif. Figurez-vous un vieillard habillé en jeune homme, muni d'une mâchoire d'emprunt, le visage tout fardé, le chef couvert d'une perruque blonde et bouclée.

*Ruine imminente de la façade.* — Le XIXe siècle a été certainement pour Saint-Denis le plus désastreux. La façade de l'église a surtout subi d'étranges transformations. Une dépense énorme de 7,267,000 fr., a eu pour résultat d'amener l'édifice à un état de ruine imminente. Au moins espérait-on avoir obtenu, au prix de tant de travaux, la consolidation de l'église. En 1837, la foudre frappa la grande flèche; il fallut en reconstruire plus de la moitié. Elle était à peine terminée qu'elle s'affaissa sur elle-même, et que des lézardes effrayantes se manifestèrent dans toute la hauteur de la tour qui la supportait. La flèche a été descendue en 1846; cette année (1847), la tour a été rasée, et maintenant il ne s'agit de rien moins que de mettre à bas la façade tout entière, pour la rebâtir avec les deux tours, de manière à n'avoir plus à en redouter la chute.

## DESCRIPTION.

*Formes et dimensions.* — Nous allons indiquer sommairement au lecteur ce que l'église présente aujourd'hui de plus intéressant.

Elle est construite sur un plan disposé en croix latine. Ses dimensions principales sont les suivantes :

|  | Mètres. | Cent. |
|---|---|---|
| Largeur de la façade, y compris les contre-forts des faces latérales.................... | 33 | 50 |
| ...............sans ces contre-forts...... | 29 | 10 |
| Longueur de l'église, dans œuvre............ | 108 | 16 |
| Largeur la plus grande.................... | 37 | 04 |
| Élévation sous clef de voûte................ | 28 | 92 |

|  | Mètres. | Cent. |
|---|---|---|
| Hauteur des plus grandes fenêtres............ | 10 | 52 |
| Épaisseur des piliers qui les séparent......... | 1 | 05 |
| Diamètre des roses du transept.............. | 11 | 60 |
| Longueur de la nef....................... | 65 | 57 |
| Largeur de la nef........................ | 11 | 75 |
| Diamètre des piliers de la nef............... | 1 | 50 |
| Largeur des bas-côtés..................... | 4 | 95 |
| Leur élévation sous clef................... | 12 | 05 |
| Longueur du transept, dans œuvre........... | 39 | 32 |
| Sa largeur.............................. | 12 | 04 |
| Longueur du chœur (non compris le collatéral ni la chapelle du fond).................. | 26 | 10 |
| Sa largeur la plus grande.................. | 9 | 40 |
| La flèche qu'on vient de détruire s'élevait à... | 84 | 15 |
| La hauteur de la tour restée debout, est de.... | 58 | 13 |

*Sculptures des portes; iconographie.* — Trois portes s'ouvrent au pied de la façade occidentale. A travers les restaurations qui les déshonorent, il est facile de reconnaître cependant les curieuses sculptures dont Suger en avait historié les tympans et les voussures. A la porte centrale, les morts ressuscitent; le Christ va prononcer la dernière sentence; sa mère l'implore pour les pécheurs; ses apôtres sont assis à ses côtés; Abraham reçoit dans son sein les âmes des élus; les damnés sont précipités dans les enfers; les vingt-quatre vieillards tiennent des instruments de musique et des vases, qui, suivant saint Jean, renferment pour parfums les prières des justes. Sur les pieds-droits de la même porte, des bas-reliefs reproduisent la parabole des vierges sages et des vierges folles. La porte du midi est consacrée au martyre de saint Denis; les saints et leurs bourreaux sont figurés à la voussure ; au tympan, le Christ vient communier lui-même saint Denis et ses deux compagnons, dans leur prison. Le tympan et les voussures de la porte du nord appartiennent presque entièrement aux restaurations modernes ; ce sont de pitoyables caricatures. Un zodiaque, aujourd'hui incomplet, couvre les montants de cette dernière porte ; les travaux des douze mois sont représentés sur les pieds-droits de celle du midi.

Il existe une autre porte d'un travail très-remarquable à l'extrémité du croisillon septentrional. Elle a conservé six grandes statues, qui sont certainement celles de quelques-uns des ancêtres de Jésus-Christ, mais auxquelles on a donné les noms des premiers rois de la dynastie capétienne. L'auteur de ce mensonge historique a réussi au delà de ses espérances ; ces figures ont été moulées, et leurs plâtres, placés au musée de Versailles, passent pour les portraits daguerréotypés de Hugues Capet, de Robert, de Henri, de Philippe, de Louis VI, et de Louis VII. Les sujets sculptés au tympan de la porte, sont la condamnation et le supplice de saint Denis.

Les chapiteaux des colonnes et les rinceaux qui complètent l'ornementation des quatre portes monumentales de l'église, sont d'un travail excellent, et très-supérieur à celui des figures.

*Appareil polychrome.* — Aux deux côtés de la rose du portail occidental, des baies en ogive sont remplies par des assises alternées de pierre blanche et de marbre noir. Ce détail rappelle le système suivi dans la construction de la plupart des églises italiennes du moyen âge. L'abbé Suger n'aurait-il pas voulu mettre là un souvenir de ce qu'il avait vu dans les deux voyages qu'il fit en Italie à la suite des abbés ses prédécesseurs ? Il nous apprend lui-même, dans le livre de son administration, qu'il avait apporté le plus grand soin à la conservation d'une mosaïque placée au tympan d'une des portes de la façade ; il la fit rétablir à la porte du nord ; un détestable bas-relief en occupe aujourd'hui la place déjà usurpée, en 1771, par une sculpture non moins mauvaise.

*Architecture intérieure. — Nef.* — Les deux premières travées à la suite du portail sont un reste de l'église de Suger ; elles forment aujourd'hui un porche intérieur ; c'est un heureux accident qui donne beaucoup de caractère à l'aspect du monument. La nef que construisirent Eudes Clément et Mathieu de Vendôme, sous les règnes de saint Louis et de Philippe le Hardi, s'étend sur une longueur de huit travées ; elle est accompagnée de collatéraux. Jusqu'au commencement de notre siècle, la suite des chapelles n'était complète que du côté du nord. Au midi, il existait seulement une chapelle double, qui ouvrait sur les deux dernières travées du bas-côté, et communiquait avec le croisillon. Aujourd'hui, une longue chapelle qui sert de chœur aux chanoines, pendant l'hiver, et une sacristie ont été bâties sur les six autres travées, dans un style à peu près conforme à celui de l'église. Des colonnes en faisceaux soutiennent les arcs en ogive et les voûtes de la nef. Une galerie à jour très-élégante règne au-dessus des arcs latéraux de la nef centrale. De nombreuses et larges fenêtres éclairent tout l'édifice. Les jours paraissent trop multipliés ; l'exagération des vides donne à l'architecture un aspect grêle et presque inquiétant. La maîtresse voûte manque de profondeur et tourne au plein cintre ; ce défaut, assez rare dans les constructions du xiiie siècle, est devenu bien plus sensible depuis que des barbares ont exhaussé tout le sol, sous prétexte de garantir le monument de l'humidité.

La petite galerie de la nef se continue dans le pourtour des croisillons et du sanctuaire. Deux roses immenses illuminent le transept.

*Abside.* — Le sanctuaire et l'abside, terminée en hémicycle, se divisent, dans leur circonférence, en treize travées. La première, de chaque côté, date du même temps que la nef; les autres, un peu plus anciennes, sont aussi d'une architecture un peu différente; des colonnes monostyles, coiffées de chapiteaux à crochets, en portent les arceaux. Le bas-côté de l'abside devient double à partir de la troisième travée. Les colonnes qui le partagent en deux galeries, les sept chapelles du chevet, toute l'enveloppe extérieure de l'abside, en un mot, ont appartenu à l'église de Suger. Quatre autres chapelles, dont une est changée en salle de service, ont été bâties à des époques différentes, dans le cours du xive siècle, sur le flanc des deux premières travées du sanctuaire.

Tout le chevet de l'église est exhaussé sur un grand nombre de marches. C'est sous cette partie de l'édifice que se trouve la grande crypte, dont nous parlerons ailleurs avec détail, en décrivant les tombeaux qu'elle contient maintenant.

*Décoration renouvelée.* — La décoration entière des chapelles, du maître-autel et de l'abside, a été renouvelée. On s'est servi presque toujours d'anciennes sculptures tirées du musée des Monuments français; mais aussi on les a souvent dénaturées pour les adapter à leur destination actuelle. Nous indiquerons rapidement les parties les plus curieuses de cette ornementation.

*Chœur d'hiver.* — *Sculptures*, xive siècle; *stalles et boiseries*, xve siècle. — Au devant d'un autel latéral, un bas-relief très-remarquable, du xive siècle, représente la naissance du Christ, l'adoration des Mages, le massacre des Innocents, la fuite en Égypte. Une grille du xiiie siècle ferme la partie de la chapelle réservée aux chanoines. Les stalles, du xve siècle, proviennent de l'ancienne abbaye de Saint-Lucien-lez-Beauvais ; des figures bizarres, des sujets grotesques empruntés aux romans et aux fabliaux, des ouvriers, des artistes, des industriels du temps, sont sculptés sur les miséricordes. Des boiseries admirables, tirées de la chapelle du château que le cardinal d'Amboise s'était construit à Gaillon, servent de dossiers à une partie des stalles; elles présentent un rang de sujets en marqueterie, et un autre de bas-reliefs. Un bas-relief, de la fin du xiv$^e$ siècle, représentant les scènes principales de la Passion, décore l'autel majeur. Les figures d'apôtres sont des plâtres moulés sur les statues de la Sainte-Chapelle de Paris. Le grand tableau du martyre de Saint-Denis, peint par Crayer, est un don de Napoléon.

*Chapelles du nord de la nef.* — Chapiteaux, bas-reliefs, retables, des viii$^e$, xiii$^e$, xiv$^e$, xv$^e$, xvi$^e$ siècles.

1$^{re}$ *chapelle.* — Une statue de Henri II, sculptée en pierre par Germain Pilon, et transformée, depuis quelques années, en Christ au tombeau.

Des chapiteaux en marbre du temps de Charlemagne; une statue du Christ et une de la Madeleine, xiv$^e$ siècle; un retable de très-grande dimension, en bois, sur lequel est sculptée la Passion du Sauveur, commencement du xvi$^e$ siècle.

2$^e$ *chapelle.* — Bas-relief en pierre peinte, fin du xiii$^e$ siècle, ayant pour sujet le martyre de saint Hippolyte. Les Actes des apôtres, bas-reliefs en pierre, autrefois placés au jubé de l'église abbatiale de Saint-Père, à Chartres; ils sont datés de 1543.

Retable en pierre, commencement du xiv$^e$ siècle, tout fleurdelisé; un Christ en croix en occupe le milieu.

3$^e$ *chapelle.* — Au retable et au devant d'autel, quatre bas-reliefs en marbre, xiv$^e$ siècle; ils représentent plusieurs personnages bibliques, saint Denis évangélisant le peuple de

Paris, et le même saint communié, dans sa prison, par Jésus-Christ.

Trois bustes en pierre de saint Denis et de ses compagnons, xive siècle.

*4ᵉ chapelle.* — La légende de saint Eustache, sculptée en pierre, au retable, commencement du xive siècle.

*5ᵉ chapelle.* — Devant de l'autel, grand bas-relief en pierre noire, xvie siècle ; le Christ et les apôtres, sculpture provenant de l'église des Mathurins, à Paris.

Au retable, la Passion, en pierre peinte, xive siècle ; une élégante architecture encadre les sujets.

Au-dessus du retable, la Trinité, groupe en terre cuite qui date du xviie siècle, et qui était autrefois à Paris, dans l'église de Saint-Benoît-le-Bientourné.

Des chapiteaux en marbre blanc de style carlovingien.

Le lieu où le Christ, venu pour consacrer l'église, guérit un lépreux.

*Transept.* — *Crucifix*, xive siècle. — Les chapelles du transept, en marbre et en bois sculpté, sont modernes ; les précieux crucifix en cuivre et en argent, placés sur leurs autels, datent du xive siècle.

*Maître-autel.* — Le maître-autel de l'église est encore paré d'un bas-relief considérable en vermeil, dessiné par Loir, qui représente l'adoration des Bergers, et qui fut donné, en 1682, à l'abbaye par un ancien religieux.

*Châsses des martyrs.* — Au fond de l'abside, les châsses des martyrs placées dans un curieux édifice de style gothique, et le siége du primicier, composé de fragments de la boiserie du château de Gaillon.

*Chapelles absidales.* — Les chapelles du chevet ont été peintes il y a peu de temps. Elles possèdent, presque toutes, des sculptures très-remarquables.

*Chapelle de Saint-Louis.* — A l'autel, bas-relief en pierre, xiiᵉ siècle; le Christ et les apôtres; inscription curieuse.

Tabernacle fait avec un dais en marbre blanc (xivᵉ siècle), qui était autrefois placé sur un tombeau, au-dessus d'une figure royale.

Une porte magnifique, qui vient de Gaillon, ferme la sacristie des chantres.

*Devant de tombeau*, viᵉ siècle. — Le devant de l'autel, dédié à saint Lazare, est, sans aucun doute, la sculpture la plus ancienne qui existe à Saint-Denis. Il paraît avoir fait partie d'un sarcophage des premiers siècles chrétiens; il a tous les caractères de ces tombeaux qui se trouvent encore en assez grand nombre dans les provinces méridionales de la France, et surtout en Italie. Des pilastres à chapiteaux antiques dégénérés, des strigilles, une croix sortant d'un vase et entourée de rinceaux, en forment la décoration.

Je passe sous silence, pour n'avoir pas à en faire la critique, tous les ajustements modernes.

La chapelle de Saint-Lazare et celle de Saint-Maurice possèdent chacune, sur son retable, un chapiteau de style carlovingien en marbre blanc.

Une charmante statuette en marbre, qui représente la Vierge, et dont les vêtements sont rehaussés d'or (xivᵉ siècle), surmonte le retable de l'autel de Saint-Benoît. On croit qu'elle provient de l'abbaye de Longchamp.

*Mosaïque*, xiᵉ siècle. **Retable en cuivre**, xiiᵉ siècle. — Dans la chapelle de la Vierge, au devant d'autel, une mosaïque à fond d'or, environ du xiᵉ siècle, représentant un religieux à genoux, peut-être un abbé; elle faisait primitivement partie du pavé de la chapelle principale de la crypte. Le retable vient d'une église de Coblentz; il est en cuivre repoussé et date du xiiᵉ siècle; il représente les apôtres recevant le Saint-Esprit.

Enfin, au-dessus de l'autel, s'élève une belle statue de la Vierge en pierre peinte; on assure qu'elle était autrefois à Notre-Dame de Paris.

*Chapelle de Sainte-Geneviève.* — La Passion, bas-relief en marbre blanc, xv$^e$ siècle; un moulage d'une statue de la sainte (xiii$^e$ siècle) qui fut trouvée, il a quelques années, dans des fouilles faites sur l'emplacement de l'ancienne église abbatiale de Sainte-Geneviève à Paris, et qui est conservée dans la chapelle gothique du collége de Henri-Quatre.

*Chapelle de Saint-Eugène; l'Église et la Synagogue.* — Au retable, des figures en pierre peinte, posées sur un fond de verre bleu, représentent le Christ en croix, la Vierge, saint Jean l'évangéliste, la Religion chrétienne triomphante et la Religion juive dégradée de ses antiques prérogatives (xiv$^e$ siècle).

Le devant d'autel de la chapelle de Saint-Grégoire appartient à la seconde moitié du xiii$^e$ siècle par son élégante arcature ogivale; on l'a gâté, en y ajoutant dans le fond des baies des figures d'un style détestable.

L'ancienne chapelle de Saint-Louis a été convertie en sacristie et en trésor. Les arcs en sont fermés; plusieurs planchers et cloisons la subdivisent en salles et en dépôts. Ce changement dénature tout le côté méridional du chevet.

*Grilles*, xiii$^e$ siècle. *Boiseries sculptées; croix historiée; bas-relief de Germain Pilon* — La dernière chapelle conserve le titre de Saint-Jean-Baptiste qu'elle portait depuis sa construction. On y a réuni une foule d'objets qui ne s'attendaient guère à se trouver jamais ensemble; ce sont: des figures historiques dont nous parlerons ailleurs; des grilles du xiii$^e$ siècle; un curieux retable en pierre coloriée; une niche très-élégante en bois sculpté; des statuettes en marbre de la Vierge et de saint Jean l'évangéliste; des chapiteaux à feuillages d'une délicatesse surprenante (xiv⁰ siècle); une croix en pierre qui provient du cimetière des Saints-Innocents à Paris (fin du xv⁰ siècle); des boiseries du château de Gaillon ; un tableau sur bois représentant la flagellation; une prédication de saint Jean dans le désert, sculptée en bas-relief par Germain Pilon pour la chaire de l'ancienne église des Grands-Augustins à Paris; enfin, un Saint-Jean-Baptiste, statuette en marbre, œuvre contemporaine sortie du ciseau de M. Feuchère.

*Statues*, xiii⁰ et xiv⁰ siècles. — Une statue de saint Denis, qui surmontait autrefois le pignon occidental de la nef de l'église; une grande Vierge en pierre coloriée; une reproduction en plâtre de la célèbre Vierge de marbre (Notre-Dame la Blanche) que la reine Jeanne d'Évreux avait donnée à l'abbaye de Saint-Denis, et qui est aujourd'hui à Saint-Germain-des-Prés, sont adossées au mur du collatéral de l'abside.

*Vitraux*, xii⁰ et xiii⁰ siècles. ***Arbre de Jessé. Histoire de Moïse. L'abbé Suger.*** — Il me reste à parler des vitraux peints qui garnissent à peu près la totalité des fenêtres de l'église. Je n'ai pu parvenir à savoir ce que sont devenues toutes les anciennes verrières de Saint-Denis, entassées pendant la révolution dans les magasins du Musée des Petits-Augustins. Ce qui s'en est conservé consiste dans les débris d'un arbre de Jessé, placé maintenant dans la chapelle de Saint-Eugène, et surtout dans les panneaux qui remplissent presque entièrement les deux fenêtres de la chapelle de la Vierge. Ces panneaux, qui forment onze médaillons, représentent plusieurs épisodes de la vie de Moïse, et des sujets mystiques empruntés en partie à l'Apocalypse; ils portent encore les inscriptions que Suger y fit placer pour servir d'explication aux figures; on y voit même cet illustre abbé prosterné devant la Vierge qui reçoit de l'ange l'annonce de sa divine maternité. D'autres anciens vitraux, en petit nombre, tirés de plusieurs églises, existent dans quelques chapelles ; on y reconnaît des fragments de la légende de saint Laurent et de celle de saint Vincent, des figures qui ont fait partie d'une série des vierges sages et folles, des portions d'une suite des vingt-quatre vieillards ; des panneaux en losange d'un style excellent, contiennent des griffons sur un champ tapissé de rinceaux. Des grisailles et des fragments confus ont été posés aux ouvertures du porche intérieur. Enfin, des verrières du xvie siècle, dont quelques-unes ont été achetées à Rouen, et qui ont toutes subi une pitoyable restauration, ont pris place dans les chapelles latérales de la nef au nord.

*Vitraux modernes. Légende. Histoire. Saint Denis. Saint Louis. Napoléon. Louis-Philippe Ier*. — La majeure partie des vitraux de Saint-Denis est donc moderne. Des sommes énormes ont été employées à la confection de ces peintures dont la présence déshonore l'église. Nous ne pensons pas que ces vitraux aient nulle part leurs pareils en laideur et en difformité. Qu'il nous suffise d'en indiquer la disposition générale.

A la petite galerie à jour, entre les arcs latéraux de la nef et les grandes fenêtres, dans la nef et dans les croisillons, plus de deux cents figures de papes, de saints et de personnages illustres de l'histoire ecclésiastique.

A la même galerie, dans l'abside, une triple série des portraits des rois et des reines de France, des abbés de Saint-Denis et de quelques autres personnages.

Aux grandes fenêtres, dans la nef, cinquante-six figures colossales de rois et de reines, depuis Clovis et Clotilde jusqu'à Philippe le Hardi et Isabelle d'Aragon.

Dans le croisillon septentrional, d'un côté, des sujets pris dans l'histoire des croisades et l'établissement de l'empire latin à Constantinople ; de l'autre, la vie de saint Louis, copiée tant bien que mal sur les gravures que le P. Montfaucon avait fait faire d'après des vitraux de l'église de Saint-Denis.

Dans le croisillon du sud, la restauration de Saint-Denis par Napoléon ; l'enterrement de Louis XVIII ; une visite du roi Louis-Philippe ; les emblèmes de toutes les dynasties que nous avons vues sur le trône depuis quarante ans.

Un arbre de Jessé se développe sur toute la rose du nord ; celle du midi représente la création, les signes du zodiaque et les travaux des mois.

La légende de saint Denis, son martyre, son ensevelissement, les reconstructions diverses de son église, depuis sainte Geneviève jusqu'à saint Louis, occupent les treize fenêtres hautes du chœur.

Nous n'aurions pas besoin d'ajouter que le système suivi dans l'ordonnance des vitraux de Saint-Denis n'a rien de commun avec l'ordre adopté par les verriers du moyen âge. Il se serait fait accepter par la noblesse des compositions, la beauté du dessin, l'éclat des couleurs, si l'exécution en eût été confiée à d'habiles mains ; mais le travail en est pire encore que l'invention.

*Caractère déplorable des travaux de restauration.*— Ce n'est pas dans une description sommaire comme celle dont nous avons voulu faire la préface de nos recherches sur les tombeaux des rois, qu'il était possible de donner une idée complète du monument, des vicissitudes qu'il a subies, de la manière déplorable dont les architectes restaurateurs en ont compris l'ornementation. Peut-être un jour réunirons-nous dans un autre volume tout ce que nous a appris sur ce triste sujet une longue étude du monument et des travaux qui s'y sont accomplis depuis plus de vingt ans.

Pour être complétement juste, ajoutons que cette désastreuse restauration de Saint-Denis n'est pas l'œuvre d'un ou de plusieurs hommes, mais bien celle d'une époque tout entière. A ce titre elle mérite d'être sérieusement étudiée, et il ne faut pas que le souvenir en périsse.

Nous pensons cependant qu'il suffit d'en constater par écrit la marche et le système ; nous ne sommes point de l'avis de ceux qui voudraient conserver avec un soin superstitieux jusqu'à la moindre trace des faits accomplis, et faire payer au monument déshonoré l'inintelligence de la génération qui avait entrepris de le rajeunir. En poussant à l'extrême un pareil principe, on n'aurait pas même dû faire disparaître les témoignages de la violation des sépultures et de la profanation de l'église.

Nous croyons sincèrement que les mauvais jours de Saint-Denis sont finis. Confiée maintenant aux mains d'un homme qui a fait ses preuves dans la restauration des monuments du moyen âge et dont la prudence n'est pas moindre que la science et le talent, cette église sortira enfin d'un état de déshonneur mille fois pire que la mort.

# TOMBEAUX

*PREMIÈRE PARTIE.*

LEUR ÉTAT ANCIEN. — VIOLATION DES SÉPULTURES.
TRANSPORT DES MONUMENTS A PARIS

# TOMBEAUX.

## CHAPITRE PREMIER.

**Sépultures des rois et princes des trois dynasties.**

*Première dynastie.* — Nous sommes à peine certains de l'existence des trois premiers personnages dont les noms figurent sur le catalogue des rois de France. Leur histoire est enveloppée de fables et de légendes. L'époque de leur mort et le lieu de leur sépulture nous sont complétement inconnus, malgré toutes les ingénieuses recherches de certains antiquaires qui s'étaient mis en quête du tombeau de Pharamond [1].

Nous n'en saurions pas davantage sur la sépulture de Childéric I$^{er}$, si des ouvriers qui creusaient les fondations d'une maison à Tournai, près de l'église de Saint-Brice, n'avaient mis à découvert, en 1653, la tombe ignorée de ce roi [2]. Elle contenait un grand nombre d'objets précieux, dont une partie existe encore au cabinet des antiques de la Bibliothèque royale de Paris. L'église de Sainte-Brice en a gardé une agrafe d'or qu'elle conserve soigneusement dans sa sacristie. Cependant, malgré le témoignage d'un anneau d'or qui portait l'effigie et le nom de Childéric, quelques critiques doutèrent que ce tom-

---

1. *Mémoires de la Société des Antiquaires de France*, t. III, p. 54.
2. *Description du Cabinet des Antiques*, CHIFFLET, in Anastasi Child. reg.; Montfaucon, *Monuments de la Monarchie française*, t. I$^{er}$.

beau fût réellement celui du père de Clovis. Mézerai n'y croyait qu'à demi, et le sceptique Sauval voulait que ce fût seulement la sépulture d'un Childéric qui paraît avoir régné sur la ville de Cambrai [1].

*Clovis I$^{er}$ et ses successeurs.* — A dater de Clovis, les renseignements deviennent plus nombreux et plus exacts. On sait que ce premier roi chrétien eut sa sépulture à Paris, dans l'église des Saints-Apôtres, qu'il avait fondée après la victoire de Tolbiac, et qui prit depuis le nom de Sainte-Geneviève. La même église conservait sur un de ses autels, dans une châsse d'argent, les restes de la reine sainte Clotilde. A l'époque de la destruction de cet édifice, en 1801, les démolisseurs découvrirent, dans le chœur, des tombeaux en tuf, d'un style très-ancien, qui avaient probablement contenu les corps de plusieurs personnages de la famille de Clovis.

Les premiers rois de Paris furent inhumés dans l'abbaye de Saint-Vincent (Saint-Germain-des-Prés), fondée par Childebert. Les tombeaux des rois de Soissons étaient à Saint-Médard. Au milieu du dernier siècle, le tombeau de Chlodoald, petit-fils de Clovis, existait encore dans l'église collégiale de Saint-Cloud. A Poitiers, l'église de Sainte-Radegonde est restée fidèle dépositaire du cercueil en marbre de sa patronne, femme

---

[1]. Les principaux objets renfermés dans le tombeau découvert à Tournai étaient le squelette du prince, une lance, une hache, un baudrier, une épée, deux anneaux, dont l'un marqué du nom et de l'effigie de Childéric, deux crânes humains, un reste de housse, une tête et un fer de cheval, un petit globe de cristal, un vase d'agate, plus de trois cents médailles d'or ou d'argent, antérieures à l'époque de la mort de Childéric, plus de trois cents petites figures en or, qu'on a prises pour des abeilles, des agrafes, des boucles, des restes de vêtements garnis pour la plupart de pierreries, enfin beaucoup d'autres objets en or dont la destination n'a pas été expliquée. Données en 1664 à Louis XIV par la cour de Vienne, ces antiquités ont été transférées du cabinet des médailles du Louvre au cabinet des antiques de la Bibliothèque royale. LEGRAND D'AUSSY, *des Sépultures nationales*.

du roi Clotaire I^er. Nous retrouverons à Saint-Denis quelques-uns des monuments dont la révolution a dépouillé l'abbaye de Saint-Germain-des-Prés. Gontran avait, dans l'église de Beaume-les-Dames, un tombeau qui a été détruit. Quelques débris de celui de la célèbre reine Brunehaut se trouvent conservés dans une collection de curiosités, à Autun.

*Premier prince inhumé à Saint-Denis.* — Nous avons dit qu'une église existait à Saint-Denis avec un monastère, bien des années avant le règne de Dagobert. Chilpéric et Frédégonde y firent déposer le corps d'un de leurs enfants, qui portait le nom de Dagobert, et qui était mort presque aussitôt après sa naissance, au château de Braine. Fortunat composa en l'honneur de ce prince une épitaphe métrique en acrostiche, qu'on peut lire dans l'*Histoire de Saint-Denis* par Félibien.

*Dagobert et ses successeurs.* — Mais ce n'est que depuis sa restauration au VII^e siècle que Saint-Denis devint un lieu de sépulture royale. Dagobert I^er, sa femme Nanthilde, son beau-frère Landégesile, ses fils Sigebert II et Clovis II furent inhumés dans l'église de l'abbaye. On croit que plusieurs des derniers rois Mérovingiens y reçurent aussi la sépulture. Les autres reposaient à Chelles, à Saint-Waast d'Arras, à Saint-Bertin, à Saint-Étienne de Choisy en la forêt de Compiègne. Les villes de Metz et d'Angoulême, l'église de Saint-Romain de Blaye, l'abbaye de Jumiéges, et celle de Saint-Crépin de Soissons, ont aussi possédé quelques tombeaux de princes de la première dynastie.

*Seconde dynastie. Sépultures impériales.* — Les monuments de Charles-Martel, de Pépin et de Berthe, de Carloman, frère de Charlemagne, de l'empereur Charles le Chauve et de l'impératrice Ermentrude, de Louis et de Carloman, fils de Louis le Bègue, et enfin du roi Eudes qui repoussa les Normands des portes de Paris, étaient tous réunis dans l'église de Saint-Denis. Charlemagne avait voulu avoir pour tombeau son église impériale d'Aix-la-Chapelle, où de magnifiques reliquaires, œuvres des XII$^e$, XIII$^e$ et XV$^e$ siècles, renferment encore sa tête et les ossements de son corps. La race de ce grand homme régna un moment sur plus de la moitié de l'Europe. Aussi rencontrait-on d'illustres sépultures de princes carlovingiens à Cologne, à Mayence, à l'abbaye de Prüm, à Saint-Emmeran de Ratisbonne, à Saint-Nazaire de Loresheim, à Saint-Maximilien d'Œttinghen, à l'abbaye de Reichenaw, à celle d'Andlaw, à Vérone, à Saint-Ambroise de Milan, à Saint-Antoine de Plaisance. En France, des empereurs, des impératrices, des rois et d'autres personnages de la seconde dynastie avaient été ensevelis à Saint-Arnould de Metz, à Saint-Pierre de Sens, à Bourges, dans les abbayes de Saint-Laurent et de Saint-Sulpice, à Saint-Martin de Tours et à Saint-Martin d'Angers, à Saint-Pierre de Lyon, à Sainte-Radegonde de Poitiers, à Saint-Corneille de Compiègne, à Saint-Rémy de Reims, à Saint-Fursy de Péronne et à Saint-Médard de Soissons. Je ne cite que les sépultures les plus connues; il faudrait un volume pour donner la nomenclature des tombeaux de tous ces princes.

*Troisième dynastie.* — Des trente-deux rois que la dynastie capétienne a produits, depuis Hugues Capet jusqu'à Louis XV, tous avaient à Saint-Denis leurs sépultures et leurs monuments, à l'exception seulement de trois: Philippe I$^{er}$, inhumé à Saint-Benoît-sur-Loire; Louis VII, à l'abbaye de Barbeau, et Louis XI, à Notre-Dame de Cléry. Les tombeaux des reines, femmes des rois de la troisième race, n'étaient à Saint-Denis qu'au nombre de dix-huit. Celles qui avaient choisi ailleurs leur sépulture, reposaient dans les églises de Montmartre, de Villiers-aux-Nonains, de Fontevrauld, de Pontigny, de Saint-

Jean-lez-Corbeil, de Notre-Dame de Paris, de Maubuisson, des Cordeliers et des Jacobins de Paris, des Cordeliers de Vernon, des Dominicaines de Montargis, de Notre-Dame de Cléry, de Saint-Laon de Thouars, des Capucines à Paris, à Vienne en Autriche dans le tombeau impérial, et à Westminster.

Depuis le XIIIe siècle, l'usage s'était introduit de partager entre plusieurs églises les restes mortels des rois et des reines. Dans les premiers temps, les religieux de Saint-Denis firent, au sujet de ce partage, de vives réclamations ; ils se prétendaient en droit de posséder seuls les corps entiers des rois. Mais les Frères-Prêcheurs et les Cordeliers l'emportèrent sur les Bénédictins ; leurs églises conventuelles furent admises à prendre des cadavres royaux, l'une le cœur, l'autre les entrailles. Le crédit des moines de Saint-Dominique et de Saint-François ayant diminué plus tard, leur privilége passa successivement aux religieuses de Maubuisson, aux Célestins, aux Jésuites, enfin aux Dames du Val-de-Grâce. C'était au Val-de-Grâce qu'étaient déposés dans une armoire de marbre et dans un caveau qui existent encore, les cœurs de presque tous les princes et princesses de la maison régnante depuis Anne d'Autriche, fondatrice du monastère.

*Monuments érigés pour les cœurs et les entrailles des rois.* — Les monuments s'étaient multipliés depuis que l'usage avait prévalu de faire ainsi trois parts de chaque roi défunt. Le même personnage eut souvent jusqu'à trois tombeaux érigés dans des églises différentes. Ainsi, des monuments de marbre, surmontés chacun d'une effigie couchée, renfermaient le corps de Charles V à Saint-Denis, son cœur à la cathédrale de Rouen, et ses entrailles à l'abbaye de Maubuisson. Un vase admirable, tout sculpté, en marbre blanc, placé dans l'église des religieuses de Haute-Bruyère, contenait le cœur de François I$^{er}$ dont le corps avait pour sépulture, à Saint-Denis, un mausolée justement célèbre. Aux Célestins de Paris, le charmant groupe des trois Grâces, aujourd'hui conservé au Louvre, portait le vase dépositaire du cœur de Henri II. Dans l'église de la maison professe des Jésuites, à Paris, des anges d'argent accompagnaient les cœurs de Louis XIII et de Louis XIV.

*Sépultures des princes du sang royal.* — A côté des tombeaux de rois et de reines, il n'existait à Saint-Denis qu'un petit nombre de monuments érigés à des princes, fussent-ils enfants de France. Des statues et des tombeaux de fils ou filles de rois se trouvaient à Saint-Corneille de Compiègne, à Saint-Louis et à Notre-Dame-de-Poissy, à Royaumont, à Longchamp, à Maubuisson, à l'abbaye du Pont-aux-Dames, à Saint-Antoine de Paris, à Saint-Martin de Tours, aux Annonciades de Bourges, à la cathédrale de Sens. Les princes de la maison royale qui étaient devenus chefs de branches, avaient choisi pour leur lignée une sépulture particulière dans des églises fondées ou enrichies par leurs libéralités, et dans lesquelles ils étaient assurés de tenir, sans contestation, le premier rang. Quelques-unes de ces sépultures l'emportaient en magnificence sur celles des rois. On ne pouvait voir, à Saint-Denis, rien de plus beau que les mausolées des ducs de Bourgogne et de Bretagne à Dijon et à Nantes. Nous citerons quelques-unes des sépultures les plus remarquables des branches collatérales de la dynastie capétienne.

La première maison de Bourgogne avait ses tombeaux à Cîteaux, à Cluny, et dans quelques autres grandes abbayes de ses domaines.

Les comtes de Vermandois étaient inhumés à Saint-Arnould de Crépy; les comtes de Dreux, à Saint-Yved de Braine; les sires de Courtenay, aux Dominicaines de Montargis, à l'abbaye de Quincy et à celle de Fontaine-Jean; les comtes d'Artois, aux Jacobins de Paris et à Notre-Dame d'Eu.

Les princes de la première maison d'Anjou, à San Domenico de Naples, à Saint-Jean et aux Dominicaines d'Aix, en Provence.

Les Bourbons, aux Jacobins de Paris, au prieuré de Souvigny, à Aigueperse, à Saint-Georges de Vendôme, aux Jacobins de Lyon, à Thouars, à la chartreuse de Gaillon.

L'illustre maison de Condé, à l'église paroissiale de Valery, en Bourgogne; à celle de la maison professe des Jésuites à Paris, aujourd'hui Saint-Paul-Saint-Louis, à Chantilly et à Montmorency.

Les Conti, à Saint-Germain-des-Prés, à Saint-André-des-Arcs, à Paris, et dans l'église paroissiale de l'Ile-Adam.

Les comtes d'Évreux, dont plusieurs ont été rois de Navarre, aux Jacobins, aux Cordeliers et aux Chartreux de Paris, à Notre-Dame de Mantes et à la cathédrale de Pampelune.

Les comtes de Valois et ceux d'Alençon, aux Jacobins de Paris et à Notre-Dame d'Alençon.

Les ducs de Bourgogne, seconde maison, à la chartreuse de Dijon et à Notre-Dame de Bruges.

Les ducs d'Orléans, aux Célestins de Paris; les comtes d'Angoulême, à la cathédrale d'Angoulême; les Longueville, aux Célestins de Paris et à la sainte-chapelle de Châteaudun.

La seconde maison d'Anjou, à Saint-Maurice d'Angers, à Saint-Julien du Mans, et dans plusieurs églises d'Aix, en Provence.

Les ducs de Vendôme, descendus de Henri IV, à Saint-Georges et chez les Oratoriens de Vendôme.

La famille d'Orléans, issue de Gaston de France, frère de Louis XIII, avait un caveau dans la somptueuse église du Val-de-Grâce.

Enfin, les branches illégitimes venues de Louis XIV s'étaient préparé des sépultures dans les églises principales de leurs domaines, à Rambouillet par exemple, à Dreux et à Sceaux.

Les monuments érigés aux princes de ces différentes branches de la maison royale, n'ont pas tous péri. Il en existe encore un nombre assez considérable. On peut voir à Versailles, dans les galeries de sculpture du musée historique, des moulages exécutés sur la plupart des statues de princes et de princesses qui se sont conservées dans nos églises. Les plus remarquables ont été faits à Souvigny, à Nantes, à Dijon et à Bruges.

Nous avions pensé un moment à réunir dans un même ouvrage, non-seulement les reproductions dessinées de tous les monuments rassemblés à Saint-Denis, mais aussi celles des autres monuments de la maison royale qui existent dans la France entière ; nous voulions même aller chercher jusque dans les royaumes étrangers, à Westminster, à Vienne, à Rome, à l'Escurial, les tombeaux qui s'y trouvent de quelques princes ou princesses de sang français. Ce travail aurait été complet ; il embrassait une foule de sculptures précieuses à la fois sous le rapport de l'art et de l'histoire. C'eût été une iconographie de nos dynasties royales par les monuments. Les frais énormes d'une pareille entreprise nous ont forcé d'en ajourner indéfiniment l'exécution.

# CHAPITRE II.

### Sépultures royales à Saint-Denis, leur nombre, leur ancienne disposition.

*Énumération des tombeaux et figures historiques.* — Les monuments de rois, reines, princes et princesses, que renfermait autrefois l'église de Saint-Denis, étaient au nombre de trente-un, savoir : cinq chapelles sépulcrales, vingt-un sarcophages surmontés de statues, une colonne et quatre tombes plates. Les figures couchées, agenouillées ou posées debout, qui faisaient partie de ces monuments, représentaient cinquante-neuf personnages historiques différents ; il faudrait ajouter à ce chiffre six statues, si l'on voulait compter les effigies doubles de plusieurs personnages. Dix monuments étaient en pierre, cinq en cuivre ou en bronze, seize en marbre ; le monument de Henri II, que je classe parmi les tombeaux de marbre, comprenait six figures de bronze. Indépendamment des effigies historiques, un grand nombre de bas-reliefs et de statues accessoires entrait dans la composition des monuments. Il y avait aussi plusieurs inscriptions gravées sur métal et appliquées isolément aux murs des chapelles.

*Aucun des tombeaux de Saint-Denis n'est antérieur au XIII$^e$ siècle.* — Nous ne savons ni quelle était la forme, ni quel était le système de décoration des tombeaux érigés, dans l'église de Saint-Denis, aux rois qui avaient régné dans les temps antérieurs au XIII$^e$ siècle. Ce qui est certain, c'est que pas un de ceux qui existaient encore au moment de la révolution, n'appartenait à une époque plus ancienne que le règne de saint Louis ; ils étaient tous contemporains de la dernière reconstruction de l'église elle-même. La Petite Chronique de Saint-Denis rapporte que la translation des restes des rois dans le nouveau chœur, eut lieu en 1263, le jour de Saint-Grégoire, et l'année suivante. Comme elle ne fait mention ni de la translation de Dagobert, ni de celle de l'empereur Charles le Chauve, il y a lieu de penser que ces deux princes restèrent dans le lieu où ils avaient été primitivement inhumés. Il ne parait pas non plus qu'on ait alors rien changé aux sépultures des deux prédécesseurs immédiats de saint Louis, Philippe-Auguste et Louis VIII.

*Série des tombeaux.* — La série des tombeaux commençait par celui de Dagobert. Ceux des Mérovingiens étaient seulement au nombre de deux. La seconde dynastie n'était représentée que par huit monuments. Mais de Hugues Capet à Henri II, il ne manquait à la suite des rois que six personnages ; c'étaient d'abord ceux qui, comme nous l'avons dit plus haut, avaient choisi leur sépulture à Saint-Benoît, à Barbeau et à Cléry ; puis Philippe-Auguste, Louis VIII et saint Louis dont les tombes en argent ciselé avaient depuis longtemps disparu de l'église. Le dernier monument considérable élevé à Saint-Denis était celui que Catherine de Médicis avait fait construire pour Henri II, et sous lequel un caveau contenait leurs corps avec ceux de leurs enfants. On ne trouvait plus ensuite que deux inscriptions gravées sur cuivre qui s'efforçaient de faire en distiques latins un long éloge des vertus de l'infortuné Charles IX.

A l'exception de quelques personnages dont les restes n'avaient probablement pas été retrouvés au xiiie siècle, et de quelques autres, en très-petit nombre, dont les monuments avaient été déplacés, lors des changements faits depuis dans le chœur et dans le sanctuaire, le titulaire de chaque tombeau reposait à la place même où s'élevait son monument et où se voyait son effigie.

*Monuments de pierre.* — Les statues des Mérovingiens, des Carlovingiens et des premiers Capétiens, refaites dans la seconde moitié du xiiie siècle, sont de belles et nobles sculptures; mais il serait difficile d'admettre, surtout pour les personnages les plus anciens, que les artistes qui les ont faites se soient guidés d'après quelques traditions sur la physionomie, sur la complexion ou même sur le costume des rois et reines dont il s'agissait de tailler la représentation. Ces figures exécutées en excellente pierre de liais, et qui se seraient conservées intactes si des barbares ne s'étaient avisés de les mutiler, ne sont donc pas des portraits. Elles ont d'ailleurs toute l'élégance, toute la finesse, toute l'intelligence que le xiiie siècle savait donner à ses meilleurs ouvrages. On retrouve aussi dans leurs poses, dans leur ajustement et dans l'expression de leurs traits cette gravité calme et majestueuse qui convient si bien à des statues sépulcrales.

*Tombes de métal.* — Louis VI était le dernier prince qui eût un simple monument de pierre. Quoiqu'elles eussent été détruites depuis plusieurs siècles, les historiens les plus modernes de Saint-Denis nous ont gardé le souvenir des riches tombes en métal ciselé qui avaient recouvert les sépultures de saint Louis, de son père et de son aïeul, le glorieux Philippe-Auguste.

*Monuments de marbre. Statues-portraits.* — Les monuments des successeurs du saint roi étaient tous en marbre, en cuivre ou en bronze. L'importance de ces tombeaux pour l'histoire et l'iconographie surpassait encore la beauté de la matière et le mérite du travail. Sculptées ou modelées au moment même de la mort des personnages, on peut avoir la certitude que les statues en reproduisent désormais la ressemblance autant que l'a permis le talent de l'artiste.

Ainsi, en comparant la tête de la statue de Philippe-le-Hardi, fils de saint Louis, avec celles des statues antérieures, on acquiert immédiatement la conviction que l'une est le portrait véritable d'un homme, représentant le caractère de la physionomie avec les beautés ou les imperfections naturelles du visage, tandis que les autres sont des figures de fantaisie exécutées avec tout l'idéal du style adopté par l'époque qui les a produites. L'exactitude des costumes est encore plus assurée; on en peut suivre, à des époques très-rapprochées, les plus légères variations; vous voyez les armures se modifier d'un règne à l'autre, les coiffures et les ajustements des femmes suivre les caprices singuliers de la mode, les vêtements et les attributs royaux changer lentement leurs formes anciennes, enfin les insignes héraldiques s'éloigner peu à peu de leurs types primitifs et de leur signification originelle. Je ne sais si je me fais illusion à moi-même; mais je m'imagine quelquefois, en examinant ces diverses statues de Saint-Denis, que je retrouve, à des générations éloignées, les caractères physiques du chef de la race, et que je finirais par reconnaître, à la simple inspection des traits du visage, les personnages des différentes branches de la maison royale. Aussi, ne saurais-je assez me plaindre de la légèreté déplorable avec laquelle a été traité le classement moderne d'un assez grand nombre de monuments et de figures.

*Les Bourbons inhumés à Saint-Denis sans monuments.* — Aucun tombeau royal ne fut érigé dans l'église de Saint-Denis depuis la construction de celui de Henri II. Les guerres civiles qui remplirent la seconde moitié du xvi<sup>e</sup> siècle ne laissèrent pas aux trois derniers rois de la branche des Valois le loisir de se préparer une sépulture; ils furent réduits à venir chercher un dernier asile auprès de leur père, dont ils n'avaient pas même pu terminer l'immense et magnifique chapelle. Dix-sept ans après la mort de Henri IV (1627), les notables du royaume réunis à Paris décidèrent qu'ils prieraient le roi de faire travailler au tombeau de son père, dont la sépulture était restée privée de tout monument. Mais il ne fut pas donné suite à cette résolution, le maréchal de Bassompierre ayant fait connaître à l'assemblée que la reine régente s'était constamment occupée du soin d'élever à Henri IV un tombeau digne de lui, et que des plans avaient été demandés aux plus fameux architectes de France et d'Italie, sans que cet appel à leurs talents eût produit le résultat qu'on était en droit d'en attendre. Quoi qu'il en soit, Henri IV n'eut jamais de tombeau, et l'usage prévalut de n'en plus ériger à aucun des princes ou princesses de la maison de Bourbon qui furent inhumés à Saint-Denis. L'ancien caveau dit des cérémonies, dans lequel le corps de chaque roi était jadis déposé provisoirement le jour des funérailles, et la partie centrale de la crypte, dont les arcs latéraux furent murés, devinrent un vaste caveau dans lequel les Bourbons de la branche aînée reposaient tous, rangés les uns à côté des autres. Il n'y avait plus ni marbres, ni statues, ni tombeaux, mais seulement deux lignes de cercueils de plomb posés sur des tréteaux de fer. En 1792, le nombre des corps déposés dans le caveau était de cinquante-quatre, depuis Henri IV jusqu'au dauphin, fils aîné de Louis XVI, mort le 4 juin 1789. Cet enfant prit la dernière place qui fût encore disponible; déjà on songeait à l'établissement d'une sépulture nouvelle; la révolution se chargea de rendre le caveau libre pour les rois à venir. Des inscriptions expiatoires, aujourd'hui placées dans la crypte, contiennent les noms de tous les personnages dont les restes ont été profanés en 1793; nous en indiquerons le contenu lorsque nous aurons à décrire plus loin les monuments de cette partie de l'église.

*Disposition ancienne des tombeaux*. — Les tombeaux des trois dynasties se trouvaient autrefois tous réunis dans l'église supérieure. Ils occupaient une partie du chœur, le transept dans le sens de sa largeur entre le chœur et l'abside, la première travée de l'abside, et les quatre chapelles de Saint-Hippolyte, de Saint-Michel, de Notre-Dame-la-Blanche, de Saint-Jean-Baptiste, ouvertes sur les deux croisillons. Quand on se plaçait sur la plate-forme de l'abside, élevée d'un grand nombre de marches au-dessus du sol du reste de l'église, on les voyait presque tous à la fois. Ce devait être un grand et magnifique spectacle. L'art de quatre siècles apparaissait là dans ses œuvres les plus parfaites et les plus intéressantes. On avait, sur la gauche, la chapelle de Dagobert, richement dorée et enluminée; à droite, sur un même tombeau, deux fils de Philippe-le-Bel, deux reines et les deux premiers rois de la branche des Valois. Derrière la chapelle de Dagobert se montraient Charles V et ses deux successeurs, environnés d'un pompeux cortége de connétables et d'illustres guerriers. De l'autre côté, la chapelle de Notre-Dame-la-Blanche laissait voir les effigies de deux filles du roi Charles IV. Dans le travers du transept, les tombeaux érigés par saint Louis formaient deux lignes parallèles; les statues couchées, sans aucun détail d'ornementation, sur de simples socles en pierre, avaient été anciennement coloriées. Au pied des marches du maître-autel, on apercevait la tombe en cuivre de Marguerite de Provence, puis quelques tombeaux de marbre des successeurs de saint Louis; enfin, sur un plan plus reculé, entre les deux rangs des stalles du chœur, le monument de l'empereur Charles-le-Chauve. Du côté du nord, dans le croisillon et dans la chapelle de Saint-Hippolyte, la colonne du cardinal de Bourbon, le tombeau de deux princesses mortes au xiv**e** siècle, le mausolée de Louis XII et celui de Henri II, rapporté dans l'église depuis la destruction de la rotonde des Valois, composaient une merveilleuse perspective que l'œil allait chercher à travers les clôtures à jour, les faisceaux de colonnettes, les retables découpés des autels, dans un lointain éclairé par de brillantes verrières. Au midi, le mausolée de François I**er** s'avançait à moitié du croisillon pour faire voir les cinq statues agenouillées sur son entablement, et auprès de ce chef-d'œuvre du xvi**e** siècle, on pouvait encore distinguer, dans l'ombre de la chapelle de Saint-Michel, le tombeau de Marguerite, comtesse de Flandres, placé entre quatre colonnes qui supportaient un dais d'une exquise délicatesse, sculpté en 1382. Le lecteur, afin de se rendre plus clairement compte de la disposition solennelle de tous ces monuments, voudra bien se reporter au plan que nous publions et dont les indications précises parlent un langage plus intelligible que nous ne pourrions le faire. Une description plus détaillée des tombeaux eût été prématurée en ce moment. Nous les retrouverons aux places qu'ils occupent aujourd'hui; nous dirons alors ce qu'ils étaient dans leur structure primitive et ce qu'ils sont devenus. Quant à ceux que la tempête a brisés, nous en parlerons avec détail à la date de leur destruction.

*Suppression de l'abbaye en* 1790. — Lorsque l'assemblée nationale décréta la suppression des monastères et la vente des biens du clergé, il n'y eut pas d'exception pour l'abbaye de Saint-Denis. La famille bénédictine qui s'y était maintenue très-florissante, quitta en 1791 le séjour dont elle était en possession depuis douze siècles. Les mémoires d'un musicien attaché à l'abbaye comme organiste, contiennent un récit grave et pathétique de la dernière messe conventuelle que le prieur célébra, le jour du départ, en présence de tous ses frères. L'église fut cependant conservée intacte après la retraite des religieux; elle reçut même en dépôt les reliques de la Sainte-Chapelle de Paris, dont le chapitre cessait aussi d'exister, et, ce qui semblera plus extraordinaire, elle se vit apporter quelques tombeaux restés sans asile. Le *Moniteur* du 3 septembre 1791 donne à ce sujet quelques renseignements qu'il est bon de recueillir. Une commission de savants, établie depuis neuf mois à la bibliothèque des Quatre-Nations, avait proposé à l'assemblée nationale de réunir à Saint-Denis les monuments de la famille royale placés dans des églises ou dans des couvents supprimés. Cette proposition avait été accueillie avec faveur [1]. Lors de l'aliénation de l'abbaye de Royaumont, qui eut lieu en 1791, deux anciens religieux bénédictins, les sieurs Poirier et Puthod, se transportèrent dans ce monastère au nom de la commission. Ils y arrivèrent le 27 juillet, et commencèrent immédiatement l'examen des sépultures et des épitaphes. Les mausolées des princes de la

---

[1]. L'assemblée nationale, après avoir décrété que les biens du clergé appartenaient à la *chose publique*, chargea son comité d'aliénation de veiller à la conservation des monuments des arts qui étaient renfermés dans ces domaines. M. de Larochefoucauld, président de ce comité, réunit quelques savants et plusieurs artistes pour procéder au choix des monuments et des livres que l'on voulait conserver. La municipalité de Paris, spécialement chargée, par l'assemblée nationale, de l'exécution du décret, nomma aussi des savants et des artistes pour les adjoindre à ceux que le comité d'aliénation avait choisis pour se faire assister par eux dans ses opérations. Ces savants, ainsi réunis, formèrent une commission nommée *Commission des Monuments*. Dès lors on chercha des lieux convenables pour recevoir les trésors que l'on voulait préserver de la destruction. Le comité d'aliénation affecta la maison des Petits-Augustins pour les monuments de sépulture et les tombeaux; celles des Capucins, des Grands-Jésuites et des Cordeliers pour les livres, manuscrits, etc. La commission publia une instruction savante sur les moyens de conserver les objets précieux qu'elle se proposait de recueillir (Alexandre LENOIR, *Musée des Monuments français*). M. Lenoir fut adjoint à la commission, comme conservateur des monuments, le 12 octobre 1790; un décret du 1 janvier 1791 le confirma dans ses fonctions.

famille de saint Louis furent démolis avec adresse (c'est le *Moniteur* qui parle), les cercueils ouverts avec circonspection, les cendres recueillies avec soin. Procès-verbal de cet événement fut dressé devant le président du district de Gonesse. Le 1ᵉʳ août, on transporta à Saint-Denis les cendres et les ossements étiquetés et scellés. Les monuments y furent également transférés. Le sieur Puthod de la Maison-Rouge publia un mémoire sur ce voyage dans le n° vii de ses Monuments de la France.

*Monuments apportés de Royaumont.* — Les deux commissaires apportèrent à Saint-Denis les restes de sept princes et six monuments. Arrivés tout juste pour être profanés, les débris arrachés des sépulcres de Royaumont ne firent à Saint-Denis qu'un bien court séjour dans l'étroit caveau qu'on leur avait préparé. Une inscription, gravée en mémoire de la translation, existe encore dans la crypte. Les monuments, dont quatre sont en pierre coloriée et deux en cuivre émaillé, ont aussi échappé à la destruction; j'ai lieu de penser qu'ils ne furent pas réédifiés à Saint-Denis, et qu'ils passèrent, peu de temps après leur premier déplacement, dans la collection du musée des Petits-Augustins. Ils sont maintenant rentrés à Saint-Denis, et figurent au nombre des plus intéressants tombeaux de l'église.

# CHAPITRE III.

### Personnages étrangers à la maison royale inhumés à Saint-Denis.

A côté des sépultures royales se trouvaient celles de plusieurs personnages inhumés à Saint-Denis, les uns en vertu d'un privilége attaché à leur dignité, les autres par concession. La première catégorie comprenait les abbés et les grands prieurs; la seconde, les hommes qui, par leurs éclatants services, avaient mérité l'honneur, bien rarement accordé, d'être associés aux rois dans leur dernière demeure.

*Les abbés.* — L'historien de Saint-Denis, dom Michel Félibien, nous apprend que, pour les abbés comme pour les rois, il n'existait aucun monument antérieur à la dernière reconstruction de l'église. Les sépultures de ces prélats ne présentaient que de simples inscriptions ou des tombes plates, les unes en cuivre, les autres en pierre. Une épitaphe, gravée sur une lame de métal, avait remplacé, au XVII$^e$ siècle, la tombe sur laquelle était tracée l'effigie de Suger. Mathieu de Vendôme (1287), Gilles de Pontoise (1325), Guy de Castres (1350), Guy de Monceaux (1398) étaient figurés, en habits pontificaux, sur de grandes tombes de cuivre. Guillaume de Farrechal (1440), Philippe de Gamaches (1464), Antoine de la Haye (1505), Pierre de Gouffier (1517), reposaient sous des tombes de pierre ou d'ardoise gravées en creux. Nous avons cité, avec les monuments royaux, la colonne du cardinal abbé Louis de Bourbon. Aucun signe extérieur ne désignait la sépulture du cardinal de Retz, enterré à côté de la dernière colonne de la grande nef, au midi. C'était dans le croisillon méridional et dans le bas-côté voisin qu'étaient réunis les monuments des abbés.

*Grands prieurs de l'abbaye.* — Les grands prieurs avaient des tombes à peu près semblables à celles dont nous venons de parler ; elles étaient toutes en pierre de liais, avec effigies, blasons et inscriptions gravés en creux. Félibien en cite treize, dont la plus ancienne était celle de frère Albert de Neufville, mort en 1361, et la plus récente celle de frère Denis de Rubentel, mort en 1620.

*Personnages illustres.* — Le souvenir de quelques personnages qui avaient été enterrés à Saint-Denis avant la dernière reconstruction de l'église, quoiqu'ils ne fissent point partie de la maison royale, et que leurs fonctions ne les eussent point appelés à l'honneur de cette sépulture, ne s'était pas conservé ; leurs monuments avaient disparu, et personne ne s'était occupé de les rétablir. A peine l'histoire a-t-elle enregistré leurs noms ; elle s'abstient surtout de nous apprendre si, avant le xiii$^e$ siècle, les prélats et les bienfaiteurs ne pouvaient pas obtenir un tombeau à Saint-Denis, comme dans toute autre église abbatiale, ou s'il fallait dès lors une exception spéciale accordée par le roi. Depuis le règne de saint Louis jusqu'à celui de Louis XIV, douze personnages seulement avaient reçu, comme récompense de leurs services, l'honneur d'une sépulture auprès de celles des rois. Trois d'entre eux étaient morts sous la tente, devant les remparts d'une ville assiégée ; six autres avaient péri glorieusement sur le champ de bataille, les armes à la main.

*Pierre Chambellan et Alphonse de Brienne.* — C'étaient d'abord Pierre, de la maison de Nemours, seigneur de Baignaux, chambellan de saint Louis, et Alphonse, comte d'Eu, fils de Jean de Brienne, roi de Jérusalem. « Messire Pierre

« Chambellan fut, dit Joinville, le plus loial homme et le
« plus droicturier que je veisse oncques en la maison du roi...
« l'homme du monde en qui le roy croioit plus. » Pierre avait
accompagné saint Louis en Égypte, en Syrie et à la désastreuse croisade qui termina le règne de ce grand prince. Alphonse de Brienne, oncle de saint Louis, était, suivant les termes de son épitaphe, *moult saige et moult loial chevaliers.* Tous deux moururent *au service de Dieu et de Monsieur Loys, roy de France, dessous Cartaige, au royaulme de Thunes, l'an de l'incarnation de Nostre-Seigneur MCCLXX*, et furent *enterrés en l'église Monsieur saint Denis, l'an de l'incarnation de Nostre-Seigneur MCCLXXI, le vendredi devant la Penthecoste, le jour et l'heure quand Monsieur le roi Loys fut enterré.* Pierre le Chambellan fut sans doute honoré d'une tombe de métal, qui aura subi le même sort que les tombes voisines de Philippe-Auguste, de Louis VIII et de plusieurs fils de France ; « les ossemens Pierre le Cham-
« bellan furent enterrez, comme on le lit à la chronique de
« Saint-Denis, aux pieds du bon roy tout en la manière qu'il
« gisoit à ses pieds quand il estoit en vie. » Le comte d'Eu, inhumé dans la chapelle de Saint-Martin, qui est la cinquième de la nef du côté du nord, eut un tombeau de cuivre doré, enrichi de plusieurs émaux et décoré de nombreux écussons. Une statue couchée le représentait revêtu de son armure de mailles. Les huguenots pillèrent et profanèrent cette sépulture, au rapport de Félibien et de Doublet ; au dernier siècle, il ne restait plus qu'une longue et belle épitaphe tracée en grandes lettres sur la muraille ; Félibien l'a transcrite en entier dans son histoire ; elle n'a pas laissé de traces dans la chapelle de Saint-Martin, dont les murs sont aujourd'hui recouverts d'une ornementation peinte aussi moderne que misérable.

*Duguesclin*, *Louis de Sancerre*, *Bureau de la Rivière*, *Barbazan*. — Dans la chapelle de Saint-Jean-Baptiste, Charles V et ses successeurs avaient voulu être entourés des hommes les plus illustres par leur dévouement à la France et au roi. Là reposaient Duguesclin, le plus habile et le plus heureux capitaine de notre vieille histoire ; son frère d'armes, le connétable Louis de Sancerre, dont la valeur décida le succès de la journée de Rosebèque ; messire Bureau, seigneur de la Rivière, le conseiller le plus fidèle de Charles V et de Charles VI ; enfin, le brave Arnaud de Guilhem, seigneur de Barbazan, surnommé, avant Bayard, le chevalier sans reproche, tué à la bataille de Bulgnéville, en combattant pour René d'Anjou, duc de Bar, contre Antoine de Lorraine, comte de Vaudémont (1431). Duguesclin, le connétable de France et de Castille, avait inauguré le règne de Charles V par la victoire de Cocherel, comme le grand Condé inaugura le règne de Louis XIV dans les plaines de Rocroy. Louis de Sancerre était le digne héritier d'Étienne, comte de Sancerre, tué en 1191, au siége de Saint-Jean-d'Acre, et de Louis, tué à Crécy à côté de Philippe de Valois. Barbazan s'était acquis la renommée du plus hardi chevalier de son temps dans le fameux combat où sept chevaliers français restèrent vainqueurs, en 1404, de sept chevaliers anglais.

*Jean Pastourel et Sédile de Sainte-Croix.* — A côté de Duguesclin, Charles V avait marqué la place de Jean Pastourel, un de ses principaux conseillers, président à la chambre des comptes ; c'était le seul homme de robe à qui un pareil honneur eût été accordé, exception bien digne du caractère d'un prince pacifique et législateur. Mais, vers la fin de sa vie, Pastourel, désabusé des grandeurs du monde, se retira dans l'abbaye de Saint-Victor ; il préféra une tombe obscure dans ce monastère à l'éclat d'une sépulture presque royale, et ne demanda point d'être réuni à sa femme, qui avait été inhumée en 1380, à Saint-Denis, dans la chapelle de la très-sainte Trinité (la 6ᵉ de la nef).

*Guillaume du Chastel.*— Guillaume du Chastel, écuyer du dauphin Louis et panetier du roi Charles VII, périt le 20 juillet 1441, pendant le siége de Pontoise, en défendant le passage de l'Oise contre les Anglais commandés par le duc d'Yorck. Il plut au roi, *pour sa grande vaillance et les services qui lui avoit faiz en maintes manières,* que ce noble homme fût enterré à Saint-Denis. Son tombeau, ses armoiries et sa statue se voyaient contre le mur du croisillon septentrional, à l'entrée de la chapelle de Notre-Dame-la-Blanche.

*Louis de Pontoise.* — Louis XI ayant vu tomber à ses côtés, à l'assaut de la ville du Crotoy, le chevalier Louis de Pontoise, ordonna que le corps de *ce vaillant capitaine de gendarmes* fût porté à Saint-Denis. Les religieux l'inhumèrent dans la chapelle de Saint-Louis, qui était la troisième de la nef, au nord. L'assaut du Crotoy avait eu lieu le 8 août 1475.

*Sépultures concédées par Louis XIV.*—Enfin, Louis XIV associa aux honneurs de la sépulture royale le duc de Châtillon, le marquis de Saint-Maigrin, capitaine-lieutenant des chevau-légers de la garde et lieutenant général, et le maréchal de Turenne. Le duc de Châtillon, tué en 1649 à la prise de Charenton, fut inhumé sous une simple tombe en pierre de liais. Un monument de plomb, en forme de trophée, modelé par Slodtz, s'élevait, dans le collatéral du midi, en l'honneur de Jacques Stuer de la Caussade, marquis de Saint-Maigrin, tué le 2 juillet 1652, sous les yeux de Louis XIV, au combat du faubourg Saint-Antoine. Turenne eut un mausolée magnifique dans la chapelle de Saint-Eustache, la seconde de l'abside au nord.

Il n'est pas sans intérêt de savoir en quels termes s'exprimait Louis XIV dans les lettres adressées aux religieux de Saint-Denis, au sujet de la sépulture de ces trois personnages. Nous empruntons quelques lignes aux documents originaux, dont le texte se trouve tout entier dans les pièces justificatives de l'histoire de dom Félibien.

*Le duc de Châtillon.* — « Désirant faire connoistre à toute la France la satisfaction qui nous demeure des grands et considérables services rendus à cet Estat par feu nostre très-cher cousin le duc de Chastillon, et tesmoigner le ressentiment que nous avons d'une si grande perte, dans la résolution que nous avons prise de faire rendre à sa mémoire tous les honneurs que de si signalez et recommandables services luy ont fait mériter de nostre affection, voulant luy faire faire un service à nos despens et que son corps soit inhumé en vostre église, qui est le dépost de tant de rois et de tant de grands et illustres personnages qui ont si dignement servy cette monarchie, nous vous faisons cette lettre de l'avis de la reyne régente, nostre très-honorée dame et mère, pour vous dire que vous ayez à l'y recevoir et l'y faire inhumer avec toute la pompe et la cérémonie qui se pourra. »

*Le marquis de Saint-Maigrin.* — « Les grands et recommandables services qui nous ont esté rendus par le feu marquis de Saint-Maigrin, capitaine-lieutenant des chevau-légers de nostre garde et lieutenant général de nos armées, et les preuves continuelles qu'il a données d'une valeur extraordinaire dans toutes les occasions où il s'est trouvé, nous ayant fait ressentir avec beaucoup de douleur la perte que nous en avons faite au dernier combat qui s'est fait dans les fauxbourgs de nostre bonne ville de Paris, entre nostre armée et celle des princes qui ont pris les armes contre nostre service, nous ne pouvons mieux tesmoigner le sensible regret qui nous en demeure qu'en prenant soing de faire rendre à sa mémoire les honneurs que son courage et sa vertu luy ont fait mériter ; c'est ce qui nous a fait résoudre de lui faire faire un service à nos despens, ordonner que son corps soit enterré dans la mesme église où les rois nos prédécesseurs ont estably le lieu de leur sépulture, plusieurs desquels ont honoré de semblables faveurs les grands et illustres personnages qui les avoient dignement servis. »

*Turenne.* — La lettre dans laquelle le roi témoigne son admiration et sa reconnaissance pour la mémoire de Turenne est à elle seule un monument ; nous craindrions d'en rien retrancher et d'en affaiblir les nobles expressions. « Chers et bien amez, les grands et signalez services qui ont esté rendus à cet Estat par feu nostre cousin, le vicomte de Turenne, et les preuves éclatantes qu'il a données de son zèle, de son affection à nostre service, et de sa capacité dans le commandement de nos armées que nous luy avons confiées avec une espérance certaine des heureux et grands succès que sa prudence consommée et sa valeur extraordinaire ont procuré à nos armes, nous ayant fait ressentir avec beaucoup de douleur la perte d'un aussi grand homme et d'un sujet aussi nécessaire et aussi distingué par sa vertu et par son mérite, nous avons voulu donner un tesmoignage public digne de nostre estime et de ses grandes actions, en ordonnant qu'il fust rendu à sa mémoire tous les honneurs qui peuvent marquer à la postérité l'extrême satisfaction qui nous reste, et le souvenir que nous voulons conserver de tout ce qu'il a faict pour la gloire de nos armes et pour le soutien de nostre Estat ; et comme nous ne pouvons en donner des marques plus publiques et plus certaines qu'en prenant soin de sa sépulture, nous avons voulu y pourvoir en telle sorte que le lieu où elle seroit, fust un tesmoignage de la grandeur de ses services et de nostre reconnoissance ; c'est pourquoy, ayant résolu de faire bastir dans l'église de Saint-Denys une chapelle pour la sépulture des rois et des princes de la branche royale de Bourbon, nous voulons que, lorsqu'elle sera achevée, le corps de nostredit cousin y soit transféré, pour y estre mis en lieu honorable, suivant l'ordre que nous en donnerons; et cependant nous avons permis à nos cousins le cardinal et le duc de Bouillon, ses neveux, de mettre son corps en dépost dans la chapelle de Saint-Eustache de ladite église de Saint-Denys, et d'y eslever un monument à la mémoire de leur oncle, suivant les desseins qui en ont esté arrestez ; c'est de quoy nous avons bien voulu vous donner avis, et vous dire en mesme temps que nous voulons que vous exécutiez ce qui est en cela de nostre volonté, en faisant mettre ledit corps dans la cave de ladite chapelle et en laissant la liberté aux ouvriers de travailler audit monument jusqu'à son entière perfection. Si n'y faictes faute : car tel est nostre plaisir. Donné à Saint-Germain en Laye, le XXIIe jour de novembre 1675. *Signé*, Louis. Et plus bas, COLBERT, Et sur le reply : A nos chers et amez les abbé, prieur et religieux de l'abbaye royale de Saint-Denys, en France.

Le projet de la construction d'une chapelle pour la sépulture particulière des princes de la branche royale de Bourbon ne fut jamais exécuté ; le monument et le cercueil de Turenne étaient encore dans la chapelle de Saint-Eustache quand la révolution vint les en expulser.

Nous avons essayé de dire ce qu'étaient les monuments de Saint-Denis, d'en décrire l'ordonnance, la disposition et l'ornementation telles qu'elles existèrent jusqu'en 1793. Nous touchons maintenant à l'époque où ils furent profanés, mutilés et menacés d'une destruction complète.

# CHAPITRE IV.

#### Violation des Tombeaux.

*Décret de la convention. Anniversaire du* 10 *août* 1792. —Les monuments de Saint-Denis, ou plutôt de Franciade (car la ville avait abjuré son vieux nom, qui sentait trop le fanatisme, pour en prendre un plus républicain) importunaient la convention nationale. Dans la séance du 31 juillet 1793, Barrère fit de leur destruction l'objet d'un rapport présenté au nom du redoutable comité de salut public. Après avoir proposé de réduire les enfants de *Louis le conspirateur* à ce qui pouvait être strictement nécessaire pour deux simples individus, et d'abandonner Marie-Antoinette à l'accusateur public, le rapporteur ajoutait : « Enfin, le comité a pensé que,
« pour célébrer la journée du 10 août, qui a abattu le trône,
« il fallait, dans son anniversaire, détruire les mausolées fas-
« tueux qui sont à Saint-Denis. Dans la monarchie, les tom-
« beaux même avaient appris à flatter les rois. L'orgueil et le
« faste royal ne pouvaient s'adoucir sur ce théâtre de la mort ;
« et les porte-sceptre qui ont fait tant de maux à la France et à
« l'humanité semblent encore, même dans la tombe, s'enor-
« gueillir d'une grandeur évanouie. La main puissante de la
« république doit effacer impitoyablement ces épitaphes su-
« perbes et démolir ces mausolées qui rappelleraient des rois
« l'effrayant souvenir. » L'assemblée sanctionna par un décret les conclusions du rapport. Un des considérants de ce décret portait que la nation était en péril et manquait des canons nécessaires à sa défense ; qu'il fallait nommer des commissaires

qui se transporteraient à Saint-Denis à l'effet de procéder à l'exhumation des ci-devant rois et reines, princes et princesses dont les corps étaient renfermés dans les caveaux de cette église, que leurs cercueils seraient brisés, que les plombs et les bronzes seraient fondus, puis envoyés dans les ateliers nationaux pour être convertis en armes et en munitions de guerre. Dom Poirier, ancien bénédictin, fut nommé commissaire de l'Institut, et chargé d'assister en cette qualité à l'exhumation. Quelques jours plus tard, le 15 du même mois d'août, le *Moniteur* annonçait, d'une voix triomphante, l'exécution complète et rigoureuse du décret par lequel la convention avait ordonné que les tombeaux des rois fussent renversés pour l'anniversaire de la victoire remportée le 10 août 1792 par le peuple de Paris sur le vieux despotisme. On pourrait croire cependant que dès lors les journaux officiels se formaient à savoir déguiser la vérité. Car, le 7 septembre, le conventionnel Lequinio disait à la tribune nationale : « Je dénonce l'inexécu-
« tion du décret qui ordonne l'entière démolition des tombeaux
« de nos anciens tyrans à Saint-Denis. Sans doute, en détrui-
« sant ces restes du despotisme, il faut conserver les monu-
« ments des arts ; mais il faut qu'au lieu d'être des objets d'i-
« dolâtrie, ils ne servent plus qu'à nourrir l'admiration des
« amis des arts, l'émulation et le génie des artistes. » Un autre député, moins farouche iconoclaste, ayant fait observer à l'assemblée qu'il ne restait plus que quelques monuments précieux et que cela regardait la commission créée pour cet objet, il fut décidé que toutes les réclamations relatives aux monuments de Saint-Denis seraient renvoyées à l'examen de cette commission. Deux ans après, l'abbé Grégoire, dans son important rapport sur les destructions opérées par le vandalisme révolutionnaire, n'osa pas élever le moindre blâme contre la violation des sépultures royales ; à Franciade, disait-il au con-

traire, la massue nationale a justement frappé les tyrans jusque dans leurs tombeaux. Il n'aurait pas été difficile d'ailleurs de contester à l'abbé Grégoire le droit de récriminer contre les destructeurs; la ville de Blois l'accuse encore aujourd'hui d'avoir fait briser, tandis qu'il jouait le rôle peu catholique d'évêque constitutionnel du département de Loire-et-Cher, une précieuse statue équestre de Louis XII, placée au-dessus de la grande porte du château.

*Procès-verbal de la destruction des tombeaux.* — Dom Poirier[1], qui avait du moins conservé de son premier état un amour tout bénédictin pour la science et pour les études historiques, dressa froidement le procès-verbal de l'exhumation faite à Saint-Denis. C'est un document trop essentiel pour que nous puissions songer même à l'abréger; nous allons donc le publier en entier, persuadé que ce ne sera pas le chapitre le moins intéressant de notre livre.

1. Dom Poirier a été archiviste de l'abbaye de Saint-Denis. Il a laissé plusieurs dissertations manuscrites qui sont conservées à la bibliothèque royale, à Paris.

# CHAPITRE V.

### Notes sur les exhumations de Saint-Denis par un religieux de cette abbaye, témoin oculaire de ces exhumations en 1793.

##### SITUATION DES TOMBEAUX.

*Dans le sanctuaire, du côté de l'épitre.* — Le tombeau du roi Dagobert Ier, mort en 638, et les deux statues de pierre de liais, l'une couchée, l'autre en pied, et celle de la reine Nantilde, sa femme, en pied.

On a été obligé de briser la statue couchée de Dagobert, parce qu'elle faisait partie du massif du tombeau et du mur : on a conservé le reste du tombeau, qui représente la vision d'un ermite, au sujet de ce que l'on dit être arrivé à l'âme de Dagobert, après sa mort, parce que ce morceau de sculpture peut servir à l'histoire de l'art et à celle de l'esprit humain.

*Dans la croisée du chœur, du côté de l'épitre, le long des grilles.*— Le tombeau de Clovis II, fils de Dagobert, mort en 662 [1]. Ce tombeau était de pierre de liais.

Celui de Charles Martel, père de Pépin, mort en 741. Il était en pierre. Celui de Pépin, son fils, premier roi de la deuxième race, mort en 768. A côté, celui de Berthe ou Bertrade, sa femme, morte en 783.

*Du côté de l'évangile, le long des grilles.* — Le tombeau

---

[1]. Il existe quelques différences dans l'indication des dates, entre les notes sur les exhumations et une inscription expiatoire dont nous parlerons plus loin en détail. Nous ne nous chargerons pas de les expliquer. La mort de Clovis II est fixée ici à l'année 662. L'inscription dit 635. Le président Hénault, dans son abrégé chronologique, donne la date de 660.

de Carloman, fils de Pepin, et frère de Charlemagne, mort en 771 ; et celui d'Hermentrude, femme de Charles le Chauve, à côté, laquelle mourut en 869 ; ces deux tombeaux en pierre.

*Du côté de l'épitre.* — Le tombeau de Louis III, fils de Louis le Bègue, mort en 882; et celui de Carloman, frère de Louis III, mort en 884. L'un et l'autre en pierre.

*Du côté de l'évangile.* — Le tombeau d'Eudes le Grand, oncle de Hugues Capet, mort en 899; et celui de Hugues Capet, mort en 1033 [1].

Celui de Henri Ier, mort en 1060 ; de Louis VI, dit le Gros, mort en 1137; et celui de Philippe, fils aîné de Louis le Gros, couronné du vivant de son père, mort en 1131.

Celui de Constance de Castille, seconde femme de Louis VII, dit le Jeune, morte en 1159.

Tous ces monuments étaient en pierre, et avaient été construits sous le règne de saint Louis, au XIIIe siècle. Ils contenaient chacun deux petits cercueils en pierre, d'environ trois pieds de long, recouverts d'une pierre en dos d'âne, où étaient renfermées les cendres de ces princes et princesses.

Tous les monuments qui suivaient étaient de marbre, à l'exception de deux qu'on aura soin de remarquer ; ils avaient été construits dans le siècle où ont vécu les personnages dont ils contenaient les cendres.

*Dans la croisée du chœur, du côté de l'épitre.* — Le tombeau de Philippe le Hardi, mort en 1285, et celui d'Isabelle d'Aragon, sa femme, morte en 1272. Ces deux tombeaux étaient creux et contenaient chacun un coffre de plomb, d'environ trois pieds de long sur huit pouces de haut. Ils renfermaient les cendres de ces deux époux [2].

---

1. La mort de Hugues Capet est arrivée le 24 octobre 996 (Hénault).

2. On remarquera que les cercueils de saint Louis, de son chambellan Pierre, de Philippe le Hardi et d'Isabelle d'Aragon, n'étaient que des coffres propres à con-

Celui de Philippe IV, dit le Bel, mort en 1314.

*Côté de l'évangile.* — Louis X, dit le Hutin, mort en 1316, et celui de son fils posthume (Jean, que la plupart des historiens ne comptent pas au nombre des rois de France) mort la même année que son père, et quatre jours après sa naissance, pendant lequel temps il porta le titre de roi.

Aux pieds de Louis le Hutin, Jeanne, reine de Navarre, sa fille, morte en 1349.

*Dans le sanctuaire, du côté de l'évangile.* — Philippe V, dit le Long, mort le 3 janvier 1321 ; avec le cœur de sa femme, Jeanne de Bourgogne, morte le 21 janvier 1329 ; Charles IV, dit le Bel, mort en 1327, et Jeanne d'Évreux, sa femme, morte en 1370.

*Chapelle de Notre-Dame la Blanche, du côté de l'épître.* — Blanche, fille de Charles le Bel, duchesse d'Orléans, morte en 1392, et Marie, sa sœur, morte en 1341 ; plus bas, deux effigies de ces deux princesses, en pierre, adossées aux piliers de l'entrée de la chapelle.

*Dans le sanctuaire[1] de cette chapelle, côté de l'évangile.* — Philippe de Valois, mort en 1351, et Jeanne de Bourgogne, sa première femme, morte en 1348.

---

tenir à peine le corps d'un enfant. C'est que ces personnages étant morts à de grandes distances de Saint-Denis, on avait apporté seulement leurs os à leur sépulture définitive, après en avoir séparé les chairs. Celles de saint Louis furent inhumées à Montréal et celles de Philippe le Hardi dans la cathédrale de Narbonne. Pour pratiquer cette opération, il était d'usage de faire bouillir le corps dans de l'eau et du vin, ou seulement dans de l'eau salée. Legrand d'Aussy (Sépultures nationales) rapporte que Boniface VIII défendit, sous peine d'excommunication, de traiter ainsi les cadavres, mais que Benoît XI, le successeur de ce pape, permit d'employer ce moyen pour les princes et princesses de la maison royale dont les corps ne pourraient être que difficilement transportés au lieu de leur sépulture.

1. Les tombeaux indiqués ici comme étant placés dans le sanctuaire de la chapelle de Notre-Dame-la-Blanche, se trouvaient dans le collatéral voisin au pied du premier pilier de l'abside.

Blanche de Navarre, sa deuxième femme, morte en 1398. Jeanne, fille de Philippe de Valois et de Blanche, morte en 1373; plus bas, deux effigies en pierre, de Blanche et de Jeanne, adossées aux piliers du bas de ladite chapelle.

*Chapelle de Saint Jean-Baptiste, dite des Charles.* — Charles V, surnommé le Sage, mort en 1380, et Jeanne de Bourbon, sa femme, morte en 1378.

Charles VI, mort en 1422, et Isabeau de Bavière, sa femme, morte en 1435.

Charles VII, mort en 1461, et Marie d'Anjou, sa femme, morte en 1463.

Revenus dans le sanctuaire, du côté du maître-autel, côté de l'évangile, le roi Jean, mort en Angleterre, prisonnier, en 1364 [1].

Au bas du sanctuaire et des degrés, du côté de l'évangile, le massif du monument de Charles VIII, mort en 1498, dont l'effigie et les quatre anges, qui étaient aux quatre coins, avaient été retirés en 1792, a été démoli le 8 août 1793.

Dans la Chapelle de Notre-Dame la Blanche, étaient les deux effigies, en marbre blanc, de Henri II, mort en 1559, et de Catherine de Médicis, sa femme, morte en 1589; l'un et l'autre revêtus de leurs habits royaux, couchés sur un lit recouvert de lames de cuivre doré, aux chiffres de l'un et de l'autre, et orné de fleurs de lis. Dans la chapelle des Charles, le tombeau de Bertrand Duguesclin, mort en 1380.

*Nota.* Ce tombeau, qui n'avait pas été compris dans le décret, avait été détruit par les ouvriers le 7 août; mais on a rapporté son effigie dans la chapelle de Turenne, en attendant qu'il fût transporté à sa destination.

*Nota.* Les cendres des rois et reines, renfermées dans les

---

[1]. L'inscription expiatoire donne la date de 1373. Celle de 1364 est la véritable.

cercueils de pierre ou de plomb des tombeaux creux, mentionnés ci-dessus, ont été déposées dans l'endroit où avait été érigée la tour des Valois, attenant à la croisée de l'église, du côté du septentrion, servant alors de cimetière. Ce magnifique monument avait été détruit en 1719.

L'on n'a trouvé que très-peu de choses dans les cercueils des tombeaux creux ; il y avait un peu de fil d'or faux dans celui de Pépin. Chaque cercueil contenait la simple inscription du nom, sur une lame de plomb, et la plupart de ces lames étaient fort endommagées par la rouille.

Ces inscriptions, ainsi que les coffres de plomb de Philippe le Hardi et d'Isabelle d'Aragon, ont été transportés à l'Hôtel de Ville, et ensuite à la fonte. Ce qu'on a trouvé de plus remarquable est le sceau d'argent, de forme ogive, de Constance de Castille, deuxième femme de Louis VII, dit le Jeune, morte en 1160 [1] : il pèse trois onces et demie ; on l'a déposé à la municipalité pour être remis au cabinet des antiques de la Bibliothèque nationale.

Le nombre des monuments détruits du 6 au 8 août 1793, au soir, qu'on a fini la destruction, monte à cinquante-un ; ainsi, en trois jours, on a détruit l'ouvrage de douze siècles.

*P. S.* Le tombeau du maréchal de Turenne, qui avait été conservé intact, fut démoli en avril 1796, et transporté aux Petits-Augustins, au faubourg Saint-Germain, à Paris, où l'on rassemble tous les monuments qui méritent d'être conservés pour les arts.

L'église, qui était toute couverte en plomb, ne fut découverte, et le plomb porté à Paris, qu'en 1795 ; mais le 6 septembre 1796 on a apporté de la tuile et de l'ardoise de Paris, pour, disait-on, la recouvrir afin de conserver ce magnifique monument.

---

[1]. Cette date diffère de celle qui a été rapportée ci-dessus.

Les superbes grilles de fer, faites en 1702 par un nommé Pierre Denis, très-habile serrurier, ont été déposées et transportées à la bibliothèque du collége Mazarin, à Paris, en juillet 1796.

Ce même serrurier avait fait de pareilles grilles pour l'abbaye de Chelles, lorsque madame d'Orléans en était abbesse.

---

**Extraction des corps des rois, reines, princes et princesses, ainsi que des autres grands personnages qui étaient enterrés dans l'église de l'abbaye de Saint-Denys en France, faite en octobre 1793 [1].**

Le samedi 12 octobre 1793 (21 vendémiaire an II).

On a ouvert le caveau des Bourbons, du côté des chapelles souterraines, et on a commencé par en tirer le cercueil du roi Henri IV, mort le 14 mai 1610, âgé de 57 ans.

*Remarques.* Son corps s'est trouvé bien conservé, et les traits du visage parfaitement reconnoissables. Il est resté dans le passage des chapelles basses, enveloppé dans son suaire, également bien conservé [2]. Chacun a eu la liberté de le voir jusqu'au lundi matin 14 qu'on l'a porté dans le chœur, au bas des marches du sanctuaire, où il est resté jusqu'à deux heures

---

1. La destruction des tombeaux et l'extraction des corps ont été deux opérations distinctes. Au mois d'août 1793, pour célébrer l'anniversaire *de la victoire du peuple*, on fit disparaître de l'église la plupart des tombeaux et des statues; mais le temps pressait, on ne profana que les restes déposés dans les massifs des monuments. Au mois d'octobre, on acheva l'œuvre commencée, en fouillant toutes les fosses et tous les caveaux qu'il fut possible de retrouver. On n'épargna ni le temps ni les recherches.

2. C'est dans la crypte, contre un des deux gros piliers, en face de la chapelle expiatoire, celui qui se trouve vers le nord, que le corps de Henri IV demeura exposé deux jours.

après midi ¹, qu'on l'a déposé dans le cimetière dit des Valois, ainsi qu'il a été ci-devant dit, dans une grande fosse creusée dans le bas dudit cimetière à droite, du côté du nord.

### Le lundi 14 octobre 1793.

Ce jour, après le dîner des ouvriers, vers les trois heures après midi, on continua l'extraction des autres cercueils des Bourbons.

Celui de Louis XIII, mort en 1643, âgé de 42 ans.

Celui de Louis IV, mort en 1715, âgé de 77 ans.

De Marie de Médicis, deuxième femme de Henri IV, morte en 1642, âgée de 68 ans.

D'Anne d'Autriche, femme de Louis XIII, morte en 1666, âgée de 64 ans ².

De Marie Thérèse, infante d'Espagne, épouse de Louis XIV, morte en 1683, âgée de 45 ans.

De Louis, dauphin, fils de Louis XIV, mort en 1711, âgé de près de 50 ans.

*Remarques.* Quelques-uns de ces corps étaient bien conservés, surtout celui de Louis XIII, reconnaissable à sa moustache; Louis XIV l'était aussi par ses grands traits, mais il était noir comme de l'encre. Les autres corps, et surtout celui du grand-dauphin, étaient en putréfaction liquide ³.

1. La tête de Henri IV fut alors moulée, et le plâtre qu'on en prit a servi de modèle à ceux qui se trouvent aujourd'hui dans les magasins de presque tous les mouleurs de Paris. Dans sa description de Saint-Denis, M. Gilbert rapporte, d'après *le Journal de Paris du lundi* 29 *août* 1814, que le sous-préfet de Saint-Denis remit au roi à cette époque deux dents de Henri IV, la moustache de ce prince, et une manche presque entière de la chemise avec laquelle il avait été enseveli. Le sieur Desingy, suisse de l'abbaye, avait sauvé ces débris au péril de ses jours.

2. Les inscriptions placées dans la crypte ne donnent à la reine Anne d'Autriche que 54 ans; d'après Félibien elle a vécu 64 ans et 4 mois.

3. Les noms des princes et princesses étaient gravés sur de petites plaques de

Le mardi 15 octobre 1793.

Vers les sept heures du matin, on a repris et continué l'extraction des cercueils des Bourbons par celui de Marie Lecsinska, princesse de Pologne, épouse de Louis XV, morte en 1768, âgée de 65 ans.

Celui de Marie Anne-Christine-Victoire de Bavière, épouse de Louis, grand-dauphin, morte en 1690, âgée de 30 ans.

De Louis de Bourgogne, fils de Louis grand-dauphin, mort en 1712, âgé de 30 ans.

De Marie Adélaïde de Savoie, épouse de Louis, duc de Bourgogne, morte en 1712, âgée de 26 ans.

De Louis, duc de Bretagne, premier fils de Louis, duc de Bourgogne, mort en 1705, âgé de 9 mois et 19 jours.

De Louis, duc de Bretagne, second fils du duc de Bourgogne, mort en 1712, âgé de 6 ans.

De Marie-Thérèse d'Espagne, première femme de Louis dauphin, fils de Louis XV, morte en 1746, âgée de 20 ans.

De Xavier de France, duc d'Aquitaine, second fils de Louis dauphin, mort le 22 février 1754, âgé de 5 mois et demi.

De Marie-Zéphirine de France, fille de Louis dauphin, morte le 27 avril 1748, âgée de 21 mois [1].

De N. duc d'Anjou, fils de Louis XV, mort le 7 avril 1733, âgé de 2 ans 7 mois 3 jours.

On a aussi retiré du caveau les cœurs de Louis dauphin,

---

cuivre attachées aux couvercles des cercueils. Trois ou quatre de ces plaques se sont retrouvées, il y a quelques années, dans la boutique d'un chaudronnier, entre autres celle du cercueil de Louis XIV qui avait servi de fond à une casserole. Les caractères des inscriptions sont presque effacés ; on conserve les plaques dans une des salles annexées à l'église.

1. D'après l'inscription expiatoire, Marie-Zéphirine mourut le 1er septembre 1755, âgée de 5 ans et 6 jours. Le procès-verbal omet Marie-Thérèse de France, fille du premier mariage de Louis, dauphin, fils de Louis XV ; c'est cette princesse qui mourut le 27 avril 1748, âgée de 21 mois.

fils de Louis XV, mort à Fontainebleau le 20 décembre 1765, et de Marie-Josèphe de Saxe, son épouse, morte le 13 mars 1767.

*Nota.* Leurs corps avaient été enterrés dans l'église cathédrale de Sens, ainsi qu'ils l'avaient demandé.

*Remarques.* Le plomb en figure de cœur a été mis de côté, et ce qu'il contenait a été porté au cimetière et jeté dans la fosse commune avec tous les cadavres des Bourbons. Les cœurs des Bourbons étaient recouverts d'autres de vermeil ou argent doré, et surmontés chacun d'une couronne aussi d'argent doré. Les cœurs d'argent et leurs couronnes ont été déposés à la municipalité, et le plomb remis aux commissaires aux plombs.

Ensuite on alla prendre les autres cercueils, à mesure qu'ils se présentaient à droite et à gauche.

Le premier fut celui d'Anne-Henriette de France, fille de Louis XV, morte le 10 février 1752, âgée de 24 ans 5 mois et 27 jours.

De Louise-Marie de France, fille de Louis XV, morte le 27 février [1] 1733, âgée de 4 ans et demi.

De Louise-Élisabeth de France, fille de Louis XV, mariée au duc de Parme, morte à Versailles, le 6 décembre 1759, âgée de 32 ans 3 mois et 22 jours.

De Louis-Joseph-Xavier de France, duc de Bourgogne, fils de Louis dauphin, frère aîné de Louis XVI, mort le 22 mars 1761, âgé de 9 à 10 ans.

De N. d'Orléans[2], second fils de Henri IV, mort en 1611, âgé de 4 ans.

De Marie de Bourbon de Montpensier, première femme de Gaston, fils de Henri IV, morte en 1627, âgée de 22 ans.

---

1. Le 19 février, suivant d'autres listes.
2. Il fallait dire N... de France, duc d'Orléans.

De Gaston-Jean-Baptiste, duc d'Orléans, fils de Henri IV, mort en 1660, âgé de 52 ans.

De Marie-Louise d'Orléans, duchesse de Montpensier, fille de Gaston et de Marie de Bourbon, morte en 1693 âgée de 66 ans.

De Marguerite de Lorraine, seconde femme de Gaston, morte le 3 avril 1672, âgée de 58 ans.

De Jean-Gaston d'Orléans, fils de Gaston-Jean-Baptiste et de Marguerite de Lorraine, mort le 10 août 1652, à l'âge de 2 ans.

De Marie-Anne d'Orléans, fille de Gaston et de Marguerite de Lorraine, morte le 17 août 1656, à l'âge de 4 ans.

*Nota.* Rien n'a été remarquable dans l'extraction des cercueils faite dans la journée du mardi 15 octobre 1793 : la plupart de ces corps étaient en putréfaction ; il en sortait une vapeur noire et épaisse, d'une odeur infecte, qu'on chassait à force de vinaigre et de poudre qu'on eut la précaution de brûler ; ce qui n'empêcha pas les ouvriers de gagner des dévoiements et des fièvres, qui n'ont pas eu de mauvaises suites.

### Le mercredi 16 octobre 1793.

Vers les sept heures du matin on a continué l'extraction des corps et cercueils du caveau des Bourbons. On a commencé par celui de Henriette Marie de France, fille de Henri IV et épouse de l'infortuné Charles I$^{er}$, roi d'Angleterre, morte en 1669, âgée de 60 ans, et on a continué par celui de Henriette-Anne Stuart, fille dudit Charles, et première femme de *Monsieur*, frère unique de Louis XIV, morte en 1670, âgée de 26 ans.

De Philippe d'Orléans, dit Monsieur, frère unique de Louis XIV, mort en 1701, âgé de 61 ans.

D'Élisabeth-Charlotte de Bavière, seconde femme de Monsieur, morte en 1722, âgée de 70 ans.

De Charles, duc de Berri, petit-fils de Louis XIV, mort en 1714, âgé de 28 ans.

De Marie-Louise-Élisabeth d'Orléans, fille du duc régent du royaume, épouse de Charles, duc de Berri, morte en 1719, âgée de 24 ans.

De Philippe d'Orléans, petit-fils de France, régent du royaume sous la minorité de Louis XV, mort le jeudi 2 décembre 1723, âgé de 49 ans.

D'Anne-Élisabeth de France, fille aînée de Louis XIV, morte le 30 décembre 1662, laquelle n'a vécu que 42 jours.

De Marie-Anne de France, seconde fille de Louis XIV, morte le 28 décembre 1664, âgée de 41 jours.

De Philippe, duc d'Anjou, fils de Louis XIV, mort le 10 juillet 1671, âgé de 3 ans.

De Louis, duc d'Anjou, frère du précédent, mort le 4 novembre 1672, lequel n'a vécu que quatre mois et 17 jours.

De Marie-Thérèse de France, troisième fille de Louis XIV, morte le 1er mars 1672, à 5 ans.

De Philippe-Charles d'Orléans, fils de Monsieur, mort le 8 décembre 1666, âgé de 2 ans et 6 mois.

De N. fille de Monsieur, morte en naissant, en 1665.

D'Alexandre-Louis d'Orléans, duc de Valois, fils de Monsieur, mort le 15 mars 1676, âgé de 3 ans.

De Charles de Berri, duc d'Alençon, fils du duc de Berri, mort le 16 avril 1718 [1], âgé de 21 jours.

De N. de Berri, fille du duc de Berri, morte en naissant, le 21 juillet 1714.

---

1. 1713, suivant l'inscription expiatoire.

De Marie-Louise-Élisabeth, fille du duc de Berri, morte en 1714, 12 heures après sa naissance.

De Sophie de France, sixième fille de Louis XV, et tante de Louis XVI, morte le 5 mars 1782, âgée de 47 ans 7 mois et 4 jours.

De N. de France, dite d'Angoulême, fille du comte d'Artois, frère de Louis XVI, morte le 23 juin 1783, âgée de 5 mois et 16 jours.

De Mademoiselle, fille du comte d'Artois, frère de Louis XVI, morte le 23 [1] juin 1783, âgée de 7 ans 3 mois 1 jour.

De Sophie-Hélène de France, fille de Louis XVI, morte le 19 juin 1787, âgée de 11 mois 10 jours.

De Louis Joseph-Xavier, dauphin, fils de Louis XVI, mort à Meudon le 4 juin 1789, âgé de 7 ans 7 mois et 13 jours.

Suite du mercredi 16 octobre 1793.

A onze heures du matin, dans le moment où la reine Marie-Antoinette d'Autriche, femme de Louis XVI, eut la tête tranchée, on enleva le cercueil de Louis XV, mort le 10 mai 1774, âgé de 64 ans.

*Remarques.* Il était à l'entrée du caveau sur un banc ou massif de pierre, élevé à la hauteur d'environ deux pieds, au côté droit, en entrant, dans une espèce de niche pratiquée dans l'épaisseur du mur; c'était là qu'était déposé le corps du dernier roi, en attendant que son successeur vînt pour le remplacer, et alors on le portait à son rang dans le caveau.

On n'a ouvert le cercueil de Louis XV que dans le cimetière, sur le bord de la fosse. Le corps retiré du cercueil de plomb, bien enveloppé de linges et de bandelettes, paraissait

---

1. Le 5 décembre, suivant d'autres listes.

tout entier et bien conservé [1] ; mais dégagé de tout ce qui l'enveloppait, il n'offrait pas la figure d'un cadavre ; tout le corps tomba en putréfaction, et il en sortit une odeur si infecte, qu'il ne fut pas possible de rester présent : on brûla de la poudre, on tira plusieurs coups de fusil pour purifier l'air. On le jeta bien vite dans la fosse, sur un lit de chaux vive, et on le couvrit encore de terre et de chaux.

*Autre remarque.* Les entrailles des princes et princesses étaient aussi dans le caveau, dans des seaux de plomb déposés sous les tréteaux de fer qui portaient leurs cercueils : on les porta au cimetière; on jeta les entrailles dans la fosse commune. Les seaux de plomb furent mis de côté, pour être portés, comme tous les autres, à la fonderie qu'on venait d'établir dans le cimetière même, pour fondre le plomb à mesure qu'on en trouvait.

Vers les trois heures après midi, on a ouvert, dans la chapelle dite des Charles, le tombeau de Charles V, mort en 1380, âgé de 42 ans, et celui de Jeanne de Bourbon, son épouse, morte en 1378, âgée de 40 ans.

Charles de France, mort enfant en 1386, âgé de 3 mois, était inhumé aux pieds du roi Charles V, son aïeul. Ses petits os tout à fait desséchés, étaient dans un cercueil de plomb. Sa tombe en cuivre était sous le marchepied de l'autel.

Isabelle de France, fille de Charles V, morte âgée de 5 ans, quelques jours après sa mère Jeanne de Bourbon, morte en 1378; et Jeanne de France, sa sœur, morte en 1366, âgée de 6 mois

---

[1]. La peau était blanche, le nez violet, les parties postérieures rouges comme celles d'un enfant nouveau-né; le corps, qui n'avait pas été embaumé suivant l'usage ordinaire, nageait dans une eau abondante formée par la dissolution du sel marin dont on l'avait enduit. (Alexandre LENOIR, *Musée des Monuments français.*) Tous ces détails arrachés au secret de la tombe nous semblent hideux et révoltants ; ce n'est qu'à regret que nous nous sommes décidé à les donner dans leur odieuse nudité.

et 14 jours, étaient inhumées dans la même chapelle, à côté de leurs père et mère. On ne trouva que leurs os sans cercueils de plomb, mais quelques planches de bois pourri.

*Remarques.* On a trouvé dans le cercueil de Charles V une couronne de vermeil bien conservée, une main de justice d'argent, et un sceptre de cinq pieds de long, surmonté de feuilles d'acanthe d'argent, bien doré, dont l'or avait conservé tout son éclat [1].

Dans le cercueil de Jeanne de Bourbon, son épouse, on a trouvé un reste de couronne, un anneau d'or, des débris de bracelets ou chaînons, un fuseau ou quenouille de bois doré, à demi pourri, des souliers de forme fort pointue, en partie consommés, brodés en or et en argent.

Les corps de Charles V et de Jeanne de Bourbon, sa femme, de Charles VI et de sa femme, de Charles VII et de sa femme, retirés de leurs cercueils, ont été portés dans la fosse des Bourbons; après quoi, cette fosse a été couverte de terre, et on en a fait une autre à gauche de celle des Bourbons, dans le fond du cimetière, où on a déposé les autres corps trouvés dans l'église.

Le jeudi, 17 octobre 1793.

Au matin, on a fouillé dans le tombeau de Charles VI, mort en 1422, âgé de 54 ans, et dans celui d'Isabeau de Bavière, sa femme, morte en 1435 : on n'a trouvé dans leurs cercueils que des ossements desséchés : leur caveau avait été enfoncé, lors de la démolition du mois d'août dernier. On mit en

---

[1]. Ce sceptre était surmonté d'un bouquet en feuillage, au milieu duquel s'élevait une grappe de corymbe, ce qui lui donne à peu près la forme d'un thyrse, tel qu'on en voit dans Montfaucon, article des *sceptres;* morceau d'orfèvrerie assez bien travaillé pour son époque. (Alexandre LENOIR, *Musée des Monuments français.*)

pièces et en morceaux leurs belles statues de marbre, et on pilla ce qui pouvait être précieux dans leurs cercueils.

Le tombeau de Charles VII, mort en 1461, âgé de 59 ans, et celui de Marie d'Anjou, sa femme, morte en 1463, avaient aussi été enfoncés et pillés. On n'a trouvé dans leurs cercueils qu'un reste de couronne et de sceptre d'argent doré.

*Remarques.* Une singularité de l'embaumement du corps de Charles VII, c'est qu'on y avait parsemé du vif-argent, qui avait conservé toute sa fluidité. On a observé la même singularité dans quelques autres embaumements de corps du xiv$^e$ et du xv$^e$ siècles.

### Le même jour, 17 octobre 1793.

L'après-dîner, dans la chapelle de Saint-Hippolyte, on a fait l'extraction de deux cercueils de plomb, de Blanche de Navarre, seconde femme de Philippe de Valois, morte en 1391 [1], et de Jeanne de France, leur fille, morte en 1371, âgée de 20 ans. On n'a pas trouvé la tête de cette dernière; elle a été vraisemblablement dérobée, il y a quelques années, lors d'une réparation faite à l'ouverture du caveau.

On a ensuite fait l'ouverture du caveau de Henri II, qui était fort petit : on en tira d'abord deux cœurs, un gros, l'autre moindre; on ne sait de qui ils viennent, étant sans inscriptions : ensuite quatre cercueils; 1° celui de Marguerite de France, femme de Henri IV, morte le 27 mai 1615, âgée de 62 ans ;

2° Celui de François, duc d'Alençon, quatrième fils de Henri II, mort en 1584, âgé de 30 ans ; 3° celui de François II, qui n'a régné qu'un an et demi, et qui mourut le 5 décembre

---

[1]. En 1398, suivant l'inscription expiatoire et les historiens.

1560, âgé de 17 ans; 4° d'une fille de Charles IX, nommée Élisabeth de France, morte le 2 avril 1578, à 6 ans.

Avant la nuit, on a ouvert le caveau de Charles VIII, mort en 1498, âgé de 28 ans. Son cercueil de plomb était posé sur des tréteaux ou barres de fer : on n'a trouvé que des os presque desséchés.

Le vendredi, 18 octobre 1793.

Vers les sept heures du matin, on a continué l'extraction des cercueils du caveau de Henri II, et on en a tiré quatre grands cercueils, celui de Henri II, mort le 10 juillet 1559, âgé de 40 ans et quelques mois; de Catherine de Médicis, sa femme, morte le 5 janvier 1589, âgée de 70 ans; de Charles IX, mort en 1574, âgée de 24 ans; de Henri III, mort le 2 août 1589, âgé de 38 ans; celui de Louis, duc d'Orléans, second fils de Henri II, mort au berceau; de Jeanne de France, et de Victoire de France, toutes deux filles de Henri II, mortes en bas âge.

*Remarques.* Ces cercueils étaient posés les uns sur les autres, sur trois lignes : au premier rang, à main gauche en entrant, étaient les cercueils de Henri II et de Catherine de Médicis, sa femme, et de Louis d'Orléans, leur second fils; le cercueil de Henri II était posé sur des barres de fer, et les deux autres sur celui de Henri II.

Au second rang, au milieu du caveau, étaient quatre autres cercueils, placés les uns sur les autres, et les deux cœurs, ci-dessus mentionnés, étaient posés dessus.

Au troisième rang, à main droite, du côté du chœur, se trouvaient quatre cercueils : celui de Charles IX, porté sur des barres de fer, en portait un grand (celui de Henri III) et deux petits.

Dessous les tréteaux ou barres de fer, sur lesquels étaient

posés les cercueils de plomb, il y avait beaucoup d'ossements ; ce sont probablement des ossements trouvés dans cet endroit, lorsqu'en 1719 on a fouillé pour faire le nouveau caveau des Valois, qui était avant construit dans l'endroit même où on a déposé les restes des princes et princesses, au fur et à mesure qu'on les a découverts.

Le même jour, 18 octobre 1793.

On est descendu dans le caveau de Louis XII, mort en 1515, âgé de 53 ans. Anne de Bretagne, son épouse, morte en 1514, âgée de 37 ans, était dans le même caveau, à côté de lui : on a trouvé sur leurs cercueils deux couronnes de cuivre doré.

Dans le chœur, sous la croisée septentrionale, on a ouvert le tombeau de Jeanne de France, reine de Navarre, fille de Louis X, dit le Hutin, morte en 1349, âgée de 38 ans. Elle était enterrée aux pieds de son père, sans caveau : une pierre creuse, tapissée de plomb intérieurement, et couverte d'une autre pierre toute plate, renfermait ses ossements ; on n'a trouvé dans son cercueil qu'une couronne de cuivre doré.

Louis X, dit le Hutin, n'avait pas non plus de cercueil de plomb ni de caveau ; une pierre creuse, en forme d'auge, tapissée en dedans de lames de plomb, renfermait ses os desséchés, avec un reste de sceptre et de couronne de cuivre rongé par la rouille ; il était mort en 1316, âgé de près de 27 ans.

Le petit roi Jean, son fils posthume, était à côté de son père, dans une petite tombe ou auge de pierre, revêtue de plomb, n'ayant vécu que quatre jours.

Près du tombeau de Louis X était enterré, dans un simple cercueil de pierre, Hugues, dit le Grand, comte de Paris, mort en 956, père de Hugues Capet, chef de la race des Capétiens. On n'a trouvé que ses os presque en poussière.

On a été ensuite au milieu du chœur découvrir la fosse de Charles le Chauve, mort en 877, âgé de 54 ans. On n'a trouvé, bien avant dans la terre, qu'une espèce d'auge en pierre, dans laquelle était un petit coffre qui contenait le reste de ses cendres. Il était mort de poison en deçà du Mont-Cenis, sur les confins de la Savoie, dans une chaumière du village de Brios, à son retour de Rome. Son corps fut mis en dépôt au prieuré de Nantua, du diocèse de Dijon, d'où il fut transporté 7 ans après à Saint-Denis.

Le samedi 19 octobre 1793.

La sépulture de Philippe, comte de Boulogne, fils de Philippe-Auguste, mort en 1233, n'a rien donné de remarquable, sinon la place de la tête du prince, creusée dans son cercueil de pierre.

Nous remarquerons la même chose pour celui de Dagobert.

Le cercueil de pierre, en forme d'auge, d'Alphonse de Poitiers, frère de saint Louis, mort en 1271, ne contenait que des cendres : ses cheveux étaient bien conservés ; mais ce qui peut être remarquable, c'est que le dessus de la pierre, qui couvrait son cercueil, était tacheté, colorié et veiné de jaune et de blanc comme du marbre : les exhalaisons fortes du cadavre ont pu produire cet effet.

Le corps de Philippe-Auguste, mort en 1223, était entièrement consommé : la pierre taillée en dos d'âne, qui couvrait le cercueil de pierre, était arrondie du côté de la tête.

Le corps de Louis VIII, père de saint Louis, mort le 8 novembre 1226, âgé de 40 ans, s'est trouvé aussi presque consommé. Sur la pierre qui couvrait son cercueil était sculptée une croix en demi-relief ; on n'y a trouvé qu'un reste de sceptre de bois pourri ; son diadème, qui n'était qu'une bande d'étoffe tissue en or, avec une grande calotte d'une étoffe satinée, assez bien conservée. Le corps avait été enveloppé dans un drap ou suaire tissu d'or; on en trouva encore des morceaux assez bien conservés [1].

*Remarques.* Son corps ainsi enseveli avait été cousu dans un cuir fort épais qui était bien conservé [2].

Il est le seul que nous ayons trouvé enveloppé dans un cuir. Il est vraisemblable qu'on ne l'a fait pour lui que pour que son cadavre n'exhalât pas au dehors de mauvaise odeur, dans le transport qu'on en fit de Montpensier en Auvergne, où il mourut à son retour de la guerre contre les Albigeois.

On fouilla au milieu du chœur, au bas des marches du sanctuaire, sous une tombe en cuivre, pour trouver le corps de Marguerite de Provence, femme de saint Louis, morte en 1295. On creusa bien avant en terre sans rien trouver; enfin, on découvrit, à gauche de la place où était sa tombe, une auge de pierre remplie de gravats, parmi lesquels étaient une rotule et deux petits os.

Dans la chapelle de Notre-Dame-la-Blanche, on a ouvert le caveau de Marie de France, fille de Charles IV, dit le Bel, morte en 1341, et de Blanche, sa sœur, duchesse d'Orléans,

---

[1]. M. Albert Lenoir possède un dessin colorié qui a été fait par son père, le fondateur du musée des Petits-Augustins, au moment de l'exhumation, et qui représente le squelette entier de Louis VIII enveloppé d'une étoffe blanche brochée d'or.

[2]. Ce cuir avait conservé toute son élasticité... Dans les fouilles de Saint-Germain-des-Prés, on trouva un corps également enveloppé dans un cuir. (Alexandre Lenoir, *Musée des Monuments français*). Nous pourrions citer quelques autres exemples. Les corps de plusieurs princes de la maison des Plantagenets, au douzième siècle, furent apportés à Rouen, cousus dans une enveloppe de cuir; c'étaient ceux de Henri Ier, de Henri-le-Jeune, de Richard-Cœur-de-Lion. Hugues de Grantemaisnil, mort à Londres en 1098, ayant demandé à être inhumé à l'abbaye de Saint-Évroult, en Normandie, son corps y fut transféré salé, et cousu dans une peau de bœuf. Enfin on sait que saint Bernard fut enseveli dans un sac de cuir. (*v.* B. de Peterborough; Orderic Vital; *Histoire de saint Bernard*, etc.)

morte en 1392. Le caveau était rempli de décombres sans corps et sans cercueils.

En continuant la fouille dans le chœur, on a trouvé, à côté du tombeau de Louis VIII, celui où avait été déposé saint Louis, mort en 1270. Il était plus court et moins large que les autres : les ornements en avaient été retirés lors de sa canonisation en 1297.

*Nota.* La raison pour laquelle son cercueil était moins large et moins long que les autres, c'est que, suivant les historiens, ses chairs furent portées en Sicile : ainsi on n'a apporté à Saint-Denis que les os, pour lesquels il a fallu un cercueil moins grand que pour le corps entier.

On a ensuite décarrelé le haut du chœur pour découvrir les autres cercueils cachés sous terre. On a trouvé celui de Philippe le Bel, mort en 1314, âgé de 46 ans ; le cercueil était de pierre et recouvert d'une large dalle. Il n'y avait pas d'autre cercueil que la pierre creusée en forme d'auge, et plus large à la tête qu'aux pieds, et tapissée en dedans d'une lame de plomb, et une forte et large lame aussi de plomb, scellée sur les barres de fer qui fermaient le tombeau. Le squelette était tout entier : on a trouvé un anneau d'or, un sceptre de cuivre doré, de cinq pieds de long, terminé par une touffe de feuillage, sur laquelle était représenté un oiseau aussi de cuivre doré [1].

Le soir, à la lumière, on a ouvert le tombeau de pierre du roi Dagobert, mort en 638 [2]. Il avait plus de six pieds de long ; la pierre était creusée pour recevoir la tête, qui était séparée

---

1. « Suivant le récit de M. Alexandre Lenoir, on trouva aussi un reste de diadème « d'étoffe tissue en or... L'oiseau du sceptre, colorié de ses couleurs naturelles, « paraissait être un chardonneret, si l'on en juge par sa forme et par les couleurs « dont on l'avait chargé » M. Albert Lenoir possède un dessin colorié de ce sceptre.

2. On cassa la statue qui fermait l'entrée du sarcophage fait en lumachelle de Bourgogne. (Alexandre LENOIR, *Musée des Monuments français.*)

du corps. On a trouvé un coffre de bois d'environ deux pieds de long, garni en dedans de plomb, qui renfermait les os de ce prince et ceux de Nanthilde, sa femme, morte en 642. Les ossements étaient enveloppés dans une touffe de soie, séparés les uns des autres par une planche intermédiaire qui partageait le coffre en deux parties. Sur un des côtés de ce coffre, était une lame de plomb, avec cette inscription : « *Hic jacet corpus Dagoberti.* » Sur l'autre côté, une lame de plomb portait : « *Hic jacet corpus Nanthilis.* »

On n'a pas retrouvé la tête de la reine Nanthilde. Il est probable qu'elle sera restée dans l'endroit de sa première sépulture, lorsque saint Louis les fit retirer pour les placer dans le tombeau qu'il leur fit élever dans le lieu où il se voit aujourd'hui.

### Dimanche 20 octobre 1793.

On a travaillé à détacher le plomb qui couvrait le dedans du tombeau de pierre de Philippe le Bel. On a refouillé auprès de la sépulture de saint Louis, dans l'espérance d'y trouver le corps de Marguerite de Provence, sa femme : on n'a rien trouvé qu'une auge de pierre sans couverture, remplie de terre et de gravats.

Dans cet endroit devait être aussi le corps de Jean Tristan, comte de Nevers, fils de saint Louis, mort en 1270, quelques jours avant son père, près de Carthage en Afrique.

Dans la chapelle dite des Charles, on a retiré le cercueil de plomb de Bertrand Duguesclin, mort en 1380. Son squelette était tout entier, la tête bien conservée, les os bien propres et tout à fait desséchés. Auprès de lui était le tombeau de Bureau de la Rivière, mort en 1400. Il n'avait guère que trois pieds de long; on en a retiré le cercueil de plomb [1].

---

[1]. La cendre des grands hommes ne fut pas plus respectée que celle des rois. Duguesclin n'avait-il donc pas usé sa vie à combattre pour la France?

Après bien des recherches, on a trouvé l'entrée du caveau de François I<sup>er</sup>, mort en 1547, âgé de 52 ans.

Ce caveau était grand et bien voûté ; il contenait six corps renfermés dans des cercueils de plomb, posés sur des barres de fer : celui de François I<sup>er</sup> [1] ; celui de Louise de Savoie, sa mère, morte en 1531 ; de Claude de France, sa femme, morte en 1524, âgée de 25 ans; de François, dauphin, mort en 1536, âgé de 19 ans ; de Charles, son frère, duc d'Orléans, mort en 1544, âgé de 23 ans, et celui de Charlotte, sa sœur, morte en 1524, âgée de 8 ans.

Tous ces corps étaient en pourriture et en putréfaction liquide et exhalaient une odeur insupportable; une eau noire coulait à travers leurs cercueils de plomb dans le transport qu'on en fit au cimetière.

On a repris la fouille dans la croisée méridionale du chœur ; on a trouvé une auge ou tombe de pierre remplie de gravats. C'était le tombeau de Pierre de Beaucaire, chambellan de saint Louis, mort en 1270.

Sur le soir, on a trouvé, près de la grille du côté du midi, le tombeau de Matthieu de Vendôme, abbé de Saint-Denis et régent du royaume, sous saint Louis et sous son fils Philippe le Hardi ; il n'avait point de cercueil, ni de pierre, ni de plomb ; il avait été mis en terre dans un cercueil de bois, dont on trouva encore des morceaux de planches pourries. Le corps était entièrement consommé : on n'a trouvé que le haut de sa crosse de cuivre doré et quelques lambeaux de riche étoffe, ce qui marque qu'il avait été enseveli avec ses plus riches ornements d'abbé. Il était mort en 1286, le 5 septembre, au commencement du règne de Philippe le Bel.

---

1. Le corps de François I<sup>er</sup> portait une taille extraordinaire et une structure très-forte ; l'un des fémurs de ce prince que j'ai mesuré portait 53 centimètres (20 pouces) des condiles à la tête de l'os. (Alexandre LENOIR.) D'après les proportions ordinaires, cette dimension indiquerait une taille de 6 pieds au moins.

#### Le lundi 21 octobre 1793.

Au milieu de la croisée du chœur, on a levé le marbre qui couvrait le petit caveau où on avait déposé, au mois d'août 1794, les ossements et cendres de six princes et une princesse de la famille de saint Louis, transférés en cette église de l'abbaye de Royaumont, où ils étaient enterrés : les cendres et ossements ont été retirés de leurs coffres ou cercueils de plomb, et portés au cimetière dans la seconde fosse commune, où Philippe Auguste, Louis VIII, François I<sup>er</sup> et toute la famille avaient été portés. Dans l'après-midi, on a commencé à fouiller dans le sanctuaire, à côté du grand autel, à gauche, pour trouver les cercueils de Philippe le Long, mort en 1322, de Charles IV, dit le Bel, mort en 1328 ; de Jeanne d'Évreux, troisième femme de Charles IV, morte en 1370 ; de Philippe de Valois, mort en 1350, âgé de 57 ans ; de Jeanne de Bourgogne, femme de Philippe de Valois, morte en 1348, et celui du roi Jean, mort en 1364.

#### Le mardi 22 octobre 1793.

Dans la chapelle des Charles, le long du mur de l'escalier qui conduit au chevet, on a trouvé deux cercueils l'un sur l'autre ; celui de dessus, de pierre carrée, renfermait le corps d'Arnaud Guillem de Barbazan, mort en 1431, premier chambellan de Charles VII. Celui de dessous, couvert de lames de plomb, contenait le corps de Louis de Sancerre, connétable sous Charles VI, mort en 1402, âgé de 60 ans ; sa tête était encore garnie de cheveux longs et partagés en deux cadenettes bien tressées [1].

---

[1]. Le connétable Louis de Sancerre avait de forts beaux cheveux ; lors de l'exhumation des corps à Saint-Denis, il fut trouvé ayant encore trois longues tresses d'environ 40 centimètres. (Alexandre LENOIR.)

On a levé ensuite la pierre perpendiculaire qui couvrait les tombeaux en pierre de l'abbé Suger et de l'abbé Troon; le premier, mort en 1151, et le second, en 1221 : on n'y a trouvé que des os presque en poussière.

On a continué la fouille dans le sanctuaire, du côté de l'évangile, et on a découvert, bien avant en terre, une grande pierre plate qui couvrait les tombeaux de Philippe-le-Long et des autres.

On s'en tint là, et, pour finir la journée, on alla, dans la chapelle dite du Lépreux, lever la tombe de Sédille de Sainte-Croix, morte en 1380, femme de Jean Pastourelle, conseiller du roi Charles V ; on n'a trouvé que des ossements consommés.

### Le mercredi 23 octobre 1793.

On a repris, du matin, le travail qu'on avait laissé la veille, pour la découverte des tombeaux du sanctuaire.

On trouva d'abord celui de Philippe de Valois, qui était de pierre, tapissé intérieurement de plomb, fermé par une forte lame de même métal, soudée sur des barres de fer, le tout recouvert d'une longue et large pierre plate : on a trouvé une couronne et un sceptre surmonté d'un oiseau de cuivre doré.

Plus près de l'autel, on a trouvé le tombeau de Jeanne de Bourgogne, première femme de Philippe de Valois : on y a trouvé son anneau d'argent, un reste de quenouille ou fuseau, et des os desséchés.

### Le jeudi 24 octobre 1793.

A gauche de Philippe de Valois était Charles le Bel. Son tombeau était construit comme celui de Philippe de Valois : on y a trouvé une couronne d'argent doré, un sceptre de cuivre doré, haut de près de sept pieds, un anneau d'argent, un reste de main de justice, un bâton de bois d'ébène, un oreiller de plomb pour reposer la tête : le corps était desséché.

Le vendredi 25 octobre 1793 (4 brumaire an II).

Le tombeau de Jeanne d'Évreux avait été remué, la tombe était brisée en trois morceaux, et la lame de plomb qui fermait le cercueil était détachée ; on ne trouva que des os desséchés sans la tête ; on ne fit pas d'information ; il y avait néanmoins apparence qu'on était venu, dans la nuit précédente, dépouiller ce tombeau.

Au milieu, on trouva le tombeau en pierre de Philippe le Long [1] ; son squelette était bien conservé, avec une couronne d'argent doré, enrichie de pierreries, une agrafe de son manteau en losange, avec une autre plus petite, aussi d'argent, partie de sa ceinture d'étoffe satinée, avec une boucle d'argent doré et un sceptre de cuivre doré. Au pied de son cercueil était un petit caveau où était le cœur de Jeanne de Bourgogne, femme de Philippe de Valois, renfermé dans une cassette de bois presque pourri : l'inscription était sur une lame de cuivre.

On a aussi découvert le tombeau du roi Jean, mort en 1364, en Angleterre, âgé de 56 ans; on y a trouvé une couronne ; un sceptre fort haut, mais brisé ; une main de justice ; le tout d'argent doré. Son squelette était entier.

Quelques jours après, les ouvriers avec le commissaire aux plombs ont été au couvent des Carmélites faire l'extraction du cercueil de madame Louise de France, fille de Louis XV, morte le 23 décembre 1787, âgée de 50 ans et environ six mois. Ils l'ont apporté dans le cimetière, et le corps a été déposé dans la fosse commune ; il était tout entier, mais en

---

[1]. Le squelette était dans son entier et vêtu des habits royaux ; sa tête était coiffée d'une couronne d'argent doré enrichie de pierreries. (Alexandre Lenoir.)

pleine putréfaction; ses habits de carmélite étaient très-bien conservés [1].

Dans la nuit du 11 au 12 novembre 1793, par ordre du département, en présence du commissaire du district et de la municipalité de Saint-Denis, on a enlevé du trésor tout ce qui y était, châsses, reliques, etc.; tout a été mis dans de grandes caisses de bois, ainsi que tous les riches ornements de l'église, et le tout est parti dans des chariots pour la Convention, en grand appareil et grand cortége de la garde des habitants de la ville, le 13, vers les dix heures du matin.

### SUPPLÉMENT.

#### Le 18 janvier 1794 (29 nivôse an II).

Le tombeau de François Ier étant démoli, il fut aisé d'ouvrir celui de Marguerite, comtesse de Flandres, fille de Philippe le Long, et femme de Louis, comte de Flandres, morte en 1382, âgée de 66 ans; elle était dans un caveau assez bien construit; son cercueil de plomb était posé sur des barres de fer; on n'y trouva que des os bien conservés et quelques restes de planches de bois de châtaignier.

Mais on n'a pas trouvé la sépulture du cardinal de Retz, dit le Coadjuteur, mort en 1679, âgé de 66 ans, non plus que celle de plusieurs autres grands personnages.

---

[1]. En 1815, le sous-préfet et le maire de Saint-Denis firent élever un tertre couvert de gazon, de lis et de cyprès sur les deux fosses dans lesquelles avaient été jetés les restes des rois et des princes. (GILBERT, *Description historique de l'église de Saint-Denis.*) On se proposait d'ériger en ce lieu un monument expiatoire; mais il parut plus convenable de réintégrer dans l'église les ossements que les deux fosses contenaient encore.

*Observations sur les divers modes de sépulture des rois.*
— Le procès-verbal ne fait pas mention du cœur du cardinal de Bourbon, ni des sépultures du duc de Châtillon et du marquis de Saint-Maigrin, ni de celles des abbés et grands prieurs, de Louis, comte d'Étampes, et de sa femme, d'Alphonse de Brienne, de Louis de Pontoise. Les restes de ces personnages et bien d'autres probablement sont restés dans le sol de l'église. Les corps de plusieurs princes de la première dynastie, dont les monuments ne subsistaient plus, ont aussi échappé à la profanation. Aussi a-t-on trouvé des traces de caveaux et de sépultures toutes les fois que, dans le cours des travaux, on a eu occasion de faire des excavations dans les diverses parties de l'édifice.

Nous croyons faire une chose utile en présentant le résumé succinct des intéressants détails disséminés dans le procès-verbal que nous venons de reproduire.

La poussière des princes dont saint Louis avait fait renouveler les monuments, était déposée dans de petites caisses en pierre longues de trois pieds et fermées par un couvercle en dos d'âne; une lame de plomb portait le nom de chaque personnage.

Dagobert et Nantilde reposaient dans un cercueil de bois garni de plomb intérieurement.

Jusqu'à la fin du xiii$^e$ siècle, les cercueils n'étaient que de grandes auges en pierre, qui se rétrécissaient vers les pieds, et dans lesquelles une place était marquée pour recevoir la tête, dont elle dessinait la forme.

Philippe le Hardi et sa femme Isabelle d'Aragon, dont les os seulement avaient été apportés à Saint-Denis, eurent pour cercueils de petits coffres de plomb.

Philippe le Bel, ses successeurs et les princes contemporains furent trouvés dans de longs cercueils de pierre tapissés de plomb.

L'usage des caveaux de famille et des cercueils de plomb ne prévalut que vers le milieu du xiv° siècle.

Tous les cercueils des Bourbons étaient en plomb. Des boîtes et des seaux de même métal contenaient séparément les cœurs et les entrailles de ces princes.

*Objets précieux trouvés dans les tombeaux.* — Les spoliateurs trouvèrent des objets précieux dans un certain nombre de tombeaux anciens. Mais, à dater du règne de François I**er**, les cercueils ne contenaient absolument que les restes mortels des princes. Voici, d'après le procès-verbal, l'indication des objets retirés des tombeaux.

Dix couronnes plus ou moins conservées. Débris de celle de Louis X, en cuivre, et de celle de Charles VII. Couronne, en cuivre doré, de Jeanne, reine de Navarre, fille de Louis X; en argent doré, de Philippe V, de Charles IV, de Philippe VI, de Jean II; en vermeil, de Charles V; en cuivre doré, de Louis XII et d'Anne de Bretagne. Celle de Philippe V était rehaussée de quelques pierreries. Nous réunissons aux couronnes le diadème en étoffe de Louis VIII.

Neuf sceptres. Fragments de ceux de Louis X et de Charles VII. Sceptres, en bois, de Louis VIII; en cuivre doré, de Philippe IV le Bel, de Philippe V, de Charles IV, de Philippe VI; en argent doré, de Jean II; en vermeil, de Charles V. La hauteur de plusieurs de ces sceptres atteignait environ deux mètres. Ceux de Philippe IV et de Philippe VI se terminaient chacun par un bouquet de feuillage surmonté d'un oiseau. Des feuilles d'acanthe s'épanouissaient au sommet de celui de Charles V.

Trois mains de justice. Celle de Charles IV, brisée; celles de Jean II et de Charles V, la première en argent, la seconde en argent doré. Un bâton d'ébène trouvé auprès du corps de Charles le Bel avait peut-être formé la hampe de la main de justice de ce roi.

Le haut de la crosse en cuivre doré de l'abbé Mathieu de Vendôme.

Quatre anneaux, ceux de Charles IV et de Jeanne de Bourgogne, femme de Philippe de Valois, en argent; ceux de Philippe le Bel et de Jeanne de Bourbon, en or.

Le sceau en argent de la reine Constance de Castille, monument d'une grande importance, qui présente une inscription et l'effigie de la princesse; parfaitement conservé; déposé au cabinet des antiques de la Bibliothèque royale.

Les restes des quenouilles en bois des reines Jeanne de Bourgogne et Jeanne de Bourbon.

Quelques chaînons des bracelets de Jeanne de Bourbon.

Deux agrafes et une boucle d'argent qui avaient fait partie des vêtements de Philippe V.

Des morceaux assez nombreux d'étoffes et de broderies.

Suaire tissu d'or de Louis VIII; suaire en soie de Dagobert; chasuble de Mathieu de Vendôme; ceinture satinée de Philippe V; chaussure de Jeanne de Bourbon; habits religieux de madame Louise de France.

Des morceaux de fil d'or dans le cercueil de Pépin.

La chevelure bien conservée d'Alphonse, comte de Poitiers, et celle du connétable Louis de Sancerre.

Que sont devenus tous ces débris précieux et vénérables dont un grand nombre ne pouvait être d'aucune valeur aux yeux des commissaires chargés de l'enlèvement des métaux? On prétend qu'ils ont été dilapidés, que quelques-uns ont été vendus, et qu'il s'en trouve encore dans des collections appartenant à de riches étrangers. Mais nous n'avons pu recueillir à cet égard aucun renseignement précis.

# CHAPITRE VI.

### Indication et description des tombeaux qui ont été détruits en 1793.

Les ouvriers de la Convention démolirent les sarcophages et brisèrent les cercueils. Mais la plupart des statues de marbre et de pierre posées sur les monuments furent conservées par les soins de quelques hommes courageux, entre autres de M. Alexandre Lenoir, qui les réclamèrent, au nom de la commission des arts, pour le musée des Monuments français dont la formation avait été arrêtée en principe par le gouvernement. Les monuments de métal au contraire furent impitoyablement sacrifiés. A l'exception de deux tombes en cuivre émaillé venues de Royaumont, et de six figures en bronze qui faisaient partie du tombeau des Valois, ils disparurent tous dans le creuset national. Comme ils sont perdus sans retour et que l'occasion d'en parler ne se présentera plus dans la suite de notre travail, nous croyons devoir consacrer ici quelques lignes à leur description. Nous aurons aussi à faire connaître les figures de pierre et de marbre qui ont été victimes du caprice ou de la maladresse des ouvriers.

*Tombeaux de métal envoyés à la fonte.* — La Convention avait motivé son décret de destruction sur les périls de la patrie, et sur la nécessité d'aller chercher, jusque dans les tombeaux, le bronze, le cuivre et le plomb qui manquaient aux arsenaux. De son côté, la ville de Saint-Denis avait fait dresser, dès le mois d'août de l'année 1792, un état des bronzes qui se trouvaient dans ses églises et qu'elle destinait à être fondus (V. le *Moniteur* du 14 août 1792). Les monuments livrés à la fonte appartenaient à Charles le Chauve, à Marguerite de Provence, aux cinq abbés dont nous avons donné les noms, au dauphin Charles, fils de Charles VI, à Bureau de la Rivière, au Sire de Barbazan, à Louis de Pontoise, au roi Charles VIII, et au marquis de Saint-Maigrin.

*Charles le Chauve.* — La tombe de Charles le Chauve était semblable, quant à sa forme et à sa disposition générales, aux admirables tombes des évêques d'Amiens, Évrard et Godefroy, qui existent encore dans la cathédrale de cette ville. Elle reposait sur les croupes de quatre lions. Quatre petits personnages, en costumes d'évêques, étaient assis aux angles ; peut-être étaient-ce les pères de l'église latine. Un arceau en ogive, surmonté d'un entablement bastillé, encadrait l'effigie de l'empereur. Celle-ci, modelée presque en ronde-bosse, grande comme nature, était couchée, revêtue d'une longue robe à riches broderies, tenant le globe dans la main gauche, les pieds posés sur un lion, et la tête ceinte d'une couronne fleurdelisée. Deux anges encensaient le défunt empereur. Une inscription latine, composée de trois distiques et gravée sur les bords de la tombe, rappelait que Charles le Chauve avait donné à l'abbaye le saint clou, une épine de la sainte couronne, plusieurs domaines, une partie du cours de la Seine et la terre de Ruel. Richer, moine de Sénone, qui écrivit une chronique sous le règne de saint Louis, avait vu le tombeau dont nous nous occupons, il en parle en ces termes [1] : *Sepulcrum æneum fusile, longitudine octo pedum, latitudine vero trium, super quod sculptus est leo ad magnitudinem sarcophagi, quod ego propriis oculis vidi; positum a tergo altaris martyrum B. Dionysii et sociorum ejus.* Les me-

[1]. *V.* le spicilége de D. Luc. d'ACHÉRY, t. III, p. 352, ou dom BOUQUET, *Collection des historiens de France*, t. VII, p. 322.

sures indiquées par Richer sont les mêmes que donne Félibien plus de cinq siècles après. Le tombeau était sans doute rétabli depuis peu de temps, quand il fut visité par le moine de Sénone; le style de la sculpture et la forme du monument accusent nettement le xiii<sup>e</sup> siècle, autant que permettent d'en juger les gravures qui nous en restent. (*V.* entre autres Pierre BONFONS, *Fastes, Antiquités, etc., de la ville de Paris.*)

*Marguerite de Provence.* — La tombe plate de Marguerite de Provence était richement historiée d'architecture et de statuettes de saints. L'effigie gravée en creux et rehaussée de ciselures, portait une robe longue, un manteau, un voile qui entourait complétement le visage, une couronne sur la tête et un sceptre fleurdelisé à la main droite. Dom Montfaucon a fait reproduire cette tombe, ainsi qu'une statue de la même reine autrefois placée dans l'église de l'abbaye de Poissy (*Monuments de la Monarchie française*, t. II, p. 159, 160). Une épitaphe conçue en ces termes se développait sur le bord de la tombe : *Icy gist la noble royne de france Marguerite qui fu fame monseigneur sainct Loys, jadis roy de France, qui trespassa le mercredi devant Noel l'en de l'incarnation nostre Saigneur mil II cens quatre vinz et quinze, priez pour s'ame.*

*Suger. Mathieu de Vendôme.* — Nous avons dit que la tombe de Suger avait été refaite à une époque moderne et ne présentait qu'une inscription. Pour juger de ce que pouvaient être les monuments des quatre autres abbés inhumés sous des tombes plates en cuivre, il ne nous reste d'autre guide qu'une gravure microscopique donnée par Félibien de la tombe de Mathieu de Vendôme. Le prélat est couché sous un arc trilobé que surmonte un pignon et qui a pour appuis deux pieds-droits ornés de figurines. Tout le fond de la tombe se divise en losanges que remplissent des fleurons et des fleurs de lis. Le vêtement de l'abbé se compose d'une aube très-longue, d'une chasuble galonnée et relevée sur les bras; sa tête est coiffée de la mitre; ses pieds foulent un dragon; il joint les mains, et tient sous son bras gauche, contre sa poitrine, une crosse terminée en volute. En 1699, des travaux entrepris pour la pose de la grille latérale du chœur, avaient amené la découverte du cercueil en pierre de Mathieu de Vendôme; il contenait seulement quelques restes de cheveux, le haut d'une crosse en cuivre doré, des morceaux d'habits pontificaux; une inscription, sur une lame de plomb incrustée dans la pierre du cercueil, déclarait que là gisait le corps de *Mahé de Vendôme qui garda le royaume de France au tans du roy Loys qui mourut en Cartaie.*

*Bureau de la Rivière. Le dauphin Charles.* — Bureau de la Rivière reposait aux pieds de Charles V. Sa tombe plate et celle du petit dauphin Charles, mort âgé de trois mois, le 28 décembre 1386, étaient assez simples. Des ornements d'architecture terminés par un dais y accompagnaient l'effigie du défunt. La Rivière était en costume civil. Le dauphin, vêtu d'une robe et d'un manteau, tenait de ses deux mains une couronne fleurdelisée; le pauvre enfant n'avait pas eu le temps de la porter sur sa tête; il était enterré aux pieds de son aïeule, la bonne reine Jeanne de Bourbon. Cette dernière tombe a été gravée dans les *Monuments de la Monarchie française* (D. MONTFAUCON, t. III, p. 180).

*Barbazan.* -- Arnaud de Guilhem, seigneur de Barbazan, avait un grand tombeau tout en bronze. Son effigie revêtue d'une armure de fer et d'une cotte d'armes, et abritée par un dais posé sur des colonnettes, était étendue sur une plateforme que soutenaient quatre piliers. La tête nue, les mains jointes, les pieds sur le dos d'un lion, Barbazan ne craignait pas que son repos fût jamais troublé, confiant qu'il était dans le souvenir d'éclatants services rendus à son pays. « Le tom-« beau du vaillant chevalier Arnaut de Guillen, dit dom Millet, « est de cuivre et l'effigie de mesme posée au coin de la cha-« pelle, au costé senestre du tombeau de Charles V. L'épitaphe « est gravé sur le devant du tombeau. » Sauval donne à peu près les mêmes détails sur ce monument. L'épitaphe du tombeau, composée de dix vers français, vantait la droiture et la vertu de Barbazan plus encore que ses exploits. Une autre inscription de six vers latins, gravée en son honneur sur une plaque de cuivre, était appliquée à un pilier voisin. On lisait à la suite de l'inscription française ces mots qui donnaient une indication précieuse sur l'artiste fondeur : *fait à paris par Jehan morant*.

Ce fut, comme nous l'avons déjà dit, à la bataille de Bulgnéville, le 2 juillet 1431, que Barbazan trouva une mort glorieuse. Ce combat coûta la vie ou la liberté à une foule de personnages illustres ; René d'Anjou y fut fait prisonnier. Une rue du village de Bulgnéville porte encore le nom de Barbazan, et l'on y montre la maison dans laquelle ce héros rendit le dernier soupir. Ses entrailles ou les chairs de son corps furent sans doute déposées dans l'église de Vaucouleurs ; sa mémoire était consacrée dans cet édifice par une épitaphe.

Sur la colline qui domine le champ de bataille, René d'Anjou avait fondé une chapelle où, chaque lundi, une messe était dite pour l'âme de Barbazan ; ce monument fut détruit en 1664. René d'Anjou fonda aussi une messe perpétuelle à la collégiale de Vaucouleurs pour tous ceux qui avaient péri dans le combat ; un premier don de 100 livres tournois et un autre de 1,200 francs assurèrent cette fondation. Je dois ces derniers détails à l'*Histoire de René d'Anjou* par M. le comte de Villeneuve.

*Louis de Pontoise*. — Le monument de Louis de Pontoise

ne consistait qu'en une inscription de huit vers français gravée sur une lame de cuivre, qui était blasonnée d'un écusson d'azur à l'aigle éployée d'or, au chef de même.

*Charles VIII.* — « Estant à Amboise lan 1498, le 7ᵉ jour d'avril, en une gallerie du chasteau, regardant des joueurs de paume, et tenant quelques discours spirituels avec la reyne et autres assistans, le roi Charles VIII tomba à la renverse saisi d'une apoplexie. On le coucha sur une paillasse qui se rencontra là fortuitement, sur laquelle il demeura jusques à onze heures de soir. Durant ce temps là la parole luy revint jusques à trois fois, et à toutes les trois fois, il prononça ces paroles : « Mon Dieu et la glorieuse Vierge, Monseigneur saint Claude et Monseigneur saint Blaise me soient en ayde » et à la dernière fois, il rendit son esprit à Dieu. Les dernières paroles qu'il prononça durant son apoplexie furent qu'il espéroit de n'offenser jamais Dieu mortellement ny veniellement, moyennant sa saincte grace. Il mourust aagé de 28 ans, un samedy veille de Pasques fleuries, s'estant confessé deux fois cette semaine là. Telle fut la fin de ce dévot et religieux prince. Son corps fut apporté d'Amboise à Paris en grande pompe, puis à Saint-Denys où il fut ensépulturé au bas des dégrez du grand autel, au costé de septentrion. Son sépulchre est le plus beau qui soit dans le chœur, sur lequel on voit son effigie représentée à genouil près le naturel, une coronne et un livre sur un oratoire, et quatre anges à genoux aux quatre coings du tombeau, le tout de cuivre doré, sauf l'effigie dont la robe est d'azur semée de fleurs de lys d'or.

» Ce grand roy fut généreux, magnanime, affable, et décoré de toutes les vertus royales; aussi fut-il grandement regretté de tous ses subjets, et spécialement de ses domestiques; deux desquels tombèrent roides morts le voyant mettre en terre. La reyne surtout en fut affligée et en pensa mourir de regret, demeurant deux jours et deux nuicts sans reposer ny prendre aucun aliment. Le roy eut de cette chaste princesse trois enfants masles, qui moururent tous en enfance ; on voit son épitaphe aux pieds de son tombeau, en un tableau de cuivre doré ataché à l'un des quatre pilliers de la croisée de l'église. » (Dom G. Millet.) « Les chambellans du roy Charle le feirent ensevelir fort richement, dit Philippe de Commynes, et sur l'heure luy commencea le service, qui jamais ne failloit ne jour ne nuict... Il demoura huict jours à Amboise, tant en une grant chambre bien tendue que en l'église : et toutes aultres choses furent faictes plus richement qu'elles ne furent jamais de roy ; et ne bougèrent d'emprès du corps tous ses chambellans, et ses prouchains et tous ses officiers. Et dura ce service et ceste compaignie jusques à ce qu'il fut mis en terre, qui bien dura l'espace d'ung mois, et cousta quarante-cinq mil francs, comme me dirent les gens des finances. » La description et la gravure données par Pierre Bonfons du tombeau de Charles VIII, s'accordent complétement avec le texte de dom Millet. Félibien nous fournira encore quelques détails précieux. Suivant ce dernier auteur, le massif du monument était en marbre noir, enrichi d'ornements et de figures de bronze doré. Il avait près de huit pieds et demi de long sur quatre pieds et demi de large. Le chiffre du prince était figuré par des doubles KK au-dessus du soubassement ; ces mêmes lettres se trouvaient répétées symétriquement sur les quatre faces. Douze niches circulaires contenaient un pareil nombre de figures de femmes, représentant les Vertus. Dans les intervalles des niches et aux extrémités des faces, il y avait des épées enveloppées de branches de laurier. Le roi priait à genoux sur la plate-forme, aux angles de laquelle quatre petits anges également agenouillés portaient chacun un écusson aux armes écartelées de France et de Jérusalem. Ces anges, chastement vêtus et posés dans une attitude recueillie, n'avaient point encore la tournure mondaine et dégagée de ceux que la renaissance sculpta un peu plus tard d'après les génies des sarcophages antiques. L'alliance du blason de Jérusalem avec celui de France rappelait que le roi Charles s'était paré du titre de roi de Jérusalem après la conquête du royaume de Naples, dont les souverains se faisaient gloire de le porter. La table de cuivre, attachée au pilier le plus voisin du tombeau, présentait deux inscriptions en distiques latins gravées en lettres d'or. Le tombeau portait la signature de l'artiste qui en avait donné le dessin et qui en avait modelé les figures : *opvs paganini mrtinensis.* Ce Paganini de Modène fut sans doute un de ces *ouvriers excellens en plusieurs ouvraiges, comme tailleurs* (sculpteurs) *et painctres*, que le roi Charles amena de Naples, ainsi que le rapporte Philippe de Commynes. Une pièce très-intéressante, éditée par mademoiselle Dupont dans le travail qu'elle a été chargée de faire sur l'historien de Louis XI et de Charles VIII par la Société de l'histoire de France, nous apprend qu'une somme de 1594 livres tournois fut payée des finances du roi à Nicolas Fagot, son *tantier et tapissier ordinaire pour l'amenaige voiture et conduite, depuis Napples... jusqu'au chastel d'Amboise... de plusieurs tapisseries, librairie, paincture, pierre de marbre et de porfire et autres meubles* (du poids d'environ 87,000 livres), *et semblablement pour la nourriture de XXII hommes de mestier, de XXXIII jours, à la raison de XL sous par jour, lesquelz icelluy seigneur a fait venir du dit Napples pour ouvrer de leur mestier à son devis et plaisir.*

*Marquis de Saint-Maigrin.* — Nous avons dit ce qu'était le monument du marquis de Saint-Maigrin, un simple trophée de plomb érigé dans une des baies du bas-côté méridional. Nous ignorons d'ailleurs si Louis XIV avait fait graver quelque inscription sur le socle qui servait de support à cette sculpture.

*Autres monuments en métal, détruits.* — Aux tombes et statues en métal détruites, il faudrait ajouter plusieurs inscriptions commémoratives gravées sur des lames de cuivre, entre autres celles de Charles IX, un grand lit de parade en bronze, tout semé de fleurs de lis, sur lequel les statues de Henri II et de Catherine de Médicis reposaient vêtues de leur costume de cour le plus somptueux, peut-être enfin une large tombe historiée, en cuivre, qui avait recouvert la sépulture de Louis d'Évreux, comte d'Étampes et de Gien, pair de France, prince du sang, et de Jeanne d'Eu, sa femme, duchesse d'Athènes, fille de Raoul, comte d'Eu, connétable de France, morts, l'un en 1400, l'autre en 1389. Ce dernier monument existait certainement du temps de dom Millet, qui l'a décrit; mais dom Félibien semble indiquer, quoiqu'il ne l'exprime pas d'une manière positive, que la tombe de Louis d'Évreux ne se trouvait plus dans l'église au commencement du siècle dernier. Dom Millet nous apprend que les corps des deux personnages étaient inhumés dans la chapelle de Notre-Dame-la-Blanche, en un caveau compris en partie sous les degrés par lesquels on montait à la chapelle de Valois, et que la tombe avait été transférée au pied des marches du grand autel, *joignant le tombeau de Charles VIII.*

*Monuments de pierre et de marbre, brisés.* — Aucun des monuments de Saint-Denis ne sortit sans blessures des mains brutales de leurs agresseurs. Ces gens-là ne s'inquiétaient guère vraiment de déposer avec soin des statues, ni d'ouvrir avec ménagement des tombeaux qu'en définitive ils avaient reçu mission de profaner. Il pouvait bien leur paraître futile de conserver précieusement l'effigie d'un tyran de détestable mémoire, dont les derniers restes, arrachés du sépulcre, étaient frappés d'un arrêt solennel de proscription. Nous ne parlerons pas encore des mutilations commises sur les monuments qui ont cependant survécu ; nous devons seulement enregistrer ici les monuments de pierre et de marbre qui furent complétement détruits en 1793, ou qui du moins ne se sont retrouvés depuis ni à Saint-Denis, ni au musée des Petits-Augustins. En voici la nomenclature : Tombe en pierre de Hugues le Grand, comte de Paris ; statues couchées en pierre, de Henri I$^{er}$ et de Louis VI ; statues pédestres en pierre, de Marie et de Blanche de France, filles de Charles IV, de Blanche de Navarre, seconde femme de Philippe de Valois, et de Jeanne de France, sa fille ; les statues couchées, en marbre blanc, de Marie de France, de Jeanne de Bourgogne, première femme de Philippe VI, et de Jeanne de Bourbon, femme de Charles V ; la statue agenouillée, en marbre, du cardinal Louis de Bourbon ; les tombes en pierre ou en ardoise, des abbés Guillaume de Farrechal, Philippe de Gamaches, Pierre de Gouffier, presque toutes celles des grands prieurs, celle de Sedille de Sainte-Croix, femme de Jean Pastourel, et la dalle tumulaire du duc de Châtillon.

*Hugues le Grand.* — Hugues le Grand était représenté sous un arceau trilobé que soutenaient des piliers enrichis de statuettes. Il portait le costume des chevaliers de la fin du XIII$^e$ siècle, époque du rétablissement de cette tombe, et tenait à deux mains un écusson ou un bouclier. L'effigie se détachait sur un fond tout historié de losanges et de fleurons. On lisait sur les bords de la pierre [1] : *Icy gist hves le grans jadis conte de paris lequel fv pere hves chapet roy de France priez dieu pour lame de ly.*

*Henri I$^{er}$. Louis VI.* — Les statues de Henri I$^{er}$ et de

[1]. Nous avons essayé de restituer l'orthographe de cette épitaphe au moyen du rapprochement des textes donnés par divers auteurs.

Louis VI, sculptées en 1263, devaient être à peu près semblables aux autres figures de la même époque, représentant les prédécesseurs de saint Louis, qui sont aujourd'hui placées dans la crypte de l'église. La gravure de dom Félibien ne leur donne aucun attribut distinctif. Les noms de ces princes étaient ainsi gravés sur le tombeau : « *henricvs rex filivs roberti.* » — « *lvdovicvs grossvs rex.* » Un même socle portait les deux figures.

*Statues de princesses.* — *Marie de France*. — C'était dans les chapelles de Notre-Dame-la-Blanche et de Saint-Hippolyte que se trouvaient, posées debout sur des colonnes, les statues en pierre des deux filles du roi Charles IV, de la seconde femme de Philippe de Valois, et celle de Jeanne de France. Il n'est rien resté de ces figures qui, de la place élevée qu'elles occupaient, auront sans doute été précipitées sur le pavé et réduites en morceaux. Les descriptions les plus anciennes de l'église font mention de plusieurs autres statues et de portraits peints sur pierre ou sur bois, qui existaient dans les mêmes chapelles ; Félibien garde le silence à l'égard de ces monuments, et dom Poirier, dans son procès-verbal de destruction, ne cite, comme nous l'avons vu, que les quatre effigies dont nous venons de rappeler le renversement.

Marie de France, inhumée auprès de sa sœur, dans la chapelle de Notre-Dame-la-Blanche, était encore représentée par une figure couchée, en marbre blanc. Sa sépulture ne paraît avoir reçu d'ailleurs aucune ornementation particulière [1]. La mère des deux princesses, la reine Jeanne d'Évreux, avait fait décorer de statues et de peintures la chapelle de Notre-Dame-la-Blanche, où des inscriptions précieuses pour l'histoire célébraient sa pieuse munificence.

---

[1]. *V.* la gravure de cette effigie, *Monuments de la Monarchie française*, B. de MONTFAUCON, t. II, p. 287.

*Jeanne de Bourgogne.* — L'effigie en marbre de la reine Jeanne de Bourgogne reposait à côté de celle du roi Philippe de Valois ; un dais d'un travail élégant lui abritait la tête Doublet et Montfaucon nous ont conservé, le premier l'épitaphe, le second la figure gravée de cette reine. Jeanne de Bourgogne aimait les lettres ; ce fut par son ordre que Jean de Vignay, frère de l'ordre de Saint-Jacques-du-Haut-Pas, traduisit en français le Miroir historial de Vincent de Beauvais et la Légende d'or de Jacques de Voraggio [1].

*Jeanne de Bourbon.* — Jeanne de Bourbon partageait avec Charles V un riche monument, dont nous parlerons d'une manière détaillée, quand la suite de notre travail nous aura conduit devant la statue de ce prince, qui se trouve aujourd'hui dans la crypte.

*Le cardinal Louis de Bourbon.* — La statue en marbre du cardinal Louis de Bourbon était agenouillée sur une table de marbre noir, en manière de plate-forme, que supportait une haute colonne. Elle était revêtue du majestueux costume des princes de l'Église. Je ne connais aucune gravure de ce monument qui puisse en donner une idée satisfaisante.

*Tombes d'abbés, de grands prieurs et d'autres personnages.* — Dans les magasins qui dépendent de l'église, il reste encore un certain nombre de fragments plus ou moins considérables des tombes gravées en creux, autrefois comprises dans le pavé de l'église et du cloître. Une seule, celle de l'abbé Antoine de la Haye, nous est arrivée dans son entier, et se trouve placée dans une des chapelles de l'église haute. Deux tombes de grands prieurs, celles de Jacques Longuejoe, mort en 14.., et de Michel de Troyes, mort en 1517, transportées au musée des Petits-Augustins, ne sont point rentrées à Saint-

---

[1]. PAULIN-PARIS, *Description des Manuscrits français de la bibliothèque du roi.*

Denis. On peut les voir dans la seconde cour du palais de l'École des Beaux-Arts, à Paris, en compagnie de nombreux débris de sculptures exposés aujourd'hui en plein air, aux chances de dégradation les plus fâcheuses. Les deux prieurs sont représentés en habits sacerdotaux, sous des arcs en ogive d'une ornementation très-compliquée ; des épitaphes latines tracées en lettres gothiques se lisent sur les bords des dalles[1]. La place de ces monuments est à Saint-Denis ; nous espérons qu'ils pourront prochainement la reprendre. La tombe de Sedille de Sainte-Croix était décorée dans le même système, d'un encadrement d'architecture, d'une effigie et d'une inscription. Il ne paraît pas que celle du duc de Châtillon ait été autre chose qu'une simple pierre sans ornements d'aucune espèce ; on n'y lisait même pas d'épitaphe.

*La Liberté portée par des rois.* — Nous ne saurions dire quels titres pouvaient avoir à un arrêt de proscription exceptionnel les personnages figurés sur les monuments de pierre ou de marbre que le marteau a brisés. Peut-être fut-il nécessaire de prendre au hasard quelques victimes pour les jeter en pâture au fanatisme des citoyens régénérés de Franciade. Plusieurs personnes se souviennent encore d'avoir vu, sur la place d'armes, devant la façade principale de l'église, la statue de la Liberté debout sur une montagne allégorique toute composée de débris arrachés aux *ci-devant tombeaux des ex-tyrans*,

---

[1]. Un fabricant de Saint-Denis possède un morceau considérable de la tombe gravée du grand prieur Nicolas le Bossu, mort en 1520. L'architecture figurée sur cette dalle est d'un style archaïque par rapport au seizième siècle, comme nous aurons occasion de le remarquer aussi en décrivant la tombe de l'abbé Antoine de la Haye, mort en 1504. Nicolas le Bossu est représenté mains jointes et en costume sacerdotal. Des statuettes garnissent l'encadrement. Abraham reçoit l'âme du défunt, et l'épitaphe se termine par cette formule assez rare : *Cujus spiritum sinus abrahe suscipiat amen.* Ce monument a été retrouvé et reconnu par M. l'abbé Delon de l'église royale.

comme on disait alors. C'est à la construction de ce singulier piédestal qu'auront été employées les figures dont nous avons constaté la perte. Il y avait dans les œuvres de ce temps une énergique et brutale grandeur; les intérêts de l'archéologie, trop souvent lésés par les passions politiques, ne nous empêcheront pas de le reconnaître.

# CHAPITRE VII.

### Transport des monuments à Paris. Leur réintégration à Saint-Denis.

Au milieu du tumulte des profanations, quelques hommes eurent encore la tête assez froide et l'esprit assez calme pour se rappeler que la conservation des monuments de Saint-Denis intéressait au plus haut point l'histoire de notre art national. Ils réclamèrent avec la plus courageuse persévérance le transport à Paris de toutes les sculptures qui, par leur antiquité ou par la perfection du travail, pouvaient mériter d'être proposées aux artistes comme de sérieux objets d'études. Au premier rang se montrait M. Alexandre Lenoir; ce fut lui qui sut préparer un asile aux monuments proscrits, et qui leur ouvrit les portes de ce musée célèbre des Petits-Augustins, dont la création n'a pas été sans influence pour la réhabilitation de l'art du moyen âge.

Le transport des tombeaux et des statues ne s'effectua qu'avec de grandes lenteurs et d'extrêmes difficultés. Ce n'était pas un problème commode à résoudre que celui de faire arriver à Paris, sans frais, des monuments d'un poids énorme, celui de François Ier, par exemple, et environ quatre-vingts statues. M. Lenoir se vit obligé d'épier le passage par Saint-Denis des convois militaires qui rentraient dans la capitale avec leurs chariots vides. La Convention n'avait réellement pas de fonds disponibles en faveur des arts, elle qui tenait à la fois quatorze armées sur pied pour la défense du sol français. Il arriva plus d'une fois, qu'afin d'obtenir un monument précieux et d'en solder les frais de route, on fut réduit à céder en échange d'autres monuments de moindre importance sous le rapport de l'art et de l'histoire. S'il existait plusieurs effigies du même personnage, il fallait immédiatement faire choix de la meilleure et ne plus se préoccuper des autres; on n'avait pas le loisir de posséder des doubles. A cette époque, le peuple ne voyait partout que des emblèmes d'aristocratie, de despotisme ou de fanatisme à briser; les artistes, de leur côté, méprisaient les œuvres du moyen âge et ne se souciaient guère qu'elles fussent conservées ou détruites. Le fondateur du musée des monuments français a fait preuve d'un courage et d'un sentiment de l'art plus qu'ordinaires assurément, quand il est venu proclamer que les monuments n'étaient pas responsables des erreurs ou des crimes de ceux qui les avaient élevés, et que leur conservation se liait intimement à l'histoire de la civilisation des temps modernes. Nous ne lui reprocherons donc pas avec trop de dureté les supercheries auxquelles il dut quelquefois avoir recours, bien que plus tard elles aient produit des résultats funestes; on conçoit que, pour sauver un monument menacé d'une ruine imminente, il ait cru pouvoir lui attribuer une origine, une illustration, un mérite qui ne lui appartenaient pas toujours. Nous savons d'ailleurs de source certaine que M. Lenoir se réservait de remanier plus tard le classement de son musée, et de soumettre à un contrôle sévère l'attribution de tous les monuments qu'il avait glorieusement sauvés.

Les tombeaux de Saint-Denis eurent bien des dangers à courir et bien des mutilations à éprouver, avant leur installation définitive dans les salles de l'ancien couvent des Petits-Augustins. Les trois grands mausolées de Louis XII, de François Ier et de Henri II, demeurèrent à peu près intacts, du moins quant à leurs parties les plus importantes. Mais les autres monuments perdirent tous leurs accessoires; on ne sauva presque rien des socles historiés qui portaient les statues, ni des inscriptions gravées au pourtour des tombes.

Quand ces monuments arrivèrent au nouveau musée, ils s'y rencontrèrent avec une foule d'autres proscrits; c'étaient les statues et les tombeaux des rois, des princes, des grands personnages de la monarchie, échappés comme par miracle au sac des églises de Paris. Une confusion qu'il était difficile d'éviter, s'introduisit dans la classification; quelques erreurs furent commises; on créa, comme nous l'avons dit, à plusieurs statues d'un ordre secondaire une généalogie contraire à la réalité. Mais ce que nous ne saurions trop déplorer, c'est que pour faire entrer les tombeaux et les sculptures dans les places étroites qui leur étaient assignées, on en modifia gravement la disposition. Des monuments du plus grand prix, celui de Valentine de Milan par exemple, et la chapelle sépulcrale d'une jeune princesse de la maison de Longueville, furent ainsi dénaturés et à moitié détruits, après avoir été arrachés une première fois aux coups du marteau des briseurs d'images. Des figures qui avaient été faites pour dormir couchées sur des tables de marbre, se virent obligées de sortir de leur long sommeil pour se ranger en haie, le long des galeries, dans des guérites ogivales construites avec des arceaux de cloîtres ou de chapelles.

Pour mettre en œuvre la plus grande quantité possible de fragments précieux, on composa des cénotaphes avec des panneaux de boiserie, avec des plaques émaillées, avec des retables ou des devants d'autels. Là, comme partout, les plus puissants s'enrichirent aux dépens des autres. Ainsi Charles V prit à sa cousine Marguerite, comtesse de Flandres, ce qu'il n'aurait certes jamais fait de son vivant, les quatre minces colonnes, les chapiteaux charmants et le singulier dais historié qui, depuis le XIVe siècle, avaient décoré, à Saint-Denis, la sépulture de cette princesse. La vue d'un sceptre, d'une couronne, d'une fleur de lis irritait la susceptibilité républicaine ; les insignes et les attributs des figures furent donc souvent supprimés ou changés. Charles VI avait perdu dans la tourmente son sceptre et sa main de justice ; on lui donna en compensation un jeu de cartes en plâtre. Ceci nous rappelle qu'à Moulins, des artistes ne parvinrent à sauver le magnifique mausolée du maréchal de Montmorency, qu'en affirmant qu'il renfermait le corps d'un vrai patriote guillotiné du temps de la tyrannie, pour avoir conspiré en faveur de la liberté.

Quoi qu'il en soit, l'ouverture du musée des Petits-Augustins eut lieu en 1794. Une chapelle latérale de l'ancienne église du couvent fut concédée tout entière au tombeau de François I$^{er}$ ; elle existe encore et contient aujourd'hui des moulages des œuvres les plus célèbres de Michel-Ange. Un monument composé à nouveau en mémoire de Charles V et de Jeanne de Bourbon, occupait le milieu de la salle du xiv$^e$ siècle. Le tombeau de Louis XII avait aussi la place d'honneur dans la salle du xv$^e$. Des tableaux exposés dans la galerie du Luxembourg et des gravures publiées par M. Lenoir, donnent une idée assez exacte de l'arrangement pittoresque de plusieurs salles de ce musée. Le grand monument de Henri II n'était pas encore réédifié, et se trouvait déposé dans les magasins quand arriva l'époque de son renvoi à Saint-Denis.

Le décret impérial du 19 février 1806, qui fonda le chapitre de Saint-Denis, et qui décida que l'église serait consacrée à la sépulture des empereurs [1], ordonna l'érection de quatre chapelles sur l'emplacement des sépultures des quatre dynasties, dont la dernière commençait en la personne de Napoléon; des inscriptions gravées sur des tables de marbre devaient

---

[1]. Ce décret ne reçut jamais d'exécution. Un fils de Louis Bonaparte, roi de Hollande, destiné à la sépulture impériale, fut dépossédé de son droit par de nou-

contenir les noms des rois dont les monuments existaient autrefois à Saint-Denis. Quant aux tombeaux, il ne fut pas question de les tirer des Petits-Augustins pour les rétablir dans leur ancienne demeure. On songea plus tard à réunir, dans l'église de Sainte-Geneviève (le Panthéon pour les païens et les esprits forts), tous les monuments historiques du musée des monuments français ; mais ce projet ne fut jamais mis à exécution.

Les tombeaux de Saint-Denis étaient à peine rangés et catalogués aux Petits-Augustins, qu'une ordonnance royale, rendue le 16 décembre 1816, prescrivit la clôture du musée, l'établissement d'une école des beaux-arts dans les bâtiments qu'il occupait, et la restitution des monuments aux églises qui les avaient possédés ou aux familles qui les avaient érigés en mémoire de leurs ancêtres. Ces ordres, exécutés avec une précipitation funeste, et même avec une violence de réaction inouïe, comme tout ce qui se faisait alors, furent un arrêt de mort pour un grand nombre de monuments dont la restitution

---

velles révolutions et porté à l'église du village de Saint-Leu, près Montmorency. Un marbre enclavé dans le pavé du chœur de cette église porte l'inscription suivante :

ICI REPOSENT
les corps
de CHARLES BONAPARTE,
père
de l'empereur NAPOLÉON,
et
de NAPOLÉON-CHARLES BONAPARTE,
fils de LOUIS BONAPARTE,
ex-roi de Hollande.

Ces deux morts doivent leur sépulture actuelle à la reconnaissance d'un curé de Saint-Leu pour les bienfaits du roi de Hollande. L'église de Ruel renferme aussi plusieurs monuments de la famille impériale. Louis Bonaparte a demandé, en mourant, que son corps fût inhumé à Saint-Leu auprès de ceux de son père et de son fils.

était devenue impossible par suite de la démolition des anciennes églises ou de la disparition des ayant-droit. La plupart des fabriques des paroisses craignirent de se charger d'une dépense considérable en acceptant l'obligation de faire rétablir les monuments qu'elles pouvaient réclamer; celles qui voulurent profiter des dispositions de l'ordonnance, n'en remplirent pas les conditions avec le scrupule nécessaire; les monuments furent réédifiés avec une parcimonie déplorable, comme on peut le voir à Saint-Germain des Prés, à Saint-Eustache, à Saint-Germain-l'Auxerrois et ailleurs. La cathédrale de Paris ne songea à se faire rendre aucune des effigies de ses évêques; à la honte du diocèse, elles sont devenues, dans le musée de Versailles, de profanes objets de curiosité Plusieurs familles de la plus haute illustration se signalèrent par une indifférence inconcevable. Les Montmorency avaient-ils donc perdu le souvenir du grand connétable Anne? ils ne redemandèrent ni son admirable mausolée, ni la colonne superbe qui avait porté le cœur de ce redoutable homme de guerre.

L'ordonnance de 1816 avait un côté moral; la décence publique réclamait le rétablissement des tombeaux profanés pendant la révolution. Mais, comme toujours, les exécuteurs subalternes allèrent au delà des volontés du maître. On mit un acharnement incroyable à effacer jusqu'à la dernière trace du musée des monuments français. Pour faire la place libre à la nouvelle école des beaux-arts, on précipita pêle-mêle dans les cours les tombeaux et les statues; depuis 1793 pareille chose n'était pas arrivée; les jeunes gens qui venaient en ce lieu étudier les principes de l'art avaient ainsi, sous les yeux, l'exemple du vandalisme le plus brutal et du mépris le plus effronté pour les œuvres des grands artistes français. Honte à ceux, quels qu'ils soient, qui se sont rendus coupables d'actes pareils! Je me souviens d'avoir ramassé aux Petits-Augustins, dans mon enfance, des fragments de dais peints, dorés et incrustés de verroteries dont l'aspect élégant réjouissait déjà mes yeux ; à travers les intervalles des palissades de planches, j'apercevais, au milieu de hautes herbes, de graves figures revêtues de longs manteaux fleurdelisés ; je me rappelle encore l'émotion que produisait en moi ce triste spectacle, auquel se montraient complétement indifférents architectes et professeurs Les hommes qui avaient arraché tous ces monuments à la destruction, étaient réduits à d'amers et stériles regrets ; ils n'avaient plus le droit de se faire entendre. Pendant plus de vingt-cinq ans, des statues que, de nos jours, le musée de Versailles a recueillies, restèrent exposées à toutes les injures de l'air, et aujourd'hui encore, à l'école des beaux arts, des magasins, des cours ignorées du public, et des caves, sont remplis de débris dont chaque jour il périt quelque chose. C'est ainsi que dans notre pays on traite les monuments.

Louis XVIII reconstitua le chapitre de Saint-Denis, et rendit à l'église son vieux titre de sépulture royale. Il prescrivit en même temps la recherche des restes de ses prédécesseurs que la révolution avait profanés, et leur réintégration dans leurs anciens tombeaux. Dans la description que nous aurons à faire plus loin des diverses parties de la crypte, nous dirons en quel lieu sont maintenant réunis les ossements retrouvés dans les fosses profondes où la Convention les avait fait jeter ; nous dirons aussi quels sont les nouveaux venus dont les cercueils peuplent aujourd'hui ces caveaux si longtemps privés de morts.

Le gouvernement ordonna que les monuments qui provenaient de Saint-Denis, retourneraient tous dans cette église, et qu'on réunirait aussi à côté d'eux les autres tombeaux de rois ou de princes extraits des anciennes églises conventuelles dont la dépouille avait enrichi le musée des Petits-Augustins. De nouvelles mutilations, des transpositions plus nombreuses encore qu'à la première fois, signalèrent cette seconde translation, parfaitement juste d'ailleurs et convenable dans son principe. Les savants, les architectes, ou autres, qui furent chargés du classement des tombeaux et des statues rapportés à Saint-Denis, semblent avoir été préoccupés d'une fantaisie matrimoniale des plus étranges. Après avoir fait le compte de leurs personnages, ils arrêtèrent que chaque roi de marbre aurait droit à une épouse de même matière qui partagerait avec lui les ennuis de la tombe. La position personnelle de chacune des princesses représentées par les statues qu'il s'agissait de replacer, leurs engagements antérieurs, leurs affections légitimes, ne mirent point obstacle à la classification projetée. Les princes de second ordre furent condamnés à céder aux rois leurs épouses, bon gré mal gré, sauf réclamation dans le cas où, tout partage terminé, il s'en trouverait quelqu'une en sur-nombre. De cette arbitraire mesure, il résulta de singuliers incestes de pierre, et des adultères de marbre de la pire espèce. C'était un scandale à faire rougir les piliers vénérables de la crypte. On n'imaginerait jamais ce qui se commit d'immoralités archéologiques sous les voûtes obscures de Saint-Denis. Ce ne fut que bien des années après, quand cet absurde classement déjà passé à l'état de fait historique avait eu le temps de tromper artistes et littérateurs, quand les moulages des statues étaient déjà rangés dans les galeries de Versailles sous les noms mensongers qu'ils portent encore, que je me trouvai en mesure de proposer le rétablissement de l'ordre et de la décence parmi tous ces personnages si outrageusement traités. De nombreuses rectifications ont été faites, au moyen de textes précis et de dessins d'une rigoureuse exactitude ; il en reste encore plusieurs à faire, et celles-ci deviennent d'autant plus difficiles que les traditions que nous pourrions interroger s'effacent de jour en jour.

Ce qui s'était retrouvé des cendres royales dans les fosses de la cour des Valois, fut entassé indistinctement dans quelques caisses de plomb et déposé dans le caveau du grand Turenne Les raccommodeurs de tombeaux pensèrent qu'il n'y avait plus aucun motif raisonnable pour relever les monuments sur leur emplacement primitif ; le programme de restauration rédigé par je ne sais plus quel maître des cérémonies, de l'espèce de ceux que Mirabeau traitait si durement, avait imposé la condition de laisser l'église supérieure aussi libre que possible pour les funérailles et pour les services d'apparat. Cependant s'il y avait un moyen de rendre quelque prestige à ces tombeaux vides, c'était certainement de les réédifier scrupuleusement à leur place consacrée par le temps et l'histoire. Le sépulcre aurait recouvert peut-être un peu de poussière échappée à la profanation ; l'expiation était complète, et le souvenir des honteuses exhumations s'effaçait devant elle.

Il n'en a pas été ainsi. On a tout fait pour réduire ces monuments augustes à la condition mesquine d'objets de pure curiosité. Pas un seul n'a repris son ancienne place : ceux qui sont restés dans l'église haute, ont été dépossédés de leur emplacement primitif, et quelquefois même modifiés en raison de leur emplacement nouveau. Les tombeaux sont rangés par taille, par âge et par numéro. Pour mieux les assimiler à des sculptures de musée, on les a tous marqués, on leur a imposé des étiquettes ; chaque statue porte un nom, souvent erroné, gravé tantôt sur le haut du crâne, tantôt sur quelque partie du vêtement. Une froideur et une monotonie insupportables sont les premiers résultats de cette classification si tristement méthodique. Les monuments avaient autrefois leur raison d'être chacun à la place qu'il occupait ; l'intérêt qui s'attachait à eux, s'accroissait de leur position même et de tout leur entourage. C'était de l'histoire sculptée ; on en a fait une collection rangée, numérotée et cataloguée.

Ce résultat est d'autant plus à déplorer qu'il a coûté fort cher, et que jamais Saint-Denis n'avait réuni sous ses voûtes un pareil nombre de monuments, héritier qu'on l'a fait d'une foule d'églises ruinées ou livrées à des usages profanes. Le nombre des monuments replacés à Saint-Denis, qui sont historiques ou qui affectent la prétention de l'être, s'élève à 167 ; 38 sont dans l'église haute, et 129 dans la crypte. Il y en a un en mosaïque, 2 en métal, 64 en pierre, 89 en marbre, 11 en plâtre ou en terre cuite. J'ajoute ici l'indication de leur origine.

| | |
|---|---:|
| Monuments qui appartenaient autrefois à Saint-Denis... | 52 |
| — provenant de Sainte-Geneviève à Paris..... | 1 |
| — — de Notre-Dame de Corbeil...... | 2 |
| — — de Saint-Germain-des-Prés à Paris. | 6 |
| — — de Sainte-Catherine-du-Val.. *id*.. | 2 |
| — — des Cordeliers............ *id*.. | 3 |
| — — des Jacobins............. *id*.. | 7 |
| — — des Célestins............ *id*.. | 12 |
| — — des Minimes............. *id*.. | 2 |
| — — des Grands-Jésuites....... *id*.. | 1 |
| — — de l'abbaye de Royaumont..... | 6 |
| — — — de Maubuisson..... | 2 |
| — — — de Poissy ........ | 1 |
| — — — de Notre-Dame à Soissons......... | 1 |
| — — — de Haute-Bruyère... | 1 |
| — — de la collégiale de Saint-Cloud.. | 2 |
| — d'origine encore inconnue.............. | 13 |
| — neufs ou composés avec des fragments..... | 53 |
| | 167 |

Les statues historiques sont au nombre de 103, les bustes de 17, les médaillons de 10, les tombes plates ou dalles gravées de 18, les tombes en demi-relief de 5 ; on compte encore 3 vases, 3 sarcophages, 4 colonnes, 17 inscriptions détachées, 16 figures allégoriques représentant presque toutes des vertus, plusieurs séries d'apôtres, d'anges, de saints, des statuettes représentant des personnages qui assistent à des funérailles, enfin une quantité considérable de bas-reliefs.

Il s'agit maintenant de décrire un à un tous les monuments de cette magnifique collection.

# TOMBEAUX

*DEUXIÈME PARTIE.*

DESCRIPTION DES MONUMENTS DE L'ÉGLISE HAUTE
ET DE LA CRYPTE.

# TOMBEAUX

## MONUMENTS DE L'ÉGLISE HAUTE

### PORCHE INTÉRIEUR

I. *Dagobert et Nantilde.* — A son retour du musée des monuments français[1], la chapelle sépulcrale de Dagobert ne fut point admise à reprendre sa place sous l'arcade de la première travée du sanctuaire, au midi. Indépendamment de tout autre motif, le sol de l'abside avait été exhaussé de telle manière que le monument n'aurait pas pu s'y tenir droit, à moins qu'on n'eût pris le parti, comme on l'a fait pour certaines portions de l'édifice, de l'enterrer jusqu'à moitié de sa taille. En sa qualité de fondateur, Dagobert occupait autrefois une place d'honneur; il a été relégué à la porte de l'église, dans le porche qui existe sous les tours.

Dagobert mourut dans l'abbaye de Saint-Denis, le 19 janvier 638, et son corps, soigneusement embaumé, fut inhumé aussitôt dans l'église des saints martyrs. Les documents nous manquent absolument pour dire ce qu'était le tombeau érigé

---

[1]. Ce tombeau avait été réédifié dans le jardin des Petits-Augustins, non loin du monument supposé d'Héloïse et d'Abélard. N° 3 du *Catalogue du Musée des Monuments français*.

primitivement sur la sépulture de ce prince. Celui que nous voulons décrire ne date que du xiiie siècle. La plupart des auteurs qui ont écrit sur l'église de Saint-Denis attribuent ce monument à Suger; mais le style de son architecture et la comparaison qui peut en être faite immédiatement avec les portions de l'église, le porche par exemple, qui appartiennent au xiie siècle, prouvent la fausseté de cette opinion.

Le tombeau de Dagobert avait la forme d'une élégante chapelle ogivale, à double face, solidement construite en excellente pierre de liais. L'architecte chargé de le rétablir à Saint-Denis imagina de le faire scier dans l'épaisseur, afin d'avoir deux monuments qui garniraient les deux extrémités du porche. Ainsi fut fait[1]. La face principale, celle qui regardait anciennement le sanctuaire, s'est réservé le nom de tombeau de Dagobert. Le revers, beaucoup moins orné, est devenu le tombeau de la reine Nantilde.

La partie du tombeau restée à Dagobert présente une assez grande baie en ogive, dont l'archivolte descend sur des colonnettes, et qui est contre-butée par deux pieds-droits que surmontent des clochetons décorés d'imbrications et de bouquets de feuillages d'un très-bon style. Un pignon, dont les rampants sont rehaussés de quatrefeuilles et de crochets, s'élève au-dessus de l'ogive et se termine par une riche touffe de végétation. Toute cette architecture repose sur un grand soubassement sculpté de fleurs de lis renfermées dans des compartiments losangés.

L'ancien cercueil de Dagobert, en lumachelle grisâtre, décoré de seize fleurs de lis que séparent des baguettes en relief, et fermé par une table de marbre, a été replacé sous l'arc ogival. Il porte une mauvaise statue moderne, en pierre, re-

1. Cette opération absurde, qui a dénaturé tout le tombeau, eut lieu, dit-on, en 1816.

présentant le roi couché sur le côté droit, joignant les mains, et revêtu des insignes de sa dignité. Un vaste bas-relief, divisé dans sa hauteur en trois zones, remplit tout le fond de la baie. Pour en expliquer le singulier sujet, nous aurons recours à l'auteur des *Gesta Dagoberti*, à Félibien et à Montfaucon.

Voici à peu près la traduction du récit donné par l'historien de Dagobert. Vers le temps de la mort de ce prince, Ansoald, défenseur de l'église de Poitiers, qui avait été envoyé, pour quelque grande affaire, du côté de la Sicile, revenant de sa mission, aborda à une petite île où s'était retiré un vénérable anachorète nommé Jean, dont la sainteté attirait en ce lieu nombre de gens qui venaient se recommander à ses prières. Ansoald alla trouver ce saint homme; leur conversation étant tombée sur le royaume des Franks et sur le roi Dagobert, le solitaire demanda quelques détails sur la vie et les mœurs de ce prince. Quand Ansoald eut satisfait à ses questions, Jean lui raconta qu'un jour, au moment où il prenait un peu de repos, un homme d'un aspect imposant lui était apparu, lui recommandant de se lever au plus vite et d'offrir à Dieu des prières pour l'âme du roi Dagobert, qui venait de mourir ce jour même. A peine s'était-il mis en devoir d'obéir, qu'il aperçut sur la mer, assez près du lieu où il était, le roi fort maltraité par une troupe de démons qui le tenaient lié au fond d'une barque, et le conduisaient en le frappant aux *antres de Vulcain*. Dagobert ne pouvait plus rien faire qu'invoquer par ses cris l'assistance de saint Denis, de saint Maurice et de saint Martin, qu'il avait particulièrement aimés. Les trois saints accourant tout à coup au milieu d'une effroyable tempête, vinrent arracher des mains infernales l'âme de leur dévot serviteur, pour la conduire dans le sein d'Abraham. Au moment où l'âme délivrée fut reçue dans le séjour céleste, l'anachorète leur entendit chanter ces versets du psaume LXIV :

« Heureux celui que vous avez élu, que vous avez élevé à vous, il habitera dans vos tabernacles. Nous serons comblés des biens de votre maison ; saint est votre temple, et admirable est votre justice. » Une lettre de l'empereur Louis le Débonnaire à Hilduin, abbé de Saint-Denis, prouve qu'au IX<sup>e</sup> siècle la vision du solitaire était considérée comme une véritable révélation[1].

*Première zone du bas-relief.* L'anachorète Jean dort tout habillé sur un lit décoré d'un dais à colonnes, d'un pignon et de clochetons. Un évêque, revêtu de la chasuble longue et tenant la crosse de la main gauche, se penche vers lui et le touche pour le réveiller. Un arbre sans fruit, mais vigoureux de feuillage, croît sur le rivage de l'île à côté du lit de Jean, qui en réalité couchait probablement sur la dure. Une longue barque, dont les deux extrémités sont recourbées, se balance sur la mer. Un démon la pousse pour lui faire quitter complétement la rive ; ce suppôt d'enfer, tout hérissé de poils, porte à la place de la partie postérieure une grotesque face humaine à oreilles d'âne. A l'autre bout de la barque, deux diables à formes étranges, dont l'un se distingue par une queue de singe, sont aussi occupés à mettre l'embarcation à flot. Dans la barque, au milieu d'un groupe de quatre diables, l'âme de Dagobert est figurée par un petit personnage nu, sans sexe [2], les mains jointes, ne conservant des attributs royaux que sa couronne, qui le fait reconnaître. Des deux plus proches voisins du pauvre Dagobert, celui-ci lui passe sans façon un bras derrière le dos, l'autre le raille et lui fait des gestes moqueurs. Ce dernier a le ventre terminé par une face humaine. Un troi-

---

1. FÉLIBIEN, *Hist. de l'abbaye de Saint-Denis.* HILDUIN, *in areopag.*
2. Pour justifier cette suppression, les sculpteurs du moyen âge se fondaient sur ce texte : In resurrectione... neque nubent, neque nubentur : sed erunt sicut angeli Dei in cœlo. Ev., sec. Matth. XXII, 30.

sième diable frappe joyeusement sur un tambourin. Un quatrième se dispose à ramer. Tous ces démons ont les mains armées de griffes effrayantes ; leurs membres sont empruntés à des animaux féroces. Cette première partie du bas-relief est surmontée d'une série de dix petits arcs trilobés, entre les archivoltes desquels sont des châteaux, pièce principale des armoiries de la reine Blanche de Castille[1].

*Deuxième zone.* Ici la scène change. Saint Denis, saint Martin et saint Maurice ont entendu les supplications de leur *bon amy le roy Dagobert* ; ils accourent à son aide. Les deux premiers sont en costume épiscopal ; deux anges en longues robes les suivent, portant l'encensoir, le bénitier et le goupillon si redouté de l'enfer. Saint Maurice a le corps vêtu d'une cotte d'armes, la tête couverte d'un casque, la main droite armée d'une masse de combat. Dagobert, représenté comme nous l'avons déjà vu, est encore dans la fatale barque. Un des saints évêques lui prend la main droite pour le délivrer, l'autre essaie de le soulever à deux bras, tandis qu'un diable fait un dernier effort pour l'entraîner en le tirant violemment par la main gauche. Ce diable montre seul un reste de vaillance ; il voudrait bien tenir tête à saint Maurice, qui le menace ; mais on voit qu'il va lâcher prise ; vainement il rugit sous les coups de la masse d'armes du saint guerrier. Les six autres diables se précipitent tout effarés les uns sur les autres. Un d'eux s'est caché la tête au fond de la barque ; un autre ose à peine lever les yeux au-dessus du bordage ; le joueur de tambourin, jadis si joyeux, s'esquive piteusement, son instrument pendu au cou ; le rameur tombe à la renverse en laissant échapper son

---

1. Ces tours ou châteaux, employés d'abord comme emblèmes héraldiques, ainsi que nous le verrons à Saint-Denis même, sur d'autres monuments, sont passés plus tard à l'état d'ornements ordinaires, comme il est arrivé aussi pour les fleurs de lis.

aviron; un de ses compagnons, que la frayeur a rendu fou, le prend pour un ennemi et le frappe; un sixième s'est jeté dans la mer, où il plonge ne laissant plus voir que son dos, sa queue et ses pattes de derrière munies de fortes griffes. Le couronnement de ce bas-relief est semblable à celui du bas-relief inférieur; seulement, des gerbes de flammes sculptées aux tympans des quatre arcs qui se dessinent au-dessus de la barque, indiquent que la moitié de l'espace appartient à l'enfer.

*Troisième zone.* Le salut de Dagobert est assuré. Saint Denis et saint Martin, l'un en chape, l'autre en chasuble, tiennent chacun par une extrémité et à deux mains une nappe[1], sur laquelle se tient debout l'âme délivrée. Saint Maurice porte la main droite à la nappe, et de la gauche soutient l'âme, qui ne paraît encore qu'à demi rassurée. Dans la pointe de l'ogive, la main bénissante[2] de Dieu sort d'un nuage entre deux petits anges, qui tiennent chacun l'encensoir et la navette. Quatre anges plus grands sont placés derrière les saints évêques; deux sont debout et balancent des encensoirs; les deux autres, à moitié agenouillés, portent des flambeaux. Un de ces anges remplit envers l'un des évêques le rôle d'acolyte, et tient en même temps que son propre encensoir la crosse du saint prélat.

Trois inscriptions tracées sur les bordures des bas-reliefs, en noir et en caractères gothiques du xv°, peut-être même du

---

1. Cet usage de représenter les âmes portées au ciel sur des nappes est fort ancien. Dans les apocryphes (Thilo *Codex apoc. Nov. Test.*, *Hist. Josephi fabri lignarii*) nous voyons les archanges Michel et Gabriel placer l'âme de saint Joseph sur une nappe de soie dont ils tiennent les deux bouts, et la porter ainsi au ciel à travers les sept régions de ténèbres, et le voisinage redoutable du fleuve de feu.

2. Cette bénédiction est donnée à la manière latine.

XVIe siècle, ont à peine laissé quelques vestiges. J'en donne ici le texte d'après Montfaucon :

**CY GIST DAGOBERT PREMIER FONDATEUR DE CEANS VIIe ROY EN LAN 632 JUSQUES A 645 [1].**
**SAINCT DENIS REUELE A IEHAN ANACORETE QUE LAME DE DAGOBERT EST AINSY TOURMENTEE.**
**LAME DE DAGOBERT EST DELIVREE PAR LES MERITES DE SAINCT DENIS SAINCT MARTIN ET SAINCT MAURICE.**

M. Lenoir, dans sa description du musée des Monuments français, a publié un passage de la chronique française de Guillaume de Nangis qui complète la description du bas-relief, et que nous ne pouvons nous dispenser de reproduire. « Quant
« le bon roy Dagobert dont je vous ay cy devant dit fu tres-
« passé, si avint par la volonté Nostre Seigneur que, pour ce
« qu'il n'estoit pas bien espurgié d'aulcuns meffais qu'il avoit
« fais en sa vie, et pour ce si, comme le dient aulcuns, que les
« sains desquels il avoit ravy les cors s'estoient corrocés et
« malment envers luy, li aulcuns ennemis prisrent same
« quant elle parti du cors, et l'encuidièrent bien mener et en-
« trèrent en ung bastel, grant joie et grant noise demenant o
« tabours et o trompes et busines, et ainsy l'ame au bon roy
« estoit molt esperdue entre ces deables, car bien cuidoit estre
« dampnée. Mais monseigneur sainct Denis, qui n'oblia mie son
« bon amy le roy Dagobert, requist à Nostre Seigneur Jesus-
« Crist qui luy donast congié d'aler secourre la dicte ame; la-
« quelle chose comme Nostre Seigneur luy eust ottroié, sainct
« Denis s'en ala et mena avecques luy sainct Morise et aultres
« amys que le roy Dagobert avoit moult honorés en sa vie, et
« avecques eulx orent des anges qui les conduirent jusques en
« la mer, et quant ils vindrent là où les deables tenoient et

---

[1]. Date erronée. La mort de Dagobert est fixée par l'histoire à l'année 638.

« ammenoient à grant feste l'ame du roy Dagobert, si le mis-
« rent entre eulx et se combattirent encontre les deables ; mais
« toutes voies les deables n'orent pooir contre sainct Denis ne
« sa compaignie ; ainçois furent les deables vaincus et furent
« tresbuschés l'un çà l'autre là en la mer, et puis les anges
« prindrent l'ame du roy Dagobert, et sainct Denis s'en ala en
« paradix avec sa compaignie. Et ainsy poez entendre com-
« ment monseigneur sainct Denis délivra l'ame du roy Dago-
« bert des mains aux ennemis en l'onneur et pour l'amour de
« ce que le roy Dagobert avoit fondé l'église de Sainct-Denis
« en l'onneur de luy, qu'il avoit tous jours moult onoré ; et se
« ce ne me croyez, alez à Sainct-Denis en France, en l'église,
« et regardez devant l'autel où l'en chante tous les jours la
« grant messe, là où le roy Dagobert gist. La verrez vous au-
« dessus de luy ce que vous ay dit, pourtrait et de noble
« euvre richement enluminée. »

Il reste encore quelques faibles traces de la décoration peinte et dorée du monument [1] ; on ne s'étonnera pas qu'elle ait presque disparu, si l'on se rappelle toutes les chances de destruction auxquelles le tombeau lui-même a été exposé.

Dans la voussure de l'ogive, six anges, dont quatre sont placés sous de petits dais, tiennent des encensoirs ; quelques-uns portent aussi la navette. Au tympan du pignon, le Christ est debout, entre deux évêques agenouillés qui joignent les mains et sont vêtus de chasubles relevées sur les bras. On peut bien croire que ces figures représentent saint Denis et saint Martin, qui rendent grâce à Dieu de leur victoire sur les

---

[1]. Ces traces sont assez visibles dans les plis et dans les parties de la sculpture en retour vers le fond. Le rétablissement de la coloration et la réintégration du tombeau dans le sanctuaire, ne se feront pas longtemps attendre ; nous sommes fondé à tout espérer de la nouvelle direction donnée aux travaux de Saint-Denis.

ennemis de l'âme de Dagobert. La tête du Christ et ses deux mains, dont l'une bénit et dont l'autre tient un livre, appartiennent à une restauration moderne. Le tombeau avait beaucoup souffert. Un grand nombre de têtes avait été abattu en 1793. La réparation en a été faite d'une manière peu intelligente. Il en restait cependant assez pour servir au sculpteur de renseignements, et pour lui indiquer avec précision ce qu'il avait à faire. Mais rien peut-être n'est plus difficile que de bien voir; peu de gens savent se servir utilement de leurs yeux.

La sculpture d'ornementation du tombeau de Dagobert est d'une exécution remarquable. Le travail des bas-reliefs laisse désirer un peu plus de finesse; il se distingue d'ailleurs par une spirituelle originalité, et les figures se meuvent avec une étonnante vérité d'action. Les draperies sont admirables, comme celles de presque toutes les statues du xiiie siècle; M. Lenoir, que nous ne prendrions pas toujours pour arbitre en pareille matière, et qui, à notre avis, accordait à la renaissance une prééminence beaucoup trop grande sur le moyen âge, comparait les figures drapées du monument de Dagobert, *pour le style comme pour le goût, aux belles inventions de Raphaël.* Le statuaire inconnu qui les a faites n'avait assurément jamais été à même de dessiner le plus petit fragment de sculpture antique; il n'en savait pas moins donner à ses ajustements la noblesse, la simplicité de lignes et l'ampleur que les plus grands maîtres ont souvent cherchées sans pouvoir en découvrir le secret.

Deux statues posées sur des culs-de-lampe que décorent des feuilles de lierre, et abritées chacune par un dais découpé en pignons, tourelles et pendentifs, se tiennent debout aux côtés de l'ogive, l'une à la tête, l'autre au pied du cercueil. Elles représentent une reine et un roi. La reine est Nantilde; le roi a été nommé par les uns Clovis II, par d'autres Sigebert ; tous deux étaient fils de Dagobert. Ces figures ont donné lieu à une méprise assez bizarre. Les iconoclastes révolutionnaires avaient brisé le corps du roi et la tête de la reine. Quand il s'agit de restaurer le monument, on ne crut pouvoir mieux faire que de souder ensemble les deux parties conservées ; cet amalgame monstrueux prit le nom de Nantechilde [1] ( c'est ainsi que les historiens de la nouvelle école, par respect pour l'étymologie germanique, veulent que nous appelions Nantilde), et il arriva qu'un de nos savants les plus distingués, mais connaisseur peu éclairé peut-être, écrivit un traité fort ingénieux sur les beautés merveilleuses de cette statue, sans se douter le moins du monde qu'elle fût homme par le chef, femme par le corps. La représentation en bronze de la Nantechilde androgyne a joui pendant quelques années d'une vogue extraordinaire auprès de tous les soi-disant amateurs de la sculpture gothique. On s'est ravisé depuis. L'auteur de la pitoyable statue de Dagobert a été chargé de donner un corps mâle à la tête d'homme, une tête féminine au corps décapité. L'œuvre moderne est de la plus plate insignifiance.

Le corps ancien porte une robe longue décorée d'une agrafe au col, et un manteau ; la main gauche se joue dans l'attache de ce manteau, la droite tient un livre dont le fermoir est clos. La tête d'homme a les cheveux coupés droit, en rond, à la hauteur du nez, comme beaucoup de figures du temps de saint Louis ; sa couronne est garnie de fleurons, entre lesquels il s'en trouve deux qui présentent des masques humains fondus dans le feuillage.

L'autre moitié de la chapelle est donc devenue le tombeau de la reine Nantilde. Cette princesse ne survécut que trois

---

[1]. Au Musée des Monuments français, on fit un Clovis II en terre cuite qui est aujourd'hui dans un des magasins de l'église de Saint-Denis.

ans à Dagobert, et vint prendre place à côté de lui, dans la même sépulture. La portion de chapelle dont maintenant elle se trouve seule en possession, formait le revers du monument complet. La disposition générale est pareille à celle de l'autre face; ce sont bien les mêmes pieds-droits, la même ogive avec ses clochetons et son pignon; mais les ornements y sont beaucoup plus rares; il n'y a plus de statues, ni de bas-relief légendaire, ni de personnages à la voussure, ni de fleurs de lis au soubassement; un cordon de feuillage, dont les deux bouts retombent sur des têtes d'hommes imberbes et souriantes, décore seul l'archivolte interne de l'ogive. Au pignon, le Christ debout, bénissant de la main droite et tenant un globe dans la gauche, reçoit les supplications d'un roi et d'une reine agenouillés à ses côtés, le premier à sa droite, le second à sa gauche. Ces trois sculptures sont remarquablement belles. Le roi est un jeune homme imberbe. La reine porte de longs cheveux qui flottent sur ses épaules; une escarcelle est suspendue à son côté gauche. On a voulu reconnaître dans ces deux dernières figures Blanche de Castille et saint Louis, son fils. Rien n'autorise cette attribution; peut-être le sculpteur a-t-il voulu tout simplement placer ici encore une fois Dagobert et Nantilde.

La décoration intérieure de la baie ogivale du monument est une addition moderne. Un socle en marbre gris sculpté de dix petits arcs cintrés, porte une statue de reine couchée, moitié en pierre, moitié en terre cuite, moulée en partie sur une des figures de reines du XIVe siècle conservées dans la crypte, et en partie sur la statue de Nantilde dont nous avons parlé un peu plus haut. Cette effigie est assurément de nulle valeur. Les deux petits anges qui lui encensent la tête ont été copiés d'après un des tombeaux de la famille de saint Louis extraits de l'abbaye de Royaumont. De grandes dalles d'un travail curieux, autrefois employées comme revêtements de murs ou même comme pavés de chapelles, garnissent le fond de l'ogive ; elles présentent onze étages de très-petits arcs trilobés dont chacun encadre une fleur de lis : le nombre des arcs est de quatorze et demi à chaque rang, ce qui forme un total d'environ cent soixante. Les arcs, les colonnettes qui leur servent d'appui et les fleurs de lis se détachent en blanc sur un fond de mastic noir incrusté dans la pierre ; entre les archivoltes, il y a des quintefeuilles rouges cerclés de blanc, et appliqués aussi sur un fond noir. Ces dalles appartiennent au xiii° siècle. Le bas-relief ajusté au-dessus, dans le tympan de l'ogive, est moins âgé d'environ deux cent cinquante années : les raccommodeurs de monuments n'y regardaient pas de si près. Sculpté vers le commencement du xvi° siècle pour former la partie supérieure d'une Assomption de la Vierge, il a été raccordé à sa place actuelle au moyen d'une banderole de plâtre et de quelques nuages de même matière. En voici le sujet. Deux anges couverts de robes flottantes tiennent chacun à deux mains une couronne gemmée et tréflée destinée à la mère du Sauveur. Quelques têtes d'anges se montrent entre des nuages. Le Père éternel assis, coiffé de la tiare papale, vêtu d'une chape qui laisse voir l'étole croisée sur la poitrine, bénissant de la main droite et tenant de l'autre un globe crucifère, va recevoir la Mère de son Fils. Sous ses pieds, une banderole porte en lettres gothiques ce texte du cantique de Salomon (c. IV, v. 7) : *Tota pulcra es amica mea et macula non est in te.* Six petits anges qui joignent les mains entourent Dieu le Père. Le bas-relief, qui se terminait en cintre, a été surhaussé d'une pointe ogivale en plâtre.

Montfaucon a fait graver, dans ses Monuments de la monarchie française (t. I, p. 164), la chapelle de Dagobert. Cette gravure donne une idée assez exacte de ce qu'était le monument avant sa dislocation. Les pointes des deux pignons et des quatre clochetons s'y dessinent nettement au-dessus du massif.

Dans le même ouvrage (t. I, p. 162, 163) sont représentées trois statues de Dagobert qui existaient à Erfurth, dans l'église de Saint-Pierre et de Saint-Paul ; à Saint-Denis, dans l'église et dans le cloître de l'abbaye. La première de ces figures paraît être d'un travail moderne. Celle du cloître de Saint-Denis, placée entre les effigies de Clovis II et de Sigebert, datait du règne de saint Louis. Montfaucon pensait que celle qui existait dans l'église, sous le porche, pouvait être contemporaine de Dagobert ; cette opinion, toute fausse qu'elle est, donne à penser que la statue était fort ancienne [1].

L'abbaye de Mornienval, près Compiègne, a possédé une figure équestre en pierre du roi Dagobert, son fondateur. Carlier (Hist. du Valois, t. I, p. 104) rapporte qu'une abbesse fit enterrer dans l'église ce monument, dont la sculpture lui semblait grossière. On croit que depuis il n'a pas été exhumé [2].

Le trône de Dagobert, dont la moitié inférieure, si remarquable par le style de son ornementation, paraît avoir fait partie du siége de quelque grand personnage romain, tandis que la partie supérieure accuse une restauration exécutée vers le XII<sup>e</sup> siècle, se trouve aujourd'hui à Saint-Denis, dans la sacristie du chapitre. Il a été conservé pendant plus de cinquante ans à la Bibliothèque nationale, impériale, et enfin royale, de la rue de Richelieu, à Paris.

---

1. Nous n'avons rien à dire des statues et portraits de Dagobert au musée de Versailles. Ce sont des figures de pure invention.

2. M. Boesvilvaldt, architecte des monuments historiques, chargé de la réparation de l'église de Mornienval, nous a promis de faire les recherches nécessaires pour retrouver cette statue. Placée d'abord à la façade, elle fut reportée dans le chœur en 1580, puis enfouie au commencement du XVIII<sup>e</sup> siècle, vis-à-vis de la chapelle du Rosaire. Carlier la croyait du X<sup>e</sup> siècle

La légende de l'âme de Dagobert a servi de texte à d'autres récits du même genre sur les dangers que coururent les âmes de plusieurs illustres princes dans le passage de ce monde à l'éternité. Des troupes de démons leur tendaient des piéges qu'il leur était bien difficile d'éviter; la balance du bien et du mal inclinait tantôt à droite, tantôt à gauche, et laissait l'accusé dans une terrible perplexité; les saints patrons prenaient bien la défense du défunt, mais la partie adverse entassait dans le plateau du mal les moindres peccadilles qu'elle pouvait découvrir dans toute une vie de roi, et la moisson était abondante. A Rome, sous le portique de la basilique de Saint-Laurent hors les murs, une suite de peintures murales du xiiie siècle représente la vision d'un ermite au sujet de l'âme de l'empereur Henri II, les efforts du diable pour s'emparer de cette âme impériale, l'épreuve de la balance, et la victoire de saint Laurent, qui, pour la faire pencher vers le bien, jette dans le plateau favorable un calice d'or que l'empereur lui avait donné, comme Brennus fit de son épée au pied du Capitole.

## CHAPELLE DE SAINT-HIPPOLYTE.

II. *Tombeau de Louis XII et d'Anne de Bretagne*[1]. — « Sur le lieu de la sépulture de Louis XII et de la reyne Anne, « le roy François, leur gendre et successeur à la couronne, « leur a fait dresser un très-somptueux mausolée de fin mar-

---

[1] Nos 94, 139 et 445 du Musée des Monuments français.

LOUIS XII.   ANNE DE BRETAGNE.

« bre blanc, à deux estages, qui est une des belles pièces de
« l'Europe, pour ne pas dire la plus belle... Cet œuvre très-
« excellent fut fait à Venise par Pierre Ponce, l'un des pre-
« miers sculpteurs de son temps, et apporté à Saint-Denys
« l'an 1527... Il y a un caveau sous ce mausolée, dans lequel
« sont les corps du roy et de la reyne, en des cercueils de
« plomb, aussi beaux et entiers que si on les y venoit de
« mettre. Sur celuy du roy, à l'endroit de la teste, il y a une
« couronne de cuivre doré, fermée à l'impériale; et sur celuy
« de la reyne une simple couronne ducale; aux pieds des deux
« cercueils sont les épitaphes de l'un et de l'autre, gravés en
« lames d'étain. » (G. Millet). Dom Jacques Doublet, confrère
et contemporain de Germain Millet, fait à peu près le même
récit; il rapporte que le tombeau de Louis XII fut sculpté à
Venise par Paul Ponce, en 1527, et apporté en France dans
des caisses, aux frais de François Ier.

*Les Antiquités de Paris*, de Sauval, viennent encore com-
pliquer la question par l'assurance avec laquelle leur texte
nous affirme que *le superbe mausolée de Louis XII fut
sculpté* à Paris, dans le jardin de l'hôtel Saint-Paul (t. II,
p. 121). Le tombeau était depuis longtemps érigé quand ces
trois auteurs en parlèrent; on peut cependant s'étonner avec
raison que, dans un intervalle d'un siècle, tout au plus, la
mémoire des véritables auteurs de ce monument se fût perdue,
qu'il ne fût resté dans l'abbaye de Saint-Denis aucun renseignement exact sur une œuvre aussi considérable, et que des
traditions, qui ne reposaient sur aucun fait précis, eussent
pris la place de la vérité. Félibien, mieux inspiré que ses
prédécesseurs, reconnut qu'une partie au moins de ce tombeau avait été exécutée à Tours, et par les mains d'un artiste
français. Il avait lu le précieux passage du jurisconsulte Jean
Brèche, qui, faisant imprimer en 1550 un commentaire latin

sur les pandectes, eut la bonne pensée d'y insérer ces mots : *Voyez le monument de marbre consacré à Louis XII, travaillé avec un artifice admirable et plein d'élégance, dans notre très-illustre cité de Tours, par Jean Juste, statuaire du plus grand talent* [1]. Cette révélation est formelle, mais elle ne contient qu'une indication bien succincte. Nous n'en saurions pas davantage si les infatigables auteurs des *Archives curieuses de l'histoire de France* n'avaient retrouvé un ordre de paiement adressé en 1531, le 22 novembre, par François Ier, au chancelier Duprat, en faveur de *Jehan Juste, son sculteur ordinaire*. Le roi déclare qu'une somme de 400 écus reste due à Juste, sur celle de 1200 écus, convenue *pour l'amenage et conduite de la ville de Tours au lieu de Saint-Denys en France, de la sépulture de marbre des feuz roy Loys et royne Anne que Dieu absoille ; et outre cela, lui est même due la somme de 60 escus qu'il a fournye et advancée de ses deniers pour la cave et voulte qui a été faite soubs ladite sépulture pour mettre les corps desdits feuz roy et royne* [2]. Le savant et judicieux Émeric David, qui a écrit tant d'excellents traités sur les arts, remarque avec beaucoup de justesse que Paul Ponce Trebati [3], employé d'abord comme stucateur, à Meudon, par le cardinal de Lorraine, puis, en 1568, par Catherine de Médicis, aux Tuileries et à la chapelle des Valois, n'a pu travailler au château de

---

[1]. Sepulcra monimentis ornata hodie visuntur passim in nostra Gallia summorum regum et magnatum, qualia potissimum sunt in æde B. Dionysio sacra, ad Lutheliam; ubi, inter alia, videas monumentum marmoreum Ludovico XII dicitom, miro et eleganti artificio factum in præclarissima civitate nostra Turonensi, a Joanne Justo, statuario elegantissimo. *De verb. et rer. signif. pag.* 410. V. aussi LEGRAND D'AUSSY, *Sépult. nat.* édité par de Roquefort, 1824. Jean Brèche cite encore plusieurs fameux artistes contemporains, entre autres Michel Colombe qui a fait à Nantes le plus beau mausolée que je connaisse.

[2]. *Arch. curieuses de l'histoire de France*, t. III, p. 84 et 85.

[3]. *Essai historique sur la sculpture française*.

Gaillon en 1505, ni sculpter en 1518 le tombeau de Louis XII, et que son arrivée en France n'a dû avoir lieu, au plus tôt, que vers 1530, quand le Primatice fut appelé à Fontainebleau avec le Rosso.

La lettre de François I<sup>er</sup> au cardinal Duprat est un titre incontestable qui autorise Jean Juste à réclamer sans partage l'honneur d'avoir sculpté le tombeau de Louis XII, c'est-à-dire, d'avoir produit une des œuvres les plus originales et les plus élégantes de la renaissance. Ce fut évidemment lui qui eut la direction de tout le monument, architecture et sculpture ; nous le voyons chargé d'exécuter le travail à Tours, dans la ville même où il avait son atelier, de faire transporter son œuvre à Saint-Denis, et même de présider à la construction du caveau creusé sous le tombeau. Ce n'est pas un sculpteur secondaire employé à quelques parties de statuaire ou à quelques détails d'ornementation, c'est un grand artiste à qui est confié le soin d'élever, suivant son talent, un monument national. Personne ne voudra plus croire qu'une portion du tombeau de Louis XII se soit faite à Tours, une autre à Paris, une troisième à Venise ; ces morceaux n'auraient pu se rajuster sans miracle.

Jean Juste avait un frère nommé Antoine, dont le nom figure au nombre des artistes qui travaillèrent pour le cardinal d'Amboise aux sculptures du château de Gaillon [1]. Antoine a certainement concouru à l'exécution du monument de Louis XII. On attribue avec toute vraisemblance aux deux frères le charmant tombeau des enfants de Charles VIII, aujourd'hui placé dans la cathédrale de Tours ; la fontaine dite de Beaune, en marbre blanc, à Tours ; deux monuments de la famille Gaudin et le tombeau du général des finances Thomas Bohier. En

---

1. DEVILLE, *Tombeaux de la cathédrale de Rouen.*

1530, Juste de Just, *tailleur en marbre*, *demeurant à Tours*, reçut 102 livres 10 sous pour commencer un Hercule et une Leda, commandées par le roi[1]. Ce Juste de Just est probablement le même que Jean.

Je n'ai vu en Italie aucun monument funéraire qui, sous le rapport de l'invention et de la disposition générale, fût comparable à celui de Louis XII. Toutes les fois qu'il s'est agi d'architecture, les Français se sont montrés évidemment supérieurs aux Italiens, même dans les constructions des derniers siècles. Mais la plupart des détails de sculpture du tombeau sont empruntés à la renaissance italienne, qui elle-même avait copié son système d'ornementation, en l'épurant, sur des peintures et des sculptures antiques du temps des empereurs. En étudiant les bas-reliefs, nous découvrions dans les costumes et dans une foule de détails, des réminiscences singulières de l'antiquité.

Des artistes français qui ne seraient jamais sortis de Tours auraient peut-être fait mieux encore ; mais, à coup sûr, ils n'eussent pas fait de cette manière. Jean Juste a signé ainsi un très-beau monument dans le style de la renaissance, dont les restes, malheureusement mutilés, existent encore en Bretagne dans la cathédrale de Dol : *magister Johannes cujus cognomen est Justus et Florentinus*[2]. Ce surnom de Florentin nous semble indiquer que les Justes (Giusto) étaient originaires de Florence. On attribuait, il y a quelques années, à des Italiens tous nos meilleurs ouvrages de la renaissance ; aujourd'hui que la mode a changé, on commet une erreur non moins grande en niant que ces étrangers aient exercé aucune influence dans notre pays. Nous pourrions citer un

---

[1]. *Arch. curieuses de l'hist. de France*, t. III, p. 82.
[2]. P. Mérimée, *Notes d'un voyage dans l'ouest de la France*.

certain nombre de tombeaux qui portent encore la signature
d'artistes voyageurs venus de Milan et de Florence jusque
dans le nord de la France. Il ne serait pas non plus difficile
de faire deux parts de la sculpture du tombeau de Louis XII ;
nous mettrions d'un côté tout ce qui appartient à la manière
purement italienne; de l'autre, tout ce qui conserve quelque
tradition du vieil art français. Plusieurs artistes, sous une
direction unique, ont travaillé à ce monument, et l'harmonie
générale de l'ensemble n'absorbe pas entièrement le sentiment individuel de chacun.

Le tombeau de Louis XII, qui a toute la tournure d'un édifice complet, ne dépasse cependant pas les proportions convenables à un monument destiné lui-même à prendre place
dans un autre monument dont les formes doivent être respectées. Un soubassement quadrangulaire, enrichi sur chaque
face d'un long bas-relief, porte une chapelle percée de douze
petites arcades, quatre sur chacun des deux grands côtés,
deux sur chacun des autres. La longueur est double de la
largeur. Cet édifice contient le sarcophage qu'on voit de tous
côtés par les baies des douze arcades. Une plate-forme assise
sur l'arcature est surmontée des deux figures agenouillées du
roi et de la reine.

Les quatre bas-reliefs ne représentent que des actions guer-
rières. Du temps de François Ier, on devait faire peu de cas
de la bonté et des vertus pacifiques. Les motifs de sculpture
ont été choisis dans l'histoire des guerres de Louis XII en
Italie. Le travail de ces bas-reliefs est traité comme le serait
celui d'une peinture; on y remarque des fonds, des ciels, des
paysages et des arrière-plans. Le sculpteur a voulu obtenir des
effets qui n'appartiennent qu'au peintre. On serait tenté de
croire qu'il avait sous les yeux ou dans la mémoire les termes
de la commission donnée par Louis XII et le cardinal d'Am-

boise, au peintre Jean Perréal, dit Jean de Paris[1], « de repré-
« senter les villes, châteaux de la conquête et l'assiette
« d'iceulx, la volubilité des fleuves, l'inégalité des montagnes,
« la planure du territoire, l'ordre et le désordre de la bataille,
« l'horreur des gisans en occision sanguinolente, la miséra-
« bleté des mutilés nageant entre la mort et la vie, l'effroy
« des fuyans, l'ardeur et l'impétuosité, et l'exaltation et hila-
« rité des triomphans. »

Le tombeau était anciennement exhaussé sur deux degrés ;
en les supprimant, on a détruit tout l'effet du soubassement
et amoindri l'aspect général. Des bandes de marbre noir forment maintenant un socle au-dessous des bas-reliefs. Le bas-
relief placé à la tête du tombeau, vers l'ouest, représente
l'entrée de Louis XII à Milan, le 6 octobre 1499. Une grande
arcade cintrée et surmontée d'un entablement crénelé, donne
accès dans la ville. En avant du roi marche un groupe de guerriers qui, comme les soldats des triomphateurs romains,
portent attachés à des piques des trophées, des casques, des
cottes, des brassards et d'autres pièces d'armures ; des figures
d'animaux surmontent les enseignes, deux trompettes à pied
sonnent des fanfares. Un guerrier à cheval, la tête nue, probablement le maréchal Trivulce, qui devint gouverneur de
Milan, précède immédiatement le roi. Louis XII, duc de
Milan du chef de son aïeule, la célèbre Valentine, est monté
sur un char attelé de deux vigoureux chevaux. Ce char consiste en une plate-forme carrée, ornée dans son pourtour de
trophées en relief et montée sur quatre roues basses ; il porte
un élégant trône dans le style de la renaissance, à dossier
arrondi, rehaussé des armes de France. Le roi assis, revêtu
d'un manteau par-dessus son armure, coiffé d'une couronne

---

[1] DUSOMMERARD, *Les arts au moyen âge*, t. I, p. 347.

fleurdelisée, tient un sceptre dans la main droite. Trois guerriers pressent la marche des chevaux ou poussent les roues du char. Derrière arrivent encore des cavaliers et des gens de pied.

Dans le bas-relief placé au nord, Louis XII force le passage des montagnes de Gênes, défendues par une armée de 20,000 hommes (avril 1507). Des hauteurs, les unes garnies d'arbres, les autres dépouillées, remplissent tout le fond de la scène; des chapelles gothiques et des forteresses crénelées se montrent sur les cimes. Dans une gorge, le cardinal d'Amboise paraît au milieu d'un escadron de cavaliers; une forêt de lances et de hallebardes se prolonge aussi loin que l'œil peut la suivre; des fantassins escortent des pièces d'artillerie, petites et surtout très minces, posées sur des affûts à deux roues attelés d'un seul cheval. Au premier rang de tous, un guerrier dont la tête est couverte d'un grand casque à panaches flottants, porte haut et ferme la bannière royale aux trois fleurs de lis. Des hommes et des chevaux gisent sur le sol; ici est un camp dans une vallée, là une troupe de cavaliers met en déroute un corps d'infanterie, ailleurs un escadron de cavalerie passe sous le feu d'une forteresse. A l'extrémité de la scène, une tour carrée, isolée, surmontée d'un étendard, rappelle un de ces phares qui éclairent la côte de Gênes.

Au midi est sculptée la bataille d'Aignadel, gagnée par Louis XII en personne [1] sur les Vénitiens, le 14 mai 1509. L'armée royale, infanterie, artillerie, cavalerie, vient de quitter son camp, dont les tentes sont encore debout. La bannière de France flotte au premier rang d'un escadron de cavaliers. Des canons en batterie protégent le passage de l'Adda.

---

1. Il est bon de le dire. La plupart des rois n'ont été victorieux que par procuration.

La rivière descend rapidement de montagnes ombragées de forêts; elle emporte dans son cours des fantassins qui n'ont pu parvenir à la franchir. On ne voit de toutes parts que fer, lances et canons. Une mêlée affreuse est engagée de l'autre côté de la rivière; la bannière aux fleurs de lis élève fièrement sa tête du milieu des combattants; les chevaux et leurs cavaliers roulent pêle-mêle dans la poussière. Les Français passent sur le corps des Vénitiens, et marchent avec résolution à l'attaque du camp ennemi

La bataille d'Aignadel continue sur le quatrième bas-relief (côté de l'est); on s'attaque de près et à l'épée; la bannière ennemie fuit devant les fleurs de lis de France. Enfin, Louis XII vainqueur, entouré de guerriers, debout en avant de son camp, costumé en Romain, coiffé d'un casque à couronne fleurdelisée, et tenant un long sceptre, reçoit la soumission de l'Alviane, le général des Vénitiens, qui fléchit le genou en présence du roi [1].

Seize pilastres [2] montent entre les douze arcades qui forment le corps du monument. Ils sont à deux faces, et couverts entièrement d'arabesques du travail le plus fin et le plus gracieux. La même richesse d'ornements existe sur les pieds-droits, pris dans l'épaisseur des pilastres, et sur les impostes desquels s'arrêtent les cintres de l'arcature. Il nous serait impossible de décrire en détail toutes les parties de cette décoration. Nous devons nous borner à en mentionner rapidement les motifs les plus intéressants. Ce sont des vases, des cornes d'abondance, des calices ornés de têtes d'anges, des pots à feu ; des feuillages, rinceaux, fruits, gerbes de blé; des figures de

---

1 Deux des étendards pris sur les Vénitiens furent envoyés à Saint-Denis par Louis XII, et placés solennellement aux côtés du grand autel. (FÉLIBIEN, *Hist. de Saint-Denis.*)

2. Les pilastres des angles sont doublés.

fantaisie, femmes ailées, griffons, serpents, cygnes, sphinx, oiseaux de diverses espèces, bucrânes, têtes de béliers, dauphins ; des instruments de musique, guitares, flûtes de Pan, trompettes avec leurs bannières, trompes recourbées, tambours et baguettes ; des armes offensives et défensives, trophées de forme antique, haches, épées, sabres, carquois, casques, cottes d'armes, boucliers ronds à tête de Gorgogne et de Méduse, boucliers semblables à ceux dont les Romains se servaient pour former la tortue, gantelets, brassards, jambards, canons dont la culasse se termine par une tête d'animal, instruments de toute sorte nécessaires au nettoiement et à la manœuvre des pièces d'artillerie, étendards, fusils ; enfin des croix et des attributs funéraires. Les chiffres de Louis et d'Anne, L. A., compris sous une même couronne fleurdelisée, figurent sur un bouclier. Deux écussons portent les armes de France ; un troisième est marqué de la salamandre de François I$^{er}$. Le sculpteur a parodié sur un cartouche le monogramme du sénat et du peuple romain ; il a écrit : SPQF, *senatus populusque Francorum*. Tout un pilastre est consacré aux emblèmes de la mort, croix, tête de squelette, pierre tumulaire, bêche, faulx, ossements croisés ; on y lit, en un cartouche, le mot *Soisson*, qui paraît anciennement gravé, et dont j'ignore le sens. Serait-ce le nom d'un des sculpteurs secondaires ? Les dates de M·V·XVII et M·V·XVIII sont gravées, la première sur un pilastre à l'angle nord-ouest, la seconde sur un autre pilastre à l'angle sud-est. Si le monument, ce qui n'est d'ailleurs nullement probable, était achevé en 1518, c'est-à-dire à peine trois ans après la mort de Louis XII, le paiement s'en fit longtemps attendre ; la lettre de François I$^{er}$, que nous avons citée, ne fut délivrée qu'en 1531.

Des cartouches, des oiseaux, des têtes de lion, des torches, des armes, des chimères, des salamandres, des tridents, des cornes d'abondance, des anges, sont sculptés sur les socles des pilastres. Dans les tympans externes des archivoltes de l'arcature, nous retrouvons, sous d'autres formes et avec de nouvelles combinaisons, une grande partie des motifs guerriers ou funéraires, d'art ou de fantaisie que nous avons déjà rencontrés sur les pilastres. Nous y signalerons donc seulement de charmants écussons, les uns aux armes de France, les autres mi-partis des fleurs de lis de France et des hermines de Bretagne ; des figures ailées sonnant de la trompette comme les Renommées antiques, et d'autres figures qui portent des torches enflammées. L'ornementation des chapiteaux consiste en cornes de béliers qui forment les volutes, fleurons, glands de chêne, têtes de mort, têtes d'anges et mascarons. Une console, des caissons et des rosaces décorent le contour de chacune des seize arcades ; nous négligeons de rappeler les motifs dont nous avons déjà cité des exemples. Une frise et un entablement couronnent les arcs et les pilastres, des moulures enrichies d'oves et de feuilles d'eau en dessinent les lignes et les divisions. La corniche est rehaussée d'oves et de cordons de perles. Une inscription latine, moderne, composée de caractères épais bien éloignés de l'élégance de ceux du xvi⁰ siècle, indique sèchement les dates de mort du roi et de la reine [1].

L'arcature du monument porte un plafond dont le revers sert de plate-forme. Ce plafond se divise en trente-deux caissons déposés sur huit lignes parallèles, et contenant chacun une rosace différente. Il abrite le sarcophage sur lequel sont représentés en état de mort Louis XII et Anne de Bretagne. Le sarcophage, de forme évasée, a pour supports des griffes, des

---

[1]. La place dont nous pouvons disposer dans ce trop court volume ne nous permet pas de rapporter toutes les inscriptions. Nous laissons de côté celles qui n'ont été faites que depuis le rétablissement des tombeaux, à moins toutefois qu'elles ne soient la reproduction littérale des épitaphes anciennes.

traverses sur lesquelles sont figurés des masques antiques et une boule aplatie ; des cannelures, des palmettes, des couronnes de laurier reliées par des bandelettes en composent la décoration ; une corde nouée l'environne à sa partie inférieure. Ce dernier motif est fréquent dans les monuments de la même époque ; on en attribue l'origine à l'ordre de la Cordelière, institué par la reine Anne [1]. Les deux statues, étendues chacune sur un suaire, sont entièrement nues ; elles appuient leurs têtes sur des coussins ; elles présentent sur l'estomac les incisions et les sutures de l'embaumement, circonstance que je n'ai pas remarquée ailleurs. La sculpture en a été traitée avec une vérité presque effrayante. Le roi tient la droite ; le sculpteur s'est évidemment proposé de rendre sur cette figure l'expression de la mort dans toute sa réalité ; le visage est profondément altéré, les lèvres contractées laissent voir les dents, les chairs s'affaissent et les parties osseuses restent en saillie ; on voit que les bras et les jambes ont perdu toute flexibilité [2]. La mort n'a pas exercé les mêmes ravages sur la reine, dont la tête renversée conserve encore beaucoup de grâce et de beauté ; les cheveux flottent épars sur le suaire ; le corps a moins de raideur, les traits sont moins mornes, l'aspect est moins lugubre que dans l'effigie du roi. La reine est aussi moins grande que son mari.

Les deux figures posées au-dessus de la plate-forme sont agenouillées sur des coussins et devant des prie-dieu recouverts de draperies. Toutes deux portent le manteau doublé d'her-

1. Des cordes du même genre sculptées à Tours sur une maison passent pour des cordes de potence, et font regarder ladite maison comme celle de Tristan, le bon compère de Louis XI.

2. On conserve au Louvre une statue de bronze d'Albert Pie de Savoie, prince de Carpi, qui provient des Cordeliers de Paris et qui paraît être une œuvre authentique de Paul Ponce. Elle ne pourrait soutenir la comparaison avec celle de Louis XII.

mine. La reine a un corsage et une coiffe richement brodés de pierres précieuses. La tête du roi est découverte, son manteau tombe par devant jusqu'à terre, et s'étend par derrière bien au delà des pieds. Ces deux statues passent pour des portraits de la plus grande fidélité. L'expression de la tête de Louis XII est pleine de naturel et de bonhomie. Les deux époux joignent les mains et prient avec un calme majestueux [1].

Sous chacune des douze baies de l'arcature est assise sur le stylobate qui porte les pilastres, la statue d'un apôtre. Ces figures avaient beaucoup souffert au moment de la révolution; des têtes, des nez, des bras et des mains avaient été abattus; la restauration en a été faite par un praticien peu exercé; aussi les raccords se reconnaissent-ils au premier coup d'œil. La hauteur demi-nature donnée aux apôtres ne paraît pas heureuse; aujourd'hui surtout que les quatre grandes statues des vertus cardinales ne sont plus aux angles du monument, on ne se rend pas bien compte de l'échelle de proportions d'après laquelle l'artiste avait mis en rapport, les unes à l'égard des autres, les figures principales et les figures accessoires. Le travail des statues d'apôtres est aussi généralement inférieur à celui des autres parties du tombeau. Saint-Pierre, assis le premier près de la tête du roi, tient les deux clefs emblème de sa puissance; puis viennent saint Paul avec son épée, saint Barthélemy avec un tronçon de glaive, saint Philippe tenant une pierre, saint Jacques-Majeur dont le vêtement est semé

---

[1]. Les entrailles de Louis XII furent inhumées aux Célestins, auprès du corps de son père. Le cœur d'Anne de Bretagne fut porté à Nantes et déposé dans le tombeau du père de cette reine. La ville de Nantes possède encore la boîte en or émaillé qui contenait ce cœur. Les statues de Louis XII et d'Anne n'étaient pas rares autrefois; elles ont été presque toutes détruites. Nous signalerons un Louis XII en bronze au Louvre, et un autre en albâtre à Versailles, précieuses figures qui proviennent de Gaillon.

de coquilles de pèlerin, saint Jude avec un livre, saint Jacques-Mineur appuyé sur une massue, saint André portant sa croix disposée en sautoir, saint Thomas avec l'équerre, saint Matthieu avec un fer de lance, saint Jean écrivant son évangile et saint Simon caractérisé par la scie de son martyre. Nous devons prévenir le lecteur que les statues n'ont pas été remises dans leur ordre ancien, comme il peut s'en assurer au moyen des gravures faites avant le déplacement du monument.

Les quatre Vertus cardinales, autrefois assises aux angles du soubassement, en ont été détachées, et se trouvent aujourd'hui élevées sur des piédestaux d'un volume démesuré, dans la croisée de l'église. Leur absence prive l'œuvre de Jean Just d'un complément indispensable; il faut qu'elles viennent lui rendre l'ampleur et la proportion qui lui manquent maintenant. En les enlevant à leur destination primitive, les raccommodeurs de tombeaux ont gravement altéré l'économie générale du monument. Ces Vertus se font reconnaître à leurs emblèmes ordinaires. La Force, qui de toutes est la plus remarquable par son expression et par sa pose, est drapée d'une peau de lion et tient embrassé à deux mains un fût de colonne. La Tempérance porte une horloge d'une forme curieuse, dont le cadran est divisé en vingt-quatre heures et surmonté de l'écusson de France. Le manche d'un miroir et un serpent sont aux mains de la Prudence[1]. La Justice s'appuie de la main gauche sur un globe, et sa droite tient la poignée d'un glaive.

III. *Tombeau de Henri II et de Catherine de Médicis*[2]. — Il n'existe point de controverse sur l'auteur de ce monument.

---

[1]. La main droite de cette figure, brisée je ne sais à quelle époque, a été refaite en albâtre, et cette matière a pris une teinte ambrée toute différente de celle du marbre.

[2]. *Musée des Monuments français*, n° 102.

C'est à Germain Pilon que revient la gloire d'en avoir dirigé l'exécution tout entière et d'en avoir sculpté de ses mains les parties les plus importantes. M. Alex. Lenoir a retrouvé dans les anciens registres de la Chambre des comptes relatifs aux frais de construction des bâtiments royaux, l'indication de la dépense faite pour le tombeau de Henri II. Germain Pilon reçut 3,172 livres 4 sous pour le prix des deux figures couchées, en marbre, des quatre bas-reliefs aussi en marbre, et des six statues de bronze qui entrent dans la composition du mausolée. Le marbre et le bronze sortaient des magasins du roi. Une somme mensuelle de 95 livres 16 sous 8 deniers fut payée aux ouvriers, tant que durèrent les travaux, pour la taille des marbres et des colonnes. Les autres ouvrages de pose, maçonnerie, sculptures accessoires, etc., coûtèrent 865 livres 6 sous 2 deniers [1].

Le tombeau de Henri II, placé autrefois isolément sous la coupole de la somptueuse chapelle des Valois construite par Philibert Delorme, se trouvait alors en parfaite harmonie de proportions avec l'édifice dont il était l'objet principal. Aujourd'hui, il est resserré dans une étroite chapelle dont il touche presque la voûte. « Le tombeau du roy Henry, dit Germain
« Millet, est en très-beau marbre, à deux étages. Celuy d'en
« haut est porté sur quatre piliers carréz de marbre blanc
« qui sont aux quatre coins, et douze colonnes, dont il y en a
« quatre de marbre blanc et huict de marbre gris très-pré-
« cieux. Aux quatre coins du tombeau, contre les piliers, sont
« eslevées en bosse quatre grandes statues de bronze très-bien
« faites, qui représentent les quatre vertus cardinales. Sur

---

[1]. La sculpture du groupe des Trois Grâces qui portait dans l'église des Célestins le cœur de Henri II, et qui est maintenant au Louvre, revint à 850 l. 3 s., y compris quatre bas-reliefs représentant des anges faits pour le tombeau de François 1er.

HENRI II.

« l'estage d'embas sont deux effigies de marbre blanc couchées
« sur le lict mortuaire, représentant les corps du roy Henry
« et de la reyne Catherine sa femme. Sur l'estage d'en haut
« ils sont encore représentez en effigies de bronze agenouillées
« sur des oratoires [1]. »

La chapelle funéraire de Henri II est exhaussée sur un stylobate très-élevé, de forme quadrangulaire. Les douze colonnes, répétées par un pareil nombre de pilastres, portent un entablement continu; huit d'entre elles sont placées aux angles du monument; les quatre autres se trouvent isolées sur les deux grands côtés, et c'est par les intervalles qui les séparent qu'on voit les figures couchées sur un lit de marbre, dans l'intérieur de la chapelle. Les colonnes des angles et les pilastres correspondants ont chacun leur fût serré par un anneau en saillie. Les chapiteaux appartiennent tous à l'ordre composite. Des moulures d'une simplicité très-élégante se profilent sur l'entablement. Un mur de marbre percé d'une ouverture en forme de fenêtre, avec tablette, consoles et fronton demi-circulaire, ferme la chapelle à la tête et aux pieds. Ces ouvertures vont se rétrécissant de la base au sommet.

Le lit mortuaire repose sur un beau socle décoré de feuilles d'acanthe et de moulures perlées. Les deux statues sont nues et couchées chacune sur un suaire. Celle du roi surtout atteste une délicatesse de ciseau et une science de dessin vraiment remarquables. Nous avons vu dans l'effigie couchée de Louis XII la mort représentée avec une effrayante vérité. Germain Pilon a voulu en déguiser l'horreur; il lui a donné ici l'apparence d'un sommeil exempt de terreur et de souffrances. Renversée sur le coussin qui lui sert d'appui, la tête de Henri II est em-

---

[1]. « Le cavalier Bernin, dit Sauval, a admiré le tombeau de Valois, qui voulait ne rien trouver de passable en France. » (*Antiquités de Paris.*)

preinte d'une grâce et d'une noblesse merveilleuses. La reine Catherine de Médicis a été représentée avec la jeunesse et la beauté qu'elle avait encore au moment de la mort de son mari, à qui elle survécut trente ans.

Le plafond de marbre à caissons et à rosaces qui recouvrait autrefois la chapelle était emmagasiné avec tant de soin à l'époque de la réédification de ce tombeau à Saint-Denis, qu'on ne parvint jamais à le retrouver. On lui en substitua donc un autre composé de planches de marbre unies aussi minces que possible, et accrochées par derrière à une armature de fer. C'est aussi sur les barres de cette armature que sont ajustées les statues en bronze du roi et de la reine, agenouillées autrefois sur des coussins historiés et devant de superbes prie-Dieu qui n'existent plus. Le plafond ancien reparut enfin, mais il était trop tard: le raccommodage de l'architecte était fait, comme le siége de l'abbé de Vertot. Les marbres attendent dans un atelier qu'on veuille bien les remettre en place.

La forme des piédestaux qui portent les Vertus cardinales a aussi été modifiée; ils continuaient carrément dans le sens du stylobate, dont ils étaient comme le prolongement; aujourd'hui ils se présentent de biais en pan coupé. Les figures des Vertus sont élégantes, sveltes, drapées avec coquetterie, mais aussi un peu maniérées. Elles ont perdu presque tous leurs attributs. La Tempérance tenait deux vases, et mêlait de l'eau avec le vin; la Justice n'a plus sous son bras gauche que la poignée de son épée; la Force s'appuie contre le fût d'une colonne; dans la main gauche de la Prudence, il reste seulement le manche d'un miroir.

Les statues agenouillées sur la plate-forme sont revêtues du costume de cour. Des pierres précieuses décorent en profusion la robe et la coiffure de la reine. L'artiste a exprimé avec le

CATHERINE DE MÉDICIS.

plus heureux succès la différence qu'il devait faire sentir entre ces figures vivantes de gestes et de pose, et les statues à l'état de mort de l'étage inférieur [1].

Quatre bas-reliefs du style le plus maniéré, en même temps qu'ils sont du travail le plus spirituel et le plus fin, se voient encastrées dans les quatre faces du stylobate. Ils représentent la Foi, l'Espérance, la Charité, et la personnification des bonnes œuvres. Chacune de ces vertus est figurée sous les traits d'une charmante jeune femme, à peine voilée d'une draperie légère, et coiffée avec un soin exquis. La Foi élève un calice environné d'une lumineuse auréole; des fidèles se prosternent devant l'eucharistie avec les signes de la plus respectueuse adoration. L'Espérance présente à des jeunes hommes et à des vieillards une église que deux anges l'aident à soutenir, et qui est le symbole de la Jérusalem céleste. La Charité se dépouille de sa dernière draperie pour en couvrir un pauvre; sa main droite fait l'aumône; un enfant lui demande le sein; d'autres enfants l'invoquent en pleurant; devant elle, des infirmes et des malheureux tendent des mains suppliantes. La Pitié donne à boire à ceux qui ont soif; sa main droite tient une coupe à laquelle deux hommes se désaltèrent à la fois; un enfant se hausse sur ses pieds et s'efforce d'attirer le vase à ses lèvres.

Enfin douze mascarons, sculptés dans une matière qui a l'aspect du porphyre, complètent la décoration du stylobate; ce sont des têtes de satyres et des larves; ils se fondent dans des feuillages et portent des corbeilles; celles des satyres contiennent des fruits de vie, des raisins, des pommes, des poires; les autres, des fruits de mort, des pavots, des pommes de pin, des baies de cyprès. Ces douze mascarons occupaient chacun

---

[1]. En décrivant les monuments de la crypte nous aurons occasion de citer d'autres représentations de ces personnages.

le centre d'un encadrement disposé de manière à dessiner à chaque colonne un piédestal particulier. On les a tous reportés sur trois faces, avec l'intention de les mettre mieux en vue, la quatrième face se trouvant tournée vers le mur; on ne s'est pas douté qu'ainsi placés ils ne seraient plus que des ornements inutiles.

Lors de la reconstruction du tombeau, il a été constaté que la plupart des marbres qui le composent proviennent de monuments antiques, et conservent sur le revers des traces de sculpture.

## CHAPELLE DE SAINT-MICHEL.

IV. *Tombeau de François I$^{er}$ et de Claude de France*[1].— Des trois grands tombeaux érigés à Saint-Denis par le XVI$^e$ siècle, celui-ci est le plus considérable. Enclavé entre deux piliers qu'il entame, il occupe toute la largeur d'une chapelle, et les statues agenouillées qui le surmontent, pourraient se heurter la tête contre la voûte, si elles venaient à se dresser. D'une part, on a exhaussé tout le sol de l'église; de l'autre, on a fait rentrer complètement sous les ogives d'une chapelle ce tombeau dont toute la partie antérieure s'avançait autrefois librement dans le croisillon méridional; avec un pareil système, on fait perdre aux monuments la physionomie et les proportions que leurs auteurs avaient voulu leur donner.

Philibert Delorme, abbé d'Ivry, conseiller ordinaire, architecte du roi, fut ordonné commissaire et député par ledit sieur

---

1. *Musée des Monuments français*, n$^{os}$ 99 et 448.

CLAUDE DE FRANCE.　　　　　　　　FRANÇOIS Ier.

sur le fait de l'effigie et tombeau du feu roi François [1]. Pierre Bontems, maistre sculpteur, bourgeois de Paris, s'engagea, moyennant 1,639 livres, à faire la moitié des bas-reliefs du stylobate, celle dont la bataille de Cérisoles est le sujet principal, et en outre les statues *en forme de prians* de messieurs les feus dauphin et duc d'Orléans, fils dudit roy. La somme convenue représentait non-seulement le prix des modèles en terre et du travail personnel de l'artiste, mais encore les frais de taille et de polissage. Bontems devait, sur un pouce de relief et treize pouces de hauteur, remplir et garnir le stylobate de chevalerie, gens de pied, artillerie, enseignes, étendards, trompettes, clairons, tambours, fifres, munitions, camps, pavillons, bagages, villes, châteaux, et autres choses approchant et suivant la vérité historiale des annales et chroniques de France. Ce premier marché porte la date du 6 octobre 1552. Une somme de 60 livres fut encore allouée à Pierre Bontems pour faire parfaire en marbre les deux statues des fils du roi et celle de madame la régente ; cette dernière figure, qui aurait représenté Louise de Savoie, la mère de François Ier, ne paraît pas avoir été exécutée ; elle n'a du moins jamais fait partie du tombeau [2]. Germain Pilon reçut 1,100 livres pour le prix de huit figures *de fortune*, en bosse ronde sur marbre blanc ; ce sont les figures allégoriques d'enfants placées sous la grande voûte du tombeau. Il fut payé à Catherine Bourienne, veuve d'Ambroise Perret, 210 livres pour solde des sculptures faites par son mari qui, entre autres

---

[1]. Les détails sur la construction et la sculpture du tombeau de François Ier sont extraits presque textuellement des marchés trouvés dans les archives de la Chambre des comptes et publiés par Alex. Lenoir.

2 Le marbre des Quatre Saisons destiné à la cheminée de la chambre du roi, à Fontainebleau, fut payé à Bontems 414 livres tournois. (*Arch. curieuses de l'hist. de France.*)

figures remarquables, avait exécuté celles des quatre évangélistes. Les détails d'ornements sont de la main des sculpteurs Jacques Chantrel, Bastien Galles, Pierre Bigoigne et Jean de Bourges. Les marbres étaient fournis et livrés aux dépens du roi [1].

Le tombeau de François Ier est un édifice tout entier. Il a été complétement construit en marbre blanc rehaussé de moulures en marbre gris et noir. Il occupe, comme nous l'avons dit, toute la largeur d'une chapelle, et se trouve engagé dans deux piliers. Il se compose d'une haute et profonde arcade voûtée en plein cintre et de deux passages latéraux dans lesquels on entre par des arcs de petite proportion. Sur chacune des deux faces principales ces derniers arcs s'ouvrent en retraite et laissent venir en avant celui de la voûte centrale; un plan, c'est à peu près une disposition cruciforme. Le monument s'élève sur un double socle en marbre noir et en marbre gris. Au-dessus de ce riche et vigoureux soubassement règne un stylobate interrompu seulement par les baies des passages dont nous avons parlé. Les flancs des deux portions du tombeau qui se trouvent en retraite, sont masqués presque en entier par les piliers de la chapelle dont il s'est emparé.

Les deux faces qui regardent l'orient et l'occident déploient une décoration des plus splendides; elles possèdent chacune vingt-un bas-reliefs sculptés sur le stylobate, huit colonnes cannelées et couronnées de chapiteaux ioniques d'une excellente facture, un entablement et une corniche d'une extrême richesse, tout ornés de perles, de palmettes, de denticules, d'oves et de feuilles d'eau. Des pilastres répètent toutes les

---

[1]. Ces détails ne sont pas complets. Ainsi, ils ne nous apprennent pas quel est l'auteur des admirables statues couchées du roi et de la reine, qu'on attribue à Jean Goujon, en raison de leur beauté, mais en dehors de tous renseignements positifs.

colonnes. Chaque colonne fait saillie avec son piédestal historié de personnages. La frise est plaquée de marbre noir. Des cordons perlés suivent dans leurs contours toutes les archivoltes. Des tablettes préparées au-dessus des arcs semblent attendre des inscriptions; elles sont entourées de beaux encadrements. Deux petits anges tenant des trompettes accompagnent l'arc central; ils remplissent ici la même fonction que les renommées païennes sur les arcs de triomphe antiques; à leur nudité et à leur élégance profane on les prendrait moins pour des anges chrétiens que pour des génies mythologiques. Ajoutons, en un mot, que rien n'a été épargné pour la décoration du monument, et qu'une sculpture du meilleur goût relève toutes les portions de l'architecture qui pouvaient en recevoir.

Les bas-reliefs du stylobate, comme ceux du monument de Louis XII, présentent des effets de perspective auxquels la sculpture ne doit se prêter qu'avec une excessive réserve, et qui sont plutôt du domaine de l'art graphique. Il faut reconnaître, cependant, qu'ici l'artiste s'est tiré des difficultés de ce système avec beaucoup d'adresse et d'habileté.

La campagne mémorable qui s'est terminée par la victoire de Marignan, a fourni les sujets des vingt-un bas-reliefs de la face antérieure tournée vers l'orient. Le premier épisode est la prise d'un bourg fortifié; des soldats entrés dans la place assiégent les maisons et arborent leurs étendards aux fenêtres de celles qu'ils ont envahies. Des bataillons d'infanterie défilent ensuite l'arme sur l'épaule; les hallebardiers, lanciers, fusiliers, ont de superbes et martiales tournures; ils marchent résolument au pas précipité; les étendards flottent, le son des fifres et des tambours règle la mesure. De la porte crénelée d'une ville puissante on voit sortir une chevalerie bien armée dont les casques sont ombragés de panaches. Au milieu du groupe est François I$^{er}$ monté sur un cheval dont le harnais se découpe en nombreux lambrequins; le roi porte la cotte d'armes sur sa cuirasse, il n'a pour coiffure qu'une petite toque; près de lui, un cavalier tient le heaume royal ceint d'une couronne fleurdelisée. La marche de l'armée continue à travers les montagnes; des édifices et des villes se rencontrent sur la route que suivent les Français. Des soldats escortent un convoi d'artillerie. Des ouvriers armés de leviers démontent des pièces de canon et les enlèvent à l'aide de cordages suspendus à une chèvre par des poulies; les affûts restent de côté; les chevaux dételés se reposent. Au sommet d'une haute montagne, d'autres hommes font mouvoir un cabestan dont les cordages remorquent des canons sur des pentes inaccessibles aux attelages. C'est ainsi que l'artillerie de François I$^{er}$ traversa les Alpes. Plus loin, une ville a été livrée aux flammes : des femmes fuient emportant leurs enfants et ce qu'elles ont réussi à sauver du pillage; ce groupe de femmes et d'enfants est plein de grâce et de sentiment. On croit qu'un personnage à cheval, qui est coiffé d'un large chapeau, et qui paraît donner des ordres, représente le maréchal Trivulce. Enfin les deux armées sont en présence dans la plaine de Marignan. Les trompettes sonnent. François I$^{er}$, à la tête d'un escadron de cavaliers, charge bravement l'ennemi; tous ont les visières baissées et la lance en avant; le roi se reconnaît à la couronne fleurdelisée de son casque, à un grand panache ondoyant, aux F et aux fleurs de lis semés sur la housse de son cheval; près de lui combat Claude de Lorraine, dont le cheval porte une housse blasonnée de petites croix. Les Suisses forment un corps de bataille serré, rangé sur quatre lignes, tout hérissé de piques d'une énorme longueur; ils n'opposent à la cavalerie française qu'une masse profonde d'infanterie; leurs hommes du premier rang sont des colosses entièrement bardés de fer, les autres portent des armures moins complètes. Les rangs des Suisses sont déjà entamés; des blessés et des morts roulent sous les pieds des chevaux. L'artillerie française en batterie et un corps nombreux d'arbalétriers [1] inquiètent vivement l'ennemi. Les Suisses ont aussi des canons que des artilleurs pointent et tirent; auprès des pièces on remarque des boulets, un tonneau de poudre et les instruments propres au service. En arrière du corps de bataille des Suisses un autre bataillon qui paraît servir de réserve, déploie des étendards marqués des clefs de saint Pierre en sautoir. Du milieu d'un groupe de cavaliers, auquel l'infanterie fait un rempart, le cardinal évêque de Sion, Matthieu Schiner, assiste au combat, comme un autre Moïse, et bénit les troupes confédérées. Il est à cheval et porte le grand chapeau, marque de sa dignité. Un prélat, aussi à cheval, tient levée une croix à double traverse; d'autres personnages ecclésiastiques font partie du cortége (13 et 14 octobre 1515).

Les bas-reliefs suivants représentent la prise du camp des Suisses retranché et défendu par des batteries; un combat de hallebardiers; les Suisses poursuivis dans un bois où quelques-unes de leurs compagnies s'étaient réfugiées; leur retraite précipitée; de nouveaux combats, et enfin l'entrée triomphante des Français à Milan, ville superbe en tours, en églises et en palais. L'artiste a rendu avec beaucoup de verve l'élan des vainqueurs qui défilent rapidement sur le pont-levis et prennent, avec une fierté toute guerrière, possession de la place conquise. Les troupes impériales sortent de la ville par une autre porte et battent en retraite.

Les bas-reliefs de la face occidentale ont été composés dans le même système La bataille de Cérisoles remplit le bas-relief

---

[1]. Le roi avait dans son armée des arbalétriers gascons d'une adresse renommée.

principal ; à gauche, sont figurés les faits qui ont précédé immédiatement le combat ; à droite, ceux qui l'ont suivi. Au point de départ de l'armée française, le paysage rappelle l'aspect de certaines parties de l'Italie ; on y remarque des obélisques et des monuments à demi ruinés. La marche des Français est pleine de rapidité et de résolution. Plusieurs cavaliers sont lancés au galop ; d'autres s'avancent en escadrons serrés montés sur de vigoureux chevaux, visières baissées, lance au poing. L'artillerie, traînée par des chevaux, est confiée à la garde de plusieurs corps d'infanterie. Un des bas-reliefs, placé au piédestal d'une des colonnes, représente le comte d'Enghien, François de Bourbon[1], lieutenant général pour le roi en Piémont, à qui revient tout l'honneur de la journée de Cérisoles ; comme François Ier, avant la bataille de Marignan, il n'a encore ni le casque, ni les armes de guerre ; un chapeau rond à plumes lui coiffe la tête, un manteau est jeté sur son armure, sa main droite tient un bâton de commandement ; des lambrequins flottent aux harnais de son cheval. Les étendards et les bannières sont portés par des cavaliers et par des fantassins. La grande bataille du bas-relief central (lundi de Pâques, 14 avril 1544) comprend plusieurs épisodes. L'infanterie des deux armées s'attaque avec de longues piques et un grand tumulte ; des morts, des mourants, des blessés, encombrent le champ de bataille. Des cavaliers français, armés de cimeterres recourbés, chargent les Impériaux. Des artilleurs se tiennent mèche allumée près de leurs pièces. Un combat se livre autour d'une batterie dont le feu entamait les lignes impériales, un homme armé d'un marteau s'occupe d'enclouer les canons.

Les étendards impériaux, marqués de croix et de l'aigle

---

[1]. Ce prince était frère d'Antoine de Bourbon, père de Henri IV.

à double tête, cèdent le terrain à la salamandre et à la fleur de lis. Les chevaux sont parfaitement lancés ; il règne beaucoup de vie et de mouvement dans toute la composition. Nous citerons surtout, au premier bas-relief qui suit la bataille, deux cavaliers qui montent une côte au galop; les chevaux et les hommes ont été sculptés en raccourci de la manière la plus habile et la plus heureuse.

Après la bataille, le comte d'Enghien entre victorieux dans la ville de Carignan. Devant lui, des soldats conduisent des captifs, d'autres portent sur des piques des pièces d'armures, des trophées, des cartouches, des drapeaux, des couronnes de laurier, des représentations de forteresses conquises. Ce triomphe a beaucoup d'analogie avec celui que nous avons décrit au tombeau de Louis XII Les combats recommencent plus loin, et finissent par aller se perdre dans l'épaisseur du pilier.

Dans la sculpture du monument de Louis XII les costumes appartiennent plutôt à l'antiquité romaine qu'à la renaissance française ; celle du tombeau de François I$^{er}$ a été traitée avec une tout autre vérité et avec un grand regret pour l'exactitude historique.

On monte deux degrés pour arriver aux passages latéraux du monument ; ces passages sont couverts par des plafonds sculptés de caissons, de rosaces et de palmettes. Une voûte cintrée en berceau traverse tout le tombeau, dans le sens de sa longueur ; des cordons en torsade la divisent en neuf compartiments quadrangulaires que remplissent des bas-reliefs [1]. Au premier rang, à la naissance de la voûte, sont les quatre évangélistes assis, drapés d'une façon très-noble ; ils écrivent

---

[1] Les bas-reliefs du monument sont au nombre de 51, savoir : 21 sur chacune des deux façades et 9 à la voûte.

sur de grandes tablettes. Saint Jean se reconnaît à son air de jeunesse et à son visage imberbe. Ces figures sont d'un grand style; le caractère des têtes porte une gravité remarquable. L'absence du nimbe attesterait ici, à défaut d'autres preuves, l'oubli complet des traditions iconographiques du moyen âge. Au milieu des autres bas-reliefs et au point le plus élevé de la voûte, le Christ, portant à la main gauche un étendard fixé aux branches d'une croix, sort glorieux de son sépulcre dont la pierre est renversée. Cette sculpture, ainsi placée, est une traduction en marbre des belles paroles par lesquelles saint Paul exhorte les fidèles à mourir avec le Christ, à s'ensevelir avec lui, pour partager la gloire de sa résurrection. Il nous reste encore à mentionner les quatre bas-reliefs de la main de Germain Pilon, sur chacun desquels sont sculptés deux génies qui versent des larmes, accompagnent des cartouches, et tiennent des torches renversées, emblèmes de la vie éteinte.

Cette voûte, d'un dessin si riche et d'un aspect si solennel, abrite les effigies, représentées à l'état de mort, de François I$^{er}$ et de Claude de France. Autrefois, couchées sur des sarcophages historiés dont Félibien nous a conservé la gravure, elles n'ont plus pour support qu'une caisse carrée en marbre noir, d'une extrême mesquinerie, aux deux bouts de laquelle les noms des défunts et l'époque de leur mort ont été gravés en vrai style de registres de l'état civil, entre des lacrymatoires en jaune de Sienne. Nous ne pensons pas que les artistes du XVI$^e$ siècle aient jamais produit rien de plus beau que ces deux figures qui nous ont paru des chefs-d'œuvre accomplis. La tête de François I$^{er}$ est d'une noblesse admirable; la poitrine, les bras et tout le reste du corps ont été modelés avec une distinction et une science qui se trouvent rarement réunies sous le même ciseau. A côté de cette majestueuse statue, le sculpteur a personnifié, dans celle de la reine, la grâce la plus exquise et la sensibilité la plus suave. Claude de France, morte à la fleur de l'âge [1], laisse deviner sur ses traits charmants l'expression d'un douloureux regret pour une vie qui s'ouvrait devant elle si brillante et si fortunée. Des barbares ont porté sur ces marbres des mains stupides et sacrilèges; des noms que par bonheur l'obscurité du tombeau voile de son ombre, ont été gravés à la pointe du couteau sur les deux statues; un de ces noms, plus profondément taillé que les autres, suit le nez de la reine dans toute sa longueur.

Cinq figures agenouillées sur la plate-forme supérieure du monument représentent François I$^{er}$ et Claude de France, leurs fils, le dauphin François et Charles duc d'Orléans; leur fille, Charlotte de France, qui mourut âgée de huit ans. Le roi et la reine ont devant eux des prie-Dieu ornés de F et de C couronnés.

Claude de France et sa fille portent des corsages et des coiffes tout brodés de pierreries. Tous les personnages sont couverts de longs manteaux fleurdelisés; sur le manteau du jeune François de France, des dauphins, pièce principale des armes de Dauphiné, alternent avec les fleurs de lis. Le collier de Saint-Michel décore les deux frères. Protégées par leur position, ces statues sont demeurées intactes; leur ressemblance, la fidélité des costumes et la bonne exécution du travail leur donnent une grande valeur. Nous savons que le dauphin et le duc d'Orléans sont de la main de Pierre Bontems; le marbre rend à merveille la jeunesse et l'élégance des deux princes.

---

[1]. « La reine Claude, décéda en l'an 1524, âgée de vingt-cinq ans, en grande opinion de sainteté; car Nicolas Gilles, qui vivoit alors, escrit en son histoire de France, qu'on faisoit des vœux, et qu'on offroit des chandelles à son cercueil, tandis qu'il fût à Blois où elle mourut, et qu'il se trouva des personnes qui affirmèrent avoir esté guéries de quelques maladies par son intercession (GERMAIN MILLET. »

Nous rapporterons une inscription qui fut gravée aux Petits-Augustins en mémoire de la réédification du tombeau, et qui est restée oubliée derrière une des archivoltes de la voûte centrale, du côté de l'orient :

> ALEXANDRE LENOIR FONDATEUR ET CONSERVATEUR DE CE MUSÉE A FAIT RÉTABLIR ET RESTAURER CE MONUMENT SUR SES DESSINS, L'AN VI DE LA RÉPUBLIQUE FRANÇAISE.

L'inscription ne forme qu'une ligne autour de l'arc.

La restauration du tombeau de François I<sup>er</sup>, à Saint-Denis, a demandé six années de travail; le marbre a été retaillé en beaucoup d'endroits, quant à l'ornementation.

Il existe encore de nombreux monuments qui représentent François I<sup>er</sup> : voyez au Louvre, un buste en bronze tiré, dit-on, de l'ancien château de Saint-Maur; plusieurs portraits originaux, à Versailles et à Fontainebleau ; les bas-reliefs de l'hôtel Bourgthéroulde à Rouen, les émaux du Louvre, les vitraux de la Sainte-Chapelle de Vincennes, et surtout au Musée royal, le magnifique portrait peint par le Titien.

## MONUMENTS PLACÉS DANS LE TRANSEPT.

V. *Colonne de François II* [1]. — Charles IX fit ériger à Paris, dans l'église des Célestins, une colonne de marbre en mémoire de son frère François II, dont le cœur avait été déposé auprès de celui de leur père Henri II, dans la fameuse chapelle d'Orléans, si riche autrefois en magnifiques sculptures. Cette colonne, placée maintenant à Saint-Denis, dans le

---

1. *Musée des Mon. français.* n° 104.

croisillon septentrional, a été, suivant l'usage, attribuée à des artistes italiens, au Primatice, pour le dessin; à Paul Pome, pour la sculpture [1]. Il paraît certain que c'est une œuvre de Germain Pilon. « Les trois Charités qu'on voit aux Célestins, « dit Sauval, qui portent le cœur de Henri II, passent, chez les « habiles gens, pour le chef-d'œuvre de Pilon, quoiqu'ils fas- « sent plus de cas des trois petits Amours qui pleurent la mort « de Charles IX [2] (lisez François II, c'est une erreur évidente), « autour de son cœur. » M. Lenoir a trouvé, dans les anciennes archives de la chambre des comptes, que le travail de la colonne coûta 125 livres, non compris sans doute les figures accessoires.

Le piédestal, en marbre blanc, est triangulaire; un entablement de marbre noir le surmonte; ses angles, taillés en pans coupés, sont sculptés chacun de deux petits sphinx, d'os croisés, de trois têtes de mort et d'une fleur de lis qui ressemble fort à celle des armoiries de la ville de Florence. Sur chacune des trois faces, une inscription est entourée d'un grand encadrement de porphyre orné d'une tête d'homme et d'une tête de femme; la première, placée dans le haut du cadre, a les oreilles pointues des satyres; la seconde est coiffée d'un voile et de bandelettes.

Trois génies de marbre blanc, posés debout sur les angles de l'entablement, environnent le fût de la colonne. Ils tiennent de longues torches renversées. Leur taille est celle d'enfants de sept à huit ans. Un seul a l'expression de la douleur; les autres semblent plutôt sourire que pleurer. De légères draperies,

---

[1]. Millin, qui trouve admirables les figures du piédestal, les adjuge à Paul Pome. Il s'était aussi persuadé que le piédestal était formé d'un superbe bloc de porphyre. V. texte et gravure, *Antiquités nationales*, t. I, n° 111, pl. 13.

[2]. Aucun monument de ce genre ne fut élevé à Charles IX. Il est certain que Sauval veut parler de la colonne de François II.

mouillées comme les faisaient Jean Goujon et son école, voilent ces jolies figures.

Le fût de la colonne est semé de flammes, par allusion à la colonne de feu qui marchait, dans le désert, devant les Hébreux; une des inscriptions explique cet emblème. Deux rangs de feuilles d'acanthe et un cordon d'oves composent le chapiteau; des rosettes en décorent le tailloir. Un vase moderne, en brèche violette, d'une forme à demi égyptienne, remplace au sommet de la colonne, une urne de bronze doré sur laquelle un enfant ailé posait une couronne de même métal, et qui a été fondue. Les inscriptions sont ainsi conçues :

DEO. OPT. MAX.
ET PERENNI MEMORIÆ
FRANCISCI II. FRANC. REGIS
CAROLVS NONVS EIVS IN REGNO
SVCCESSOR SVADENTE REGINA
MATRE CATHARINA HANC COLVM-
NAM ERIGI CVRAVIT ANNO
SALVTIS M. D. LXII.

LVMEN RECTIS
TALE FVIT EMBLEMA HIEROGLY
PHICVM FRANCISCI II PIISS FRANC.
REGIS, CVIVS COR HIC SITVM EST. HIC,
INSTAR IGNEÆ COLVMNÆ ISRAELI
NOCTV PRÆLVCENTIS, RECTITVDINEM,
ET PRO AVITA RELIGIONE FLAGRAN-
TEM ZELVM ADVERSVS PERDVELLES
HÆRETICOS SEMPER PRÆ SE TVLIT.

COR REGIS IN MANV DNI.
HOC ORACVLO DIGNVM FVIT COR
FRANCISCI II. REGIS CHRISTIANISS. IN
VRNA HVIC COLVMNÆ SVPERPOSITA CON-
CLVSVM TANTO VERÆ FIDEI ASSERTORI
GENEROSAM CHRISTI MARTYREM
MARIAM STVART CONIVGEM HABVISSE
QVÆDAM FVIT VERE IMMORTALITATIS
ASSERTIO.

Les portraits de François II sont rares. Il y en a un sur émail au Louvre. M. Viardot (*Musées de Belgique*) indique au musée d'Anvers un petit portrait peint par Holbein, et représentant François II, quand il était encore dauphin.

VI. *Colonne de Henri III* [1]. — Ce monument s'élève dans la même partie de l'église que celui de François II Charles Benoise, secrétaire intime de Henri III et maître des comptes, l'avait fait ériger en 1594, à la mémoire de son ancien maître, dans l'église collégiale de Saint-Cloud, où le cœur du roi était déposé. Des peintures, des attributs funéraires, des inscriptions latines et françaises décoraient la chapelle au milieu de laquelle s'élevait la colonne et qu'on appelait la chapelle du roi. Vendue à l'époque de la dispersion des monuments de l'église de Saint-Cloud, cette colonne fut rachetée à un architecte en 1799, et donnée par M. Lenoir au musée des Petits-Augustins.

L'ancien piédestal, composé de marbres variés, n'existe plus; celui dont les catalogues du Musée des Monuments français donnent la description, et dans l'ajustement duquel on avait fait entrer des sculptures tout à fait étrangères, était d'invention moderne; il a été lui-même remplacé par un socle des plus vulgaires, revêtu d'une assez plate inscription, comme le sont toutes les nouvelles épitaphes de Saint-Denis. Le fût, taillé dans un seul bloc de marbre Campan-Isabelle, par Barthélemy Prieur [2], a neuf pieds d'élévation; sa couleur, d'un rouge foncé, l'a fait passer pour un morceau de porphyre. Il est torse; une branche touffue de lierre en suit les contours; des fleurs de lis en couvrent toutes les parties restées lisses; on y voit aussi des H enlacés avec des palmes et surmontés de

---

1. *Musée des Monuments français*, n° 456.
2. C'est M. Lenoir qui attribue le monument à cet artiste, auteur de la colonne torse d'Anne de Montmorency.

couronnes fleurdelisées ; le chapiteau appartient à l'ordre composite. Cette colonne portait un vase qui a été détruit entièrement et auquel M. Lenoir substitua un génie de marbre blanc chargé de la tâche assez difficile de brûler avec une torche le poignard de Jacques Clément. Les ajustements imaginés aux Petits-Augustins, n'étaient pas toujours de très-bon goût. Attribuée, nous ne savons par quelle raison, à Prieur, cette gracieuse figure d'enfant présente de grands rapports de ressemblance avec les génies sculptés par Pilon pour la colonne de François II.

Deux anges d'albâtre qui ont fait partie de la chapelle de Henri III sont relégués dans la crypte de Saint-Denis ; ils accompagnent une reproduction de l'épitaphe ancienne posée au-dessus du cœur de ce prince. Il existe aussi, dans le magasin de l'église, un écusson sculpté en marbre de Campan, mi-parti de France et de Pologne [1], et entouré du collier de l'ordre du Saint-Esprit ; ce fragment provient de l'ancien piédestal de la colonne.

Les ligueurs ont détruit presque tous les monuments où Henri III était représenté en peinture ou en sculpture. Le Louvre possède cependant un très-intéressant buste de ce prince sculpté en albâtre par Germain Pilon. Le monastère des Feuillants, à Paris, conservait plusieurs portraits sur verre, sur bois ou sur toile, de Henri III, son fondateur : ils ont disparu. A Venise, des peintures rappellent encore le séjour que Henri III fit dans cette ville, en 1574, quand il revint de Pologne en France ; Palladio lui éleva un arc de triomphe, et Tintoret fut chargé de peindre son portrait pour la sérénissime république [2] ; voyez aussi à Versailles le tableau de l'institution

1. On sait qu'avant d'arriver au trône de France, Henri III fut élu roi de Pologne.
2. Viardot, *Musées d'Italie*.

de l'ordre du Saint-Esprit, peint par Jean Baptiste Vanloo, et au Louvre les riches ornements donnés par Henri III à la chapelle du même ordre.

VII. *Colonne du cardinal Louis de Bourbon* [1]. — Louis, cardinal de Bourbon-Vendôme, fils de François de Bourbon, comte de Vendôme, et de Marie de Luxembourg, était à la fois évêque et duc de Laon, pair de France, archevêque de Sens, évêque de Saintes, du Mans, de Luçon et de Tréguier; abbé de Saint-Denis, de Corbie, de Saint-Vincent-de-Laon, de Saint-Faron-de-Meaux, d'Ainay, de Saint-Amand, de Saint-Crépin-le-Grand, à Soissons, et de Saint-Serge, d'Angers. Dans les diocèses de Sens et de Laon, de beaux monuments témoignaient jadis de sa magnificence et de son amour pour les arts. Il mourut le 11 mars 1557, à Paris, en l'hôtel de Bourbon; son corps fut inhumé dans la cathédrale de Laon où reposait déjà le cœur de sa mère, et son cœur fut porté à Saint-Denis, dont il avait été le premier commandataire.

Nous avons dit ailleurs quel fut, au moment de la révolution, le sort de la statue de ce prélat, sculptée en marbre et posée au sommet d'une colonne [2]. Arrachée seule à la destruction, cette colonne a repris place dans l'église de Saint-Denis, non pas à l'endroit où elle se trouvait primitivement, mais à côté de la porte du croisillon méridional. Comme celle de Henri III, elle est en marbre Campan Isabelle; sa base, en albâtre blanc, repose sur un socle moderne plaqué de marbre brun veiné. Le chapiteau, également sculpté en albâtre, a été

---

[1]. Ce monument, inscrit au catalogue du Musée des Petits-Augustins, sous le nº 112, y est indiqué à tort comme élevé au cardinal Charles de Bourbon, proclamé roi par la Ligue, sous le nom de Charles X. Ce prince mourut en 1590, à Fontenay-le-Comte, en Poitou, et fut inhumé sans monument dans une des églises de la ville.

[2]. Le nom de l'artiste qui a sculpté ce monument n'est pas connu.

exécuté dans le style de la première renaissance ; il se distingue par la délicatesse du ciseau Les angles du tailloir, qui sont très-saillants, avaient été disposés de manière à présenter un large appui à la plate-forme qui le surmontait autrefois et qui portait la statue du cardinal. Quatre griffons tiennent lieu de volutes ; ce sont des animaux, les uns à tête de lion, les autres à tête de chèvre, ayant tous quatre pieds, des cornes et de longues queues. Un anneau partage la corbeille en deux parts dans sa hauteur; l'albâtre est sculpté de petites feuilles adhérentes à la masse, de génies armés de thyrses, de corbeilles de fruits, d'enfants qui se balancent dans des rinceaux ; je ne vois là que de la fantaisie ; qu'un autre plus ingénieux y découvre un sens symbolique. Du côté le plus en vue, l'écusson du cardinal, blasonné de trois fleurs de lis au bâton péri en bande, se détache sur un cartouche de forme élégante, un chapeau à trois rangs de glands, six de chaque côté, surmonte les armoiries. Les fleurons ordinaires du chapiteau corinthien sont remplacés, ici, par deux enfants groupés auprès d'un vase: là, par une tête d'ange ailée, ailleurs par une tête de mort qui a aussi des ailes. La colonne se trouve aujourd'hui tellement rapprochée du mur que tout un côté du chapiteau est perdu pour le spectateur. Un vase magnifique en bronze, un peu moins ancien que la colonne, bien qu'il date aussi du XVIe siècle, remplace l'effigie détruite du cardinal: des lambrequins, des guirlandes, des palmettes, des cannelures, en décorent la coupe ; sur le couvercle trois petits enfants nus soutiennent un cœur. Nous ne connaissons pas d'une manière certaine l'origine de ce vase, nous sommes cependant fondé à croire qu'il provient de l'église des Célestins, où étaient déposés les cœurs de plusieurs princes et grands personnages [1].

---

[1]. Nous devons prévenir ceux de nos lecteurs qui voudraient recourir aux

CHARLES V.　　　　　　　　JEANNE DE BOURBON.

VIII *Colonne de Henri IV*. — C'est un monument tout moderne composé d'un piédestal en pierre, d'un socle en marbre Campan vert, d'un fût en Campan-Isabelle et d'un chapiteau corinthien en marbre blanc. Placé de manière à servir de pendant à la colonne du cardinal, celle-ci attend depuis l'époque du rétablissement des tombeaux et l'institution des cérémonies expiatoires, un buste de Henri IV, qui devait en couronner le chapiteau ; un monument misérable a été nouvellement érigé dans la crypte, à la mémoire de ce prince, et jusqu'à ce jour la colonne ne porte rien.

## CHAPELLE DE SAINT-LOUIS.

IX, X, XI. *Fausses statues de saint Louis et de Marguerite de Provence.* — L'ancienne chapelle de Notre-Dame-la-Blanche, qui a quitté son vieux titre pour prendre le nom de Saint-Louis, renferme des monuments dont quelques-uns ont une étrange histoire.

Deux statues en pierre, dont la facture accuse nettement une époque avancée du XIV<sup>e</sup> siècle, et qui proviennent du portail de l'église des Célestins, à Paris, où elles représentaient [1],

---

descriptions du *Musée des Monuments français*, que la plupart des monuments, celui du cardinal de Bourbon entre autres, avaient reçu des accessoires qui ne leur appartenaient point.

1. Par suite de la démolition des derniers restes de ce portail, on vient d'amener à Saint-Denis les inscriptions, les niches et les dais qui accompagnaient les statues. Au *Musée des Monuments français*, les figures étaient inscrites sous les n<sup>os</sup> 23 et 28.

suivant des inscriptions bien authentiques, Charles V et sa femme, Jeanne de Bourbon, reçurent un nouveau baptême au musée des Petits-Augustins ; elles auraient fait double emploi avec d'autres effigies des mêmes personnages ; il fut décidé qu'à l'avenir elles s'appelleraient saint Louis et Marguerite de Provence ; on alla même, afin de leur composer une généalogie vraisemblable, jusqu'à certifier qu'elles avaient été tirées de la chapelle des Quinze-Vingts. Détruit plusieurs années avant la révolution, ce dernier édifice n'avait jamais possédé les deux statues ; le peu d'objets intéressants qu'il contenait, fut porté au nouvel hospice des aveugles, établi dans le faubourg Saint-Antoine. La transformation de Charles V en saint Louis n'eut pas de résultats bien sérieux tant que la statue resta au Musée, mais, depuis sa translation à Saint-Denis, ce prince est devenu l'objet des hommages les plus fervents. Il reçoit les prières, l'encens, les offrandes et les révérences du clergé aussi bien que des simples fidèles. Une copie en a été exécutée en marbre et envoyée à Tunis pour être placée sur l'autel de la chapelle que le Roi vient de faire construire au lieu même où est mort son aïeul saint Louis. Voici plus de vingt ans que la tête de cette statue sert de type à tous les artistes qui ont à peindre ou à sculpter un saint Louis pour quelque monument public ; vous la retrouverez dans les galeries historiques de Versailles, à la coupole de cet édifice sans nom qui couronne la montagne Sainte-Geneviève, au Palais de Justice de Paris, et à la grande porte de l'église de la Madeleine, où le Charles V, canonisé, tient compagnie à saint Philippe [1].

Jeanne de Bourbon, métamorphosée en Marguerite de Provence, n'a pu partager que les honneurs historiques rendus à

---

[1]. Il en est de même aux vitraux modernes de l'église d'Eu, de celle de Saint-Louis-en-l'Ile à Paris, de la chapelle funèbre de Sablonville, etc., etc.

son mari ; son changement de nom ne lui donnait droit à aucun culte [1].

Ces deux statues étaient peintes autrefois. Charles V, vêtu d'une longue robe, porte par-dessus un manteau attaché sur l'épaule droite par une boucle en losange. Ce manteau, jadis rehaussé de fleurs de lis d'or, s'ouvre complétement du côté droit; du côté gauche il est fermé et se relève sur le bras. Les cheveux sont taillés en rond ; une couronne fleurdelisée et semée de pierreries entoure la tête. Le visage est imberbe ; on reconnaît à merveille le nez caractéristique du roi Charles. La chaussure est longue et pointue. Les mains ont été refaites ; la droite tient un long sceptre, la gauche une petite église de très-laide forme.

La reine porte un costume qui était inconnu du temps de Marguerite de Provence; une jupe très-longue, qui lui couvre les pieds, laisse voir en s'ouvrant, sur les côtés, une robe de dessous ; un corsage garni de pierres précieuses serre la taille et maintient le vêtement; aussi, la ceinture, qui est richement ornée, descend-elle librement sur la jupe La tête présente l'expression de la candeur et de la bonté. Les cheveux sont gracieusement nattés; la couronne, afin de se prêter au mouvement de la coiffure, prend une forme plutôt carrée que circulaire. Les mains refaites, comme celles du roi, tiennent les mêmes emblèmes.

Nous ne connaissons aucun portrait de saint Louis qui réunisse des conditions suffisantes d'authenticité. Les effigies de ce prince, qui existaient à la Sainte-Chapelle, à Poissy, à Royaumont et dans quelques autres églises voisines de Paris, ont

---

[1]. *V.* MILLIN, *Antiquités nationales*, t. I; les gravures qu'il publie de ces statues ont été faites avant leur déplacement. *V.* aussi MONTFAUCON, *Mon. de la monarchie française*, t. III, p. 65.

été détruites; les plus précieuses étaient en métal [1]. Les représentations de la reine Marguerite ont eu le même sort. Il est assurément très-regrettable qu'on ne possède d'un aussi grand roi aucun monument original et considérable; mais ce n'était pas un motif de commettre un faux en matière d'iconographie, pour combler cette fâcheuse lacune. On a voulu aussi nous donner pour le cœur de saint Louis un cœur inconnu trouvé sous une dalle, à la Sainte-Chapelle; les partisans de l'archéologie sentimentale s'efforçaient de prouver, en très-bon style, que nul autre cœur au monde n'était digne de reposer près de la couronne d'épines du Christ, notre Seigneur; des mémoires excellents, publiés par M. Letronne, ont rétabli la vérité historique, en opposant à des conjectures peut-être pieuses, la sévère opiniâtreté des faits.

Le Charles V-Saint Louis reparaît en second exemplaire dans la même chapelle. L'intervalle d'une seule travée sépare l'original de la copie. Cette deuxième figure, sculptée en pierre comme la première, est placée sur un des côtés de l'autel [2]; elle a été peinte, et du moins la vieille statue a pu rester exempte du hideux système de coloration suivi par les peintres-badigeonneurs de Saint-Denis. Il n'en est pas plus raison-

---

[1]. Le buste de la Sainte-Chapelle, tout en or et en vermeil, avait été donné, en 1304, par Philippe-le-Bel; il renfermait la plus grande partie du chef du saint roi. Un autre buste d'argent doré, du poids de trois cents marcs, contenant la partie supérieure de la face, existait à l'abbaye de Poissy : le roi Jean le fit terminer; il avait été commandé par Philippe de Valois et par la reine Jeanne de Bourgogne. Les fresques du couvent des Carmes, à Paris, exécutées au XIVe siècle, et représentant le voyage de saint Louis au Mont-Carmel, ont complètement péri.

La petite église de la Montjoie, au diocèse d'Agen, croit posséder dans un reliquaire du commencement du XIVe siècle quelques parcelles d'une main de saint Louis. Un cilice conservé sur un des autels de la cathédrale de Meaux, passe pour avoir appartenu au saint roi.

[2]. Il n'est pas certain que ce ne soit pas un simple moulage en plâtre.

nable cependant de mettre ainsi en regard l'une de l'autre, deux effigies pareilles d'un même personnage.

XII. *Isabelle de France.* — En face du faux saint Louis, sur l'autre côté de l'autel, une statue moderne, aussi en pierre et coloriée, représente la bienheureuse Isabelle de France, sœur de saint Louis, fondatrice du monastère de Longchamp. Elle a été sculptée [1] d'après les détails donnés par Montfaucon sur une tombe que les religieuses de Longchamp conservaient autrefois dans leur église. Le manteau royal, semé de fleurs de lis d'or en champ d'azur, recouvre la robe de bure et le cordon de saint François; les pieds sont chaussés de sandales. Les mains tiennent un livre fermé et un modèle d'église. Le visage, entouré d'un voile, a été copié sur une statue de marbre qui, dans la crypte, porte le nom de Blanche, fille de saint Louis. On a supposé que la tante ne pouvait manquer d'avoir avec sa nièce quelque ressemblance de famille.

XIII, XIV. *Anciens cercueils.* — Les deux statues du portail des Célestins ont ici pour piédestaux deux cercueils quadrangulaires, l'un en granit gris, l'autre en pierre. Le premier passe pour celui de Marguerite de Provence, le second pour celui de Jean de France, surnommé Tristan, parce que sa naissance arriva à Damiette, au moment du désastre de l'armée des Croisés.

On a gravé, en conséquence, des inscriptions sur le bord des couvercles. Mais ne serait-il pas possible que l'attribution de ces cercueils ne fût pas plus exacte que celle des statues. Ils ont été longtemps oubliés, et nous n'admettons pas facilement que les traditions qui s'étaient attachées à eux dans l'origine, soient parvenues à se garantir de toute erreur. Quel-

---

1. Cette figure, qui date de 1820 environ, n'a été mise en place qu'au mois d'octobre 1840.

que destination qu'ils aient reçue d'abord, ces cercueils ont subi dernièrement une opération presque sacrilége de grattage et de ravalement.

XV. *Psychostasie.*—Tandis que les travaux de la chapelle de Saint-Louis étaient en cours d'exécution, un bas-relief du xiii° siècle, qui représente une psychostasie ou pèsement des âmes, et qui a dû faire partie de quelque jugement dernier, fut exhumé, dans le chantier, du milieu d'un monceau de décombres. Un caprice d'architecte en a fait le jugement de saint Louis et son admission dans la gloire éternelle. Nous n'avons pas besoin de dire que des restaurations ridicules ont changé cette vieille sculpture en un objet complétement neuf. Un ange tient une balance dont le plateau gauche entraîne l'autre ; ce qui, d'après le système ordinairement suivi, indiquerait que les mauvaises actions pèsent plus que les bonnes. A côté, un personnage qu'on a coiffé maladroitement d'une mitre d'évêque, et qui représentait certainement Abraham ou le Père éternel [1], reçoit dans son giron, sur une nappe, une petite âme nue, sans sexe, à qui les raccommodeurs ont mis une tête de Charles V et une couronne royale. Deux anges portent des encensoirs. Ce groupe surmonte une colonne de marbre maintenue sur une balustrade par une armature en fer doré ; l'accessoire et le principal sont dignes l'un de l'autre.

XVI-XVII. *Tombes de Jean et de Blanche de France, enfants de saint Louis.* — Deux socles carrés en marbre attendent ces deux monuments qui appartenaient originairement à l'église

---

[1]. Pour toutes ces questions d'iconographie sacrée que je puis à peine indiquer ici, je renverrai le lecteur curieux à l'*Histoire de Dieu* et au *Manuel d'iconographie grecque et latine*, publiés par M. Didron aîné, secrétaire du comité des arts et monuments. Elles y sont développées avec une sagacité et une science remarquables.

JEAN, FILS DE SAINT-LOUIS.

abbatiale de Royaumont[1], et qui se trouvent provisoirement déposés dans le bureau de l'agence. Ils sont en cuivre, avec figures repoussées et fonds en émail[2]. Le champ de la tombe se compose de six plaques de métal, couvertes, dans toutes leurs parties apparentes, d'émaux coulés entre des filets de cuivre jaune qui dessinent des enroulements d'un très-bon style. Les rinceaux, courant sur un fond bleu, se terminent par des fleurs nuancées de vert, de blanc, de rouge et d'azur. La figure du jeune prince, en fort relief, est au milieu de la tombe. Il reste, vers la tête, seulement la silhouette de deux anges tenant des encensoirs, et, de chaque côté du corps, les traces de deux moines priant dans des livres ouverts. La grossièreté de la tête de l'effigie accuse évidemment la difficulté qu'a rencontrée l'ouvrier dans son travail de repoussé. Le visage est dépourvu de toute beauté ; les yeux, grands et privés d'expression, sont incrustés d'émail blanc avec la prunelle en noir. Un petit cercle semé de points bleus, comme des turquoises, sert de couronne. Les bras sont collés contre le corps ; la main droite se relève vers la tête et reste ouverte ; la gauche tient un sceptre surmonté d'une énorme fleur de lis. Le vêtement consiste en deux robes : celle de dessous est munie de petites manches ; celle de dessus est divisée par des galons en une infinité de losanges que remplissent alternativement une fleur de lis de France et un château de Castille. Des galons brodés de cercles, et des quatrefeuillles renfermés dans des compartiments ronds, décorent la chaussure. Sous les pieds de l'enfant est un lion qui semble prêt à se mettre

---

1. *Musée des Monuments français*, n° 21. La tombe de Jean de France seule était cataloguée
2. MONTFAUCON, t. II, p. 160, 162. MILLIN, *Antiquités nationales*, t. II, n° 11 texte et gravures. Millin décrit ces tombes à peu près comme elles sont encore.

en marche; il lève la tête vers le prince; sa queue, très-longue, n'est plus marquée en partie que par l'empreinte restée sur le champ émaillé; ses yeux sont en émail bleu foncé avec prunelle noire.

Ce monument, assez bien conservé, est à peu près unique aujourd'hui, depuis que la révolution a envoyé à la fonte les cuivres et les bronzes : il a droit de tenir une place importante dans l'histoire de l'art de travailler le cuivre et d'y appliquer l'émail. Les plaques étaient fixées sans doute sur du bois; on voit les marques de tous les clous qui les retenaient; la tête s'attache au corps par des clous rivés au nombre de cinq. Autour du champ sur lequel repose l'effigie, de petites bandes de cuivre disposées en carré portaient l'épitaphe que nous rapportons en indiquant, par la différence des caractères, les portions qui manquent maintenant :

HIC IACET : IOANNES : EXCELLENTISSIMI LVD
*ovici regis francorvm filivs qvi in etate infancie migra*
VIT AD XPM ANNO GRACIE : MILLESI
MO : DVCENTESIMO : QVADRAGESIMO : SEPTIMO : SEXTO · IDVS : MARTII.

Les lettres se dessinent incrustées d'émail rouge sur le fond de cuivre. Suivant Millin et Montfaucon, un large rebord orné de fleurons émaillés encadrait la tombe; il en reste une douzaine de morceaux environ. Douze petits écussons étaient fixés sur cette bordure : cinq aux fleurs de lis de France, autant aux châteaux de Castille, un mi-parti France et Castille, et un dernier aux armes d'Aragon. Il ne s'en est conservé que six : trois de gueules au château d'or posé sur un quatre-feuille de même, et trois d'azur aux fleurs de lis sans nombre.

La tombe de Blanche de France est en très-mauvais état. La statue n'a plus de tête. Le costume diffère à peine de celui de Jean de France. La robe de dessous, qui est très-longue, cache presque entièrement les pieds et la chaussure, dont il ne paraît qu'un bout de galon. Le chien ou le dragon [1], anciennement placé sous les pieds, ne s'y trouve plus; il ne subsiste du champ de la tombe qu'une plaque latérale qui présente la silhouette d'une queue d'animal et celle de deux moines lisant des prières. Des morceaux de cuivre jaune très-minces, qui ont fait partie de la bordure, portent, gravés à la pointe du ciseau, des fleurons, des fleurs de lis à deux étamines et des châteaux; les fonds sont guillochés. Les châteaux, formés de trois tours réunies et posés sur un fleuron comme sur une console, ont leur appareil marqué de la même façon que les murailles maçonnées du blason. L'épitaphe a été détruite, à l'exception d'une bande sur laquelle on lit encore :

ORVM PRIMOGENITA QVE IN ETATE INFAN......

Elle était conçue dans les mêmes termes que celle de Jean de France; pour la compléter, il n'y aurait qu'à substituer le mot *Blancha* au mot *Ioannes*, et à changer la date. Blanche mourut le trois des calendes de mai 1243.

Des peintures murales, placées près du maître-autel de l'église de Royaumont, représentaient encore Jean et Blanche à peu près tels qu'ils sont figurés sur leurs tombes.

Les anciennes épitaphes ont été reproduites sur les socles modernes préparés pour les deux monuments.

XVIII. *Monument de Turenne.*—Nous avons dit comment Louis XIV voulut que Turenne partageât les honneurs de la sépulture royale. Un monument considérable en marbre et en

---

[1]. Millin et Montfaucon ne sont pas d'accord sur ce point.

bronze, confié au talent des plus habiles artistes du temps [1], fut érigé à ce grand homme dans la chapelle de Saint-Eustache, située derrière celle de Notre-Dame-la-Blanche, à laquelle maintenant elle se trouve réunie. Le corps de Turenne était intact au moment des exhumations de 1793. Déposé dans une chapelle, en attendant que la Convention eût statué à son égard, il échappa aux profanations, mais pour subir une ignominie plus hideuse encore. Le Muséum d'histoire naturelle le réclama comme curiosité, et cette noble dépouille resta deux ans dans une cage de verre à côté des singularités anatomiques de l'espèce humaine et du règne animal. Elle fut ensuite transportée au Musée des Petits-Augustins où elle retrouva un tombeau. Enfin, les Consuls firent conduire en grande pompe à l'église des Invalides (alors le temple de Mars) les restes de Turenne; le mausolée qui était à Saint-Denis fut réédifié aux Invalides, dans une des chapelles du dôme, et depuis il y est toujours resté en glorieuse compagnie.

En l'absence du tombeau, il était convenable de rappeler à Saint-Denis le souvenir de la sépulture d'un aussi grand personnage. Voici donc comment on s'y est pris. On s'est emparé de l'épitaphe d'un pauvre homme nommé Viriot Copperet, citoyen de Metz, mort à Paris en 1601, dix jours après avoir quitté la prison où d'odieuses calomnies l'avaient fait enfermer. Cette inscription, placée aux Célestins, réclamait les prières des passants et souhaitait que Dieu les gardât de fausse accusation. Elle avait, par malheur pour le défunt, un cadre élégant sculpté en pierre et incrusté de marbre; des têtes d'anges, des vases enflammés, des torches allumées, des consoles, un fronton demi-circulaire brisé, en formaient la décoration. L'épi-

---

1. Lebrun dessina la composition; Tuby fit le groupe principal, et le bas-relief de la bataille de Turckeim; Marsy sculpta les figures accessoires.

taphe a été expulsée de son cadre ; une table de marbre noir l'a remplacée, et sur cette plaque, dans une couronne de laurier, on a imaginé d'ajuster une tête de marbre blanc ramassée sous mes yeux dans une cour de l'école des Beaux-Arts, qui représente un personnage du temps de Louis XIV, mais qui n'a pas la moindre ressemblance avec les portraits si connus de Turenne. Enfin, les armoiries du maréchal et ses insignes se sont installés dans le fronton. Deux colonnettes de pierre, à chapiteaux doriques en marbre, portent cet absurde pastiche.

J'ai lieu de croire que la tête est celle de la statue du maréchal duc de Noailles, mort en 1678, et inhumé à Paris dans l'église de Saint-Paul. Le tombeau qui lui avait été érigé, et sur lequel le sculpteur Anselme Flamen l'avait représenté expirant dans les bras de la religion, a été brisé par les révolutionnaires avec tous les monuments de la même église.

XIX. *Monument de la reine Jeanne d'Évreux.* — C'était cette princesse qui avait décoré de peintures et d'une statue de la Vierge en marbre blanc la chapelle de Notre-Dame-de-Blanche. L'inscription qui rappelait cet acte de munificence ayant été détruite, un monument nouveau a été appliqué contre un des piliers de la chapelle. Il se compose d'un bas-relief de style à peu près gothique où se voit la reine Jeanne agenouillée devant un autel que surmonte la statue dont elle avait fait présent. Ce bas-relief a pour encadrement une sculpture en pierre, sur un des côtés de laquelle Dieu est figuré bénissant ; au musée des Petits-Augustins, elle faisait partie du mausolée du chancelier Pierre d'Orgemont, mort en 1389, et contenait une épitaphe. L'inscription ancienne consacrée au souvenir des bienfaits de la reine Jeanne, a été reproduite sur le bord inférieur de l'encadrement, au-dessous d'un écusson aux armes des comtes d'Évreux, d'azur semé de fleurs de lis d'or sans nombre, à la bande componée d'argent et de gueules ; elle est conçue en ces termes :

MADAME LA ROYNE JEHANE DEUREUX COMPAIGNE DU ROY CHARLES QUE DIEX ABSOILLE A FAICT PAINDRE ET ORDENNER CETTE CHAPELLE OU ELLE A FONDE UNE MESSE PERPETUELLE QUI CHACUN JOUR EST CHANTEE TANTOST APRES LA MESSE QUE LEN DIT AUS PELERINS : LAN M:CCC ET QUARANTE LE JOUR DE LA MI AOUST.

Ce petit monument est posé en porte-à-faux sur une colonne courte, dont le chapiteau rappelle plutôt le style du XIII<sup>e</sup> que celui du XIV<sup>e</sup> siècle.

## CHAPELLE DE SAINT JEAN-BAPTISTE.

De tous les tombeaux qu'elle contenait autrefois, et qui formaient une admirable réunion de rois et de grands hommes, la chapelle de saint Jean-Baptiste n'a recouvré que les statues de Duguesclin et de Louis de Sancerre. Les trois rois du nom de Charles dont les monuments s'y trouvaient rassemblés, sont allés dans la crypte prendre place à leur rang chronologique. Le grand effet moral qui résultait du rapprochement de ces tombeaux, a été effacé. Comment donc ne s'est-on pas aperçu que séparer Charles V de Duguesclin, c'était outrager à la fois la mémoire d'un de nos plus grands rois et celle du plus illustre des capitaines de la vieille France.

XX. *Duguesclin*[1]. — Le tombeau de Duguesclin, tout en

---

[1]. *Musée des Monuments français*, n° 59. V. le récit des obsèques solennelles que Charles VI fit célébrer en mémoire de Duguesclin, en 1389. Ce récit, publié par Martenne *Thes. anecdot*, t. III, col. 1502, a été écrit en vers, à Avignon, par Guillaume, du diocèse de Quimper, en 1390.

DUGUESCLIN.

marbre noir, avec l'effigie en marbre blanc, était placé sous une petite voûte, entre les deux autels érigés dans la chapelle de Saint-Jean; l'épitaphe, gravée en lettres d'or, se lisait sur le dossier du tombeau [1]. La statue du Connétable repose aujourd'hui sur un socle de pierre qu'on n'a pas même pris soin de rapprocher, autant que possible, de l'ancien emplacement de la sépulture. Cette effigie est d'une exécution très-médiocre; le sculpteur s'est efforcé, sans pouvoir y réussir, de rendre les détails anatomiques des mains; la laideur du visage paraît plutôt provenir de l'inhabileté du travail que d'une exacte imitation des traits du Connétable qui d'ailleurs n'étaient, comme on le sait, ni beaux, ni réguliers. L'œil gauche présente la marque d'un coup de lance que Duguesclin reçut en combattant contre les Anglais.

L'armure est en fer plat avec col et jupon de mailles; une cotte d'armes la recouvre; des cercles en torsade et des feuillages décorent le baudrier, auquel sont attachés l'épée et l'écu. La révolution n'avait pas eu honte de désarmer Duguesclin; on lui a refait une épée dont le pommeau a été copié sur une statue de Charles, comte d'Étampes [2]; pour le bout du fourreau, on s'est servi, par erreur, d'un bout de ceinturon de la même figure Un poignard, de l'espèce de ceux qui portaient le nom de miséricorde, a été placé au côté droit. Il ne reste que les attaches des éperons; un lion est accroupi sous les pieds. L'épitaphe ancienne est reproduite sur les bords du socle de pierre :

Cy gist noble home messire Bertrand du Guesclin conte de Longueville et connestable de France : qui trespassa a Chastelnuef de Randon en Jouaudan en la seneschaucee de Beaucaire le
xiij$^e$ jour de juillet lan M. CCC. iiijxx. Priez Dieu pour luy.

1. Millet, *Trésor de Saint-Denis*, Sauval, *Antiquités de Paris*.
2. *V.* plus loin description de la crypte.

Les villes de Dinan et du Puy, ont conservé plus fidèlement que Saint-Denis, l'une le cœur, l'autre les entrailles de Duguesclin ; toutes deux respectèrent ces dépouilles d'un grand homme et possèdent encore les monuments qui furent érigés aussitôt après la mort du connétable. Sur la route qui mène de Langogne à Mende, en traversant le désert nommé le Palais du roi, un monument s'élève à peu de distance des murs de Châteauneuf-de-Randon, et marque la place de la tente sous laquelle Duguesclin mourut. La Bretagne est pleine de statues et d'inscriptions en l'honneur de Duguesclin. Les statues modernes, entre autres celles du Musée historique de Versailles, donnent au Connétable une physionomie majestueuse et une haute stature qui sont en contradiction formelle avec les détails transmis par les chroniques contemporaines.

XXI. *Louis de Sancerre*[1].— « Il y eut, dit Jean de Bueil,
« dans le roman de Jouvencel, ung notable chevalier, nommé
« messire Loys de Sancerre, Connestable de France, qui disoit
« toujours à ses gens, quant ils alloient à la guerre : Enffans,
« gaignies bel et perdés bel, c'est-à-dire que en quelque estat
« que ung homme se trouve, il doit toujours faire son hon-
« neur. »

La statue de Louis de Sancerre est en marbre ; elle porte une armure pareille à celle de Duguesclin, sauf quelques légères différences dans l'ajustement de la cotte d'armes, qui serre le corps comme si elle était en peau et non en étoffe. Cette cotte est blasonnée des armoiries qui sont aussi gravées sur l'écu et dont nous parlerons plus loin. L'épée et la dague sont neuves ; les éperons ont été cassés : le lion, autrefois placé sous les pieds, ne s'y trouve plus. Voici l'épitaphe qui a été renouve-

---

1. *Musée des Monuments français*, n° 58. *V.* gravure et description. MONTFAUCON, *Mon. de la mon. française*, t. III, p. 194. *V.* le testament de Louis de Sancerre. *Hist. de Charles VI.* DENIS GODEFROY, p. 765.

GUILLAUME DUCHATEL.

lée sur les bords du socle; elle est en caractères gothiques et se compose d'une seule ligne :

CY GIST LOYS DE SANCERRE CHLER JADIS MARESCHAL DE FRANCE ET DEPUIS CONNESTABLE DE FRANCE FRERE GERMAIN DU CONTE DE SANCERRE : QUI TRESPASSA LE MARDY VI<sup>e</sup>. JOUR DE FEURIER LAÑ M.CCCC ET DEUX :

Mieux exécutée que celle de Duguesclin, cette statue est encore cependant d'un travail sec et dur.

XXII. *Guillaume Duchatel* [1]. — La statue est en pierre de liais à l'exception de la face qui a été rapportée en marbre blanc. On a pensé que cette singularité qui se remarque sur beaucoup de tombes plates et de monuments en relief des XIV<sup>e</sup> et XV<sup>e</sup> siècles, se rattachait à la hiérarchie des distinctions féodales; nous croyons que c'est simplement un emploi économique d'une matière plus précieuse que la pierre; nous avons vu des faces et des mains de marbre à des bourgeois et même à des artisans. La tête repose sur un coussin. La cotte d'armes, serrée par une ceinture unie, à boucles carrées, laisse passer les bras par des ouvertures tailladées sans manches; l'armure est en fer battu, avec col et jupe de mailles; l'épée et l'écu sont attachés à la ceinture. La bordure entière d'un des côtés de l'ancien tombeau a été conservée ainsi que l'inscription gothique qui s'y lit en deux lignes; pour compléter le sens il a fallu seulement ajouter douze mots à la fin de la première ligne et dix à celle de la seconde; nous indiquons par un astérisque les points où finit le texte original :

CY GIST NOBLE HOME GUILLE DUCHASTEL DE LA BASSE BRETAINGNE PANETIER DU ROY CHARLES VII<sup>e</sup>. ET ESCUIER DESCUIERIE DE

---

[1]. *Musée des Monuments français*, n° 89. Le catalogue confond Guillaume Duchâtel avec Tanneguy Duchâtel, qui se rendit plus célèbre encore par son dévouement et sa générosité.

MONS<sup>r</sup> LE DAULPHIN, QUI TRESPASSA LE XX<sup>e</sup> JOUR DE JUILLET LAN
DE GRACE MIL CCCC XLI DURANT LE SIEGE DE ° PONTOISE EN DEF-
FENDT LE PASSAGE DE LA RIUIERE DOISE LE DIT JOUR

QUE LE DUC DIORT LA PASSA POUR CUIDER LEUER LED<sup>t</sup> SIEGE. ET
PLEUT AU ROY POUR SA GRANT VAILLACE ET LES SERUICES QUI LUY
AUOIT FAIS EN MAINTES MANIERES ET ESPALMENT EN LA DEF-
FENCE DE CESTE VILLE DE SAINT DENIS CONTRE LE SIEGE DES °
ANGLOIS QUIL FEUST ENTERRE CEANS : DIEU LUY FACE MERCI AMEN

XXIII. *Bureau de la Rivière.* — « Messire Bureau de la Ri-
« vière est, comme le rapporte Dom Millet, aux pieds du roy
« Charles V sous une tombe de cuivre, qui est a demy cou-
« verte du marchepied de l'autel saint Jean, au costé qui re-
« garde vers le midy, autour de laquelle tombe est gravé l'é-
« pitaphe. »

La tombe a été fondue en 1793. Mais, au musée des Petits-
Augustins, on fabriqua un Bureau de la Rivière composé,
comme la statue symbolique de Nabuchodonosor, de je ne
sais combien de matières différentes; tête de pierre, masque
de marbre, corps de plâtre, et sous les pieds un lion qu'à son
poli on croirait sculpté en marbre. Nous ignorons à l'effigie
de quel personnage on aura dérobé ce visage de marbre, dont
le travail, d'une époque un peu moins ancienne que le temps
de Bureau de la Rivière, ne manque pas de finesse. Les traits
sont délicats : une mince touffe de barbe s'allonge en pointe au-
dessous du menton. Il n'y a de vrai dans ce monument que
l'inscription reproduite sur le bord du socle en lettres gothiques, d'après le texte original conservé par les historiens de
Saint-Denis; elle ne forme que deux lignes :

CY GIST NOBLE HOME MESSIRE BUREAU JADIS SEIGNEUR DE LA
RIUIERE ET DAUNEEL, CH<sup>r</sup>R ET PMIE<sup>R</sup> CHAMBELLAN DU ROY CHARLES
LE QUINT ET DU ROY CHARLES VI<sup>e</sup>, SON FILS : QUI TRESPASSA LE XVI<sup>e</sup>.
JOUR DAOUST LAN MCCCC ET FUT CY ENTERRE DE LORDNANCE DUD<sup>t</sup>
ROY CHARLES LE QUINT QUI POUR CONSIDERACION DE TRES GRANS
ET NOTABLES SUICES

QUIL LI AUOIT FAIS ET POUR LA SINGULIERE AMOUR QUIL AUOITI A LUY
LE VOLT ET ORDONNA DE SON VIUANT : ET LEDᵗ ROY CHARLES VIᵉ. LE
CONFERMA ET AUSSI NOSSEIGNEURS LES DUCS DE BERRY DE BOUR-
GONGNE DORLEANS ET DE BOURBON QUI LORS ESTOIENT VOLDERENT
QUE AINSY FUST. PRIES DIEU POUR LAME DE LI :

Les quatre statues dont nous venons de parler, sont couchées sur des tombeaux de pierre dont chacun a reçu une toute petite inscription en lettres courantes relatant, pour l'usage de ceux sans doute qui ne savent lire le gothique et ne comprennent pas le vieux français, les noms, titres et dates de décès des défunts. Par suite d'un anachronisme comme il s'en trouve en si grande abondance à Saint-Denis, on a gravé les armoiries de chaque personnage sur l'écu attaché à son côté, en indiquant les émaux au moyen de hachures qui ne sont devenues d'un usage ordinaire que depuis le xvıɪᵉ siècle. Duguesclin, porte d'argent à l'aigle éployée de sable à deux têtes, à la bande de gueules; Sancerre, d'azur à la bande d'argent accompagnée de deux doubles cotices potencées et contrepotencées d'or, au lambel de gueules à trois pendants ; Duchâtel, fascé d'or et de gueules de six pièces, à l'annelet d'or sur la seconde fasce; Bureau de la Rivière, de sable à la bande d'argent [1]. Ces armoiries, simplement gravées au trait sur des figures de plein relief, produisent un effet déplorable.

XXIV-XXIX. *Les trois rois et les trois reines.*—Il a été dit ci-dessus qu'autrefois Charles V et ses deux successeurs étaient représentés avec les reines leurs femmes sur de grands tombeaux de marbre noir placés au milieu de la chapelle de Saint-Jean On s'est aperçu trop tard du vide que l'absence de ces monuments avait laissé ; pour le combler on n'a pas pris le meilleur moyen. Une ancienne fenêtre à quatre baies se trou-

---

[1]. V. une notice sur Bureau de la Rivière, *Armorial de l'ancien duché de Nevers*, par G. de SOULTRAIT.

vait en partie masquée par la sacristie neuve; on a fait remplir les intervalles des meneaux par quatre dalles de pierre pareilles à des tombes; deux autres ont été incrustées dans un pan de mur voisin [1]. Ces tables, une fois préparées, on y a gravé en creux les effigies de Charles V et de Jeanne de Bourbon, de Charles VI et d'Isabeau de Bavière, de Charles VII et de Marie d'Anjou, non pas d'après les statues funéraires de ces personnages, mais d'après de mauvaises gravures du livre de Montfaucon; les figures ont été ensuite enluminées. Le sage et peu guerrier Charles V a l'air le plus belliqueux du monde avec sa lance et son armure; Charles VI, vêtu d'un costume tout à fait négligé, porte un faucon sur le poing; le vêtement de Charles VII serait plutôt celui d'un héraut d'armes que d'un roi. Isabeau de Bavière, avec sa robe, sa coiffure à la Hénin et son énorme manteau, occupe la place d'honneur; les chastes et pieuses reines Jeanne et Marie se tiennent modestement dans l'ombre. On ne s'est pas même donné la peine de mettre les traits des personnages d'accord avec ceux de leurs statues authentiques qui sont déposées dans la crypte. Les anciennes épitaphes ont été reproduites au bas des figures; les quatre premières sont gravées sur de petites tables de marbre noir accompagnées d'anges en peinture d'une laideur excessive; les deux dernières se lisent sur les bords des dalles.

Icy gist le Roy Charles le Quint sages et eloquent fils du Roy Jehan qui regna seize ans cinq mois et sept jours et trespassa lan de grace MCCCLXXX le xvie jour de septembre.

Icy gist le Roy charles sixiesme tres ame large et debonnaire fils du Roy Charles le Quint qui regna quarante et ii ans ung mois et six jours et trespassa le xxie. jour doctobre lan mil. CCCC vingt et deux : pries Dieu quen paradix soit son ame :

1. Cette décoration date de 1839 ; elle a été complétée en 1843.

CY GIST LA ROYNE ISABEL DE BAUIERE ESPOUSE DU ROY CHAR-
LES VI<sup>e</sup> ET FILLE DE TRES PUISSANT PNCE ESTIENNE DUC DE BAUIERE
COTE PALATIN DU RIN QUI REGNA AUEC SOND<sup>T</sup> ESPOUS ET TRESPASSA
LAN M:CCCC ET XXXV LE DERNIER JOUR DE SEPTEMBRE: PRIES DIEU
POUR ELLE :

CY GIST LE ROY CHARLES SEPTIESME TRES GLORIEUX VICTORIEUX
ET BIEN SERUY FILS DU ROY CHARLES SIXIESMES : QUI REGNA TRENTE
NEUF ANS NEUF MOIS ET I JOUR ET TRESPASSA LE JOUR DE LA MAGDE-
LAINE XXVII<sup>e</sup>. JOUR DE JUILLET LA M:CCCC LXI : PRIES POUR LUY :

ICY GIST LA ROYNE JEHANNE DE BOURBON ESPOUSE DU ROY CHARLES
LE QUINT ET FILLE DE TRES NOBLE PRINCE MONS<sup>R</sup> PIERRE DUC DE
BOURBON QUI REGNA AUECQS SOND ESPOUS XIII ANS ET DIX MOIS ET
TSPASSA LA M:CCC LXXVII LE DERN JOUR DE FEUER

CY GIST LA ROYNE MARIE FILLE DU ROY DE SICILE DUC DANIOU
ESPOUSE DU ROY CHARLES VII<sup>e</sup>. QUI REGNA AUECQS SOND ESPX ET
TRESPASSA LE PENULTIESME JOUR DE NOUEMBRE LAN MIL:CCCC LXIII:
PRIES DIEU POUR ELLE :

**XXX.** *Jeanne-d'Arc.* — La restauration de Saint-Denis s'est arrogé le droit d'ériger des monuments nouveaux dans l'église royale, sans songer qu'elle donnait par là un démenti à l'histoire. Jeanne-d'Arc, oubliée par Charles *le bien servi*, n'eut jamais de monument à Saint-Denis Si la postérité avait voulu l'associer, dans la chapelle de Saint-Jean, aux guerriers qui ont si vaillamment combattu pour la France, encore aurait-il fallu que le monument consacré à sa mémoire eût quelque chose de public et de national. Nous ne saurions comment qualifier, en restant dans les bornes de la politesse, le soi-disant trophée de Jeanne-la-Pucelle. Sur une grande dalle, semblable à celle que nous venons de décrire, on a fait graver en creux le dessin d'une armure conservée au musée d'artillerie de Paris, qui avait été désignée par des ignorants comme ayant servi à Jeanne-d'Arc [1], et qui est reconnue au-

---

1. A l'arsenal de Toulon, deux rondaches de la renaissance, sur lesquelles

jourd'hui par tout le monde pour celle de quelque batailleur du XVIᵉ siècle. Cette armure, rehaussée d'or, tient d'une main une hache, et de l'autre une hallebarde de Suisse. Un membre de l'Institut, dit-on, a composé l'inscription ainsi gravée au bas de la dalle :

CE QUE ESTAIT LE HARNAIS DE JEHANNE PAR ELLE BAILLE EN HOMMAGE A MONSEIGNEUR SAINCT DENIS.

Puis, un peu au-dessous, on a reproduit au trait sur un morceau de pierre grand comme la main, une gravure de Millin, représentant le monument qui existait autrefois en l'honneur de Jeanne-d'Arc, sur le pont d'Orléans. Enfin, pour couronner l'œuvre, des badigeonneurs ont peint au-dessus de ces puérilités la bannière de France, les armoiries accordées à la famille de Jeanne-d'Arc, et ce glorieux étendard de la Pucelle auquel les Anglais attribuaient une vertu magique. Ces peintures sont détestables. Nous ne pouvons savoir où leurs auteurs sont allés en prendre les modèles

---

## CHAPELLE NEUVE; CHŒUR D'HIVER.

Les monuments de la chapelle neuve sont consacrés à la mémoire des abbés de Saint-Denis ; quatre d'entre eux datent

---

figurent des trophées de fusils et de canons, sont indiquées dans des inscriptions comme les boucliers que Godefroy de Bouillon et Raymond, comte de Toulouse, portaient au siège de Jérusalem.

Avant l'arrivée de M. de Saulcy, on n'était pas beaucoup plus savant à la direction du musée d'artillerie de Paris.

de quelques années à peine ; trois sont complétement apocryphes ; un seul est contemporain du personnage qu'il représente, et encore a-t-il subi une restauration telle qu'il a perdu presque toute sa valeur.

XXXI-XXXIV. Quatre tables de pierre, dépourvues de tout ornement, simples comme des tombes de village, contiennent la série des abbés réguliers de Saint-Denis, des abbés commendataires et des primiciers qui, jusqu'à ce jour, ont présidé le chapitre. Les inscriptions ont été composées en un style qui rappelle le latin macaronique de certaines pièces de théâtre. Elles ne donnent qu'une nomenclature à peu près inintelligible à force de concision. Réduits à la plus simple expression, les noms de famille se laissent à peine reconnaître ; on s'est montré avare de lettres ; n'oublions pas, en effet, qu'elles se paient à tant la pièce, et que la restauration de Saint-Denis n'a pas coûté tout à fait huit millions.

XXXV, XXXVI. *Tombes d'abbés*[1]. — Ces deux tombes, qui datent de la seconde moitié du xiiiᵉ siècle, étaient cataloguées aux Petits-Augustins sous le titre de monuments de l'abbé Adam, mort en 1122, et de l'abbé Pierre d'Auteuil, mort en 1229. Félibien, si soigneux à mentionner les tombeaux des abbés, des grands prieurs, et même des simples religieux, ne dit pas un mot des tombes qui auraient été placées sur les sépultures de ces deux prélats, et ce silence est un argument péremptoire contre l'authenticité de celles dont nous nous occupons maintenant. Si je n'invoque pas en ma faveur le style des figures, c'est que les tombes auraient pu être refaites du temps de Mathieu de Vendôme, qui fit transférer en de nouveaux sépulcres les cendres de ses prédécesseurs. Remarquons encore que les bords des deux dalles ont été coupés

---

[1]. *Musée des Monuments français*, nᵒˢ 518, 519.

précisément à l'endroit où se trouvaient les épitaphes, et nous serons convaincus que le directeur du *Musée des Monuments français* a, sous sa responsabilité personnelle, décoré des noms de deux abbés illustres dans l'histoire du monastère de Saint-Denis, deux monuments appartenant à des personnages moins connus. Quoi qu'il en soit, ces tombes sont intéressantes.

Placés sous des arcs à trois lobes, et encensés par des anges, les prélats portent la barbe au menton, la chasuble longue, relevée sur les bras, la mitre basse, l'étole, le manipule, l'anneau, les gants ornés de plaques, et, sous la chasuble, une aube enrichie de broderies. Leurs crosses, longues et minces, se terminent par un enroulement feuillagé. Un des prélats bénit, l'autre tient un livre fermé. Tous deux ont les pieds posés, non pas sur le dos d'un animal symbolique, mais sur une terre émaillée de quelques-unes de ces fleurs des champs auxquelles le psalmiste a comparé la vie de l'homme. A quelques différences dans la coupe des ornements, dans les broderies, dans la pose des personnages, il est facile de voir qu'une des tombes est postérieure à l'autre de vingt ou trente ans. Les galons des vêtements présentent des fleurs de lis, des chevrons, des fleurs à quatre et à cinq feuilles, des croix, des compartiments carrés, losangés ou circulaires. Le fond de chaque tombe est semé de fleurs de lis françaises et de tours castillannes. Ces dalles étaient bien conservées ; on ne les en a pas moins fait raboter à neuf ; puis, pour les mettre mieux en vue, on a imaginé de les accrocher contre un mur, à cinq mètres environ du sol.

37. *Caricature de Suger.* [1] — Une colonnette, nouvellement façonnée dans le style roman, et posée dans les mêmes

---

[1]. *Musée des Monuments français*, n° 520.

conditions que les deux monuments qui précèdent, porte sur le tailloir de son chapiteau, une tête de pierre sortant d'un buste couvert de la robe monacale; à l'expression grossièrement bouffonne et réjouie des traits, vous pourriez croire que l'imagier qui tailla cette sculpture au xiiie siècle, voulut faire la caricature de quelque moine peu tempérant. La face a été enluminée à nouveau d'une manière triviale ; les cheveux dorés sont en partie couverts d'une espèce de serre-tête attaché sous le menton qui achève de rendre le personnage complétement grotesque. A la vue de ce buste, le souvenir d'un des héros de Rabelais, le joyeux et bon compagnon frère Jean des Entomeures, me poursuit toujours malgré moi ; un pareil portrait répondrait à merveille à l'idée que je me suis faite de ce moine buveur, beau parleur et guerrier. C'est une honte qu'on ait pu travestir à ce point le grand abbé Suger, l'une des plus vénérables et des plus nobles figures de notre histoire. Le catalogue des Petits-Augustins avoue de bonne grâce que cette méchante caricature formait la clef d'une des voûtes de la partie de l'abbaye de Saint-Denis que la révolution a démolie. Un pareil aveu renverse d'avance tout ce que le même catalogue ajoute pour prouver l'importance de son buste.

Un vitrail de la chapelle terminale représente bien Suger prosterné aux pieds de la Vierge ; mais nous ne pouvons avoir confiance dans le respect que les restaurateurs de Saint-Denis auront eu pour cette figure en la faisant raccommoder. Je crains fort que le portrait de Suger ne nous manque aujourd'hui comme celui de saint Louis.

Voici ce que dit Dom Millet sur les portraits de Suger qui existaient de son temps. « On voit encores aujourd'huy en la
« partie supérieure de l'église Saint-Denis que nous nommons
« le chevet, une vieille tapisserie où le roy Louis VII est re-
« présenté avec les habits royaux, et la couronne en teste,

« qui donne son sceptre et sa main de justice au susdit abbé
« Sugere représenté en habit pontifical, et au-dessus y a une
« inscription contenant ceste escriture : *Lud. rex franc Sug-*
« *gerium abbatem et reædificatorem hujus templi, vicere-*
« *gem constituit, anno* 1140. Mais le tapissier, ou ceux qui
« ont fourny le mémoire se sont trompez; car ceste commis-
« sion ne fut donnée à Sugère que l'an 1147, auquel an le roy
« partit de France, au mois d'aoust, pour un voyage de la
« Terre-Sainte.

« Il y a en ceste royale abbaye plusieurs figures de l'abbé
« Sugère, deux desquelles sont en veue à toutes personnes.
« L'une est sur l'un des battans de la grande porte de l'église [1],
« l'autre en une vitre de la chapelle Notre-Dame, en la partie
« supérieure que nous nommons le chevet. Il est représenté
« en tous les deux endroits, non revestu d'un rochet ou d'un
« camail, non avec la perruque ou le bonnet carré sur la
« teste, mais au plus simple habit et en la plus humble posture,
« qu'on puisse représenter un pauvre religieux, scavoir est
« avec un froc plissé (approchant fort de celuy dont nous
« usons maintenant) et la tonsure monacale, couché à plate
« terre; en la vitre, devant une image de la sacrée Vierge,
« avec ces mots: *Suggerius abbas;* sur la porte, devant l'image
« de Notre-Sauveur, assis à table avec les pélerins d'Emmaüs.
« Il n'a en l'une ny en l'autre figure aucune marque qui le
« puisse distinguer d'avec le moindre novice de son monas-
« tère, sinon la crosse abbatiale qu'il tient d'une main, pour
« marque de sa dignité, et pour monstrer que c'est luy qui est
« là représenté.

« Or, comme il est très-certain que c'est luy-mesme qui a
« fait faire ces figures, aussi est-il très-asseuré qu'il n'avoit

---

[1]. Le métal qui recouvrait cette porte a été fondu.

« garde de les faire représenter en autre habit que celuy qu'il
« portoit publiquement et continuellement, spécialement de-
« puis la réformation : car autrement c'eust esté par une hypo-
« crisie trop grossière se sacrifier à la risée de tout le monde. »

XXXVIII. *Antoine de la Haye*, 62ᵉ *abbé*. — Le monument d'Antoine de la Haye consiste en une dalle gravée en creux, énorme en superficie et en épaisseur. Il n'a point été transporté à Paris avec les autres monuments de Saint-Denis; on l'a notablement gâté en le restaurant et en cherchant à rétablir les parties du trait qui s'étaient oblitérées. Le prélat n'est point représenté ici avec le modeste costume que Suger affectionnait. Une mitre brodée et enrichie de pierres précieuses lui couvre la tête qui repose sur un coussin; la crosse, d'une forme simple, terminée par un enroulement, est posée entre le bras gauche et le corps; la chasuble, qui a déjà pris à peu près la forme moderne, la tunique, le manipule et l'étole sont couverts de galons historiés et de fleurs de lis; des rinceaux et des feuillages courent sur le fond de l'étoffe; la chaussure se trouve cachée par le bas de l'aube. Antoine de la Haye est imberbe et jeune; il tient les mains jointes. Debout sur un socle maçonné et revêtu d'une arcature, il a pour abri un arceau du style gothique le plus splendide. Sur les pieds-droits vingt statuettes posées dans des niches et accompagnées de dais représentaient probablement les douze apôtres, et huit autres personnages qui étaient ou de saints patrons ou des religieux portant les instruments sacrés en usage dans les cérémonies funèbres. Vous reconnaissez encore saint André à sa croix, saint Thomas à son équerre, saint Jean au calice qu'il tient à la main. Beaucoup de ces figures étaient effacées; le restaurateur en chef et son ouvrier, ne sachant ni l'un ni l'autre ce que signifiait cette ornementation, en ont rétabli au hasard les parties détruites. Il faut, d'après le peu qui reste des figures anciennes, deviner ce qui existait autrefois Les parties restaurées se distinguent aisément des autres à leur allure gauche et à leur remarquable laideur. Quatorze têtes d'anges munies chacune de deux paires d'ailes garnissent la bordure de l'archivolte. Sur les rampants externes de l'ogive, huit anges nimbés tiennent des encensoirs. Au sommet, le Père éternel reconnaissable à son nimbe crucifère, est assis entre quatre anges qui s'inclinent respectueusement, les bras croisés sur la poitrine. Tous les fonds de la tombe sont fleurdelisés. Aux quatre angles de la dalle, vous voyez les quatre animaux de l'Apocalypse, emblèmes des évangélistes; ils tiennent des banderoles, ils sont nimbés et ainsi posés : en haut, à droite de l'abbé, l'aigle; à gauche, l'ange; en bas, à droite, le lion; à gauche, le bœuf. Au milieu de chacun des grands côtés il y a un cartouche destiné à recevoir des armoiries; mais il ne reste plus qu'une moitié d'écusson qui soit encore blasonnée des armes d'Antoine de la Haye, d'or à deux fasces de gueules, à l'orle de neuf merlettes de même. L'inscription, en lettres gothiques, occupe la bordure des deux grands côtés et celle du côté inférieur. Elle se compose de huit vers écrits de suite, sans séparation, quatre sur le premier côté à gauche du défunt, un cinquième au pied, les trois autres avec la date de la mort sur le dernier côté :

> HUIUS DELUBRY JACET HIC ANTONIUS ABBAS
> FRANCORUM PROCERU NOBILITATE SATUS
> DIVI CORNELII ET FISCANI REXIT HABENAS
> CENOBII SACRO CLARUS IN ELOQUIO
> PULCHER HONORATUS LARGUS MANSUETUS ADNS [1]
> OMNIBUS ET MORUM PREDITUS OFFICIIS
> QUOD SI VIRTUTES NUMERES PER SINGULA DICES
> INGENUE NUNQ DEBUIT ILLE MORI
> Mº Vº. IIII. XX JANUARII

Les monuments historiques de l'église haute ont tous été décrits. Descendons maintenant dans la crypte.

---

1. Abréviation pour : *ad omnes*.

# LA CRYPTE

### Ses Caveaux, ses Chapelles, ses Monuments funéraires.

Les historiens de l'abbaye de Saint-Denis font à peine mention de la vaste crypte qui s'étend au-dessous de toute la partie du chevet de l'église, telle que Suger l'avait réédifiée. Dans le livre de son administration, Suger se contente de dire que les piliers et les voûtes de la crypte inférieure sur lesquels pesait la charge entière de l'abside, furent construits par lui avec un soin tout particulier. Ce n'est ni dans le livre de Doublet, ni dans celui de Millet, qu'il faut chercher quelques détails sur cette curieuse partie de l'église. Vous y verriez seulement que, sous le chevet, il y a une belle *grotte* environnée de plusieurs chapelles, en nombre égal à celles du chevet de l'église supérieure ; que l'entrée de cette crypte se trouve près du grand escalier de l'abside, à main droite ; et que dans cette église basse il existe un très-bon puits.

Félibien ne parle de la crypte qu'à l'occasion des travaux que Louis XIV y fait faire en 1683, pour l'agrandissement du caveau destiné à la sépulture de la branche royale de Bourbon. C'est donc au monument lui-même, et à lui seul, qu'il faut demander tout ce que nous en voulons connaître.

Jusqu'à l'époque où un décret impérial décida que l'église de Saint-Denis deviendrait la sépulture de la dynastie de

Napoléon, la crypte resta renfermée dans ses anciennes limites, qui étaient aussi celles que l'abbé Suger avait données à l'abside supérieure. Elle se composait d'une partie centrale correspondant au sanctuaire de l'église haute, d'un collatéral tournant, et de sept chapelles profondes. Ces chapelles avaient une étendue égale à celle des chapelles du chevet, plus la largeur de la seconde galerie du collatéral. Au lieu d'un bas-côté double, la crypte n'en avait qu'un simple. Les architectes impériaux ont défiguré le plan de cette crypte, comme ils ont fait de toute l'église, en creusant à travers les massifs des murs et quelques vieux caveaux de sépulture, des passages et des salles, afin de parvenir à reporter les deux entrées de l'église basse sous les anciennes chapelles de Notre-Dame-la-Blanche et de Saint-Jean-Baptiste. Le sol de ces deux dernières chapelles, qui était autrefois à peu près de niveau avec celui des croisillons, a été exhaussé sur des voûtes, et là se sont ouvertes deux portes du style gothique le plus équivoque. Le plan que nous publions mettra sous les yeux du lecteur, d'une manière plus intelligible que le texte, l'ancienne et la nouvelle disposition de la crypte. Aujourd'hui on entre par le croisillon septentrional de l'église pour aller sortir par le croisillon opposé. A chacune des deux portes il existe un escalier composé de vingt-un degrés.

Après avoir traversé quatre salles ou galeries, sombres, humides, voûtées comme les caves les plus vulgaires, on atteint l'ancien collatéral et les chapelles du rond-point.

Quelques débris d'une petite arcature à plein cintre qui se rencontrent encore çà et là appliqués aux massifs des murs, sont, comme nous l'avons dit, les témoins les plus évidents d'une reconstruction de la crypte qui fut antérieure à Suger, et que nous serions disposé à reporter au règne du roi Robert. Les colonnettes de cette arcature sont coiffées de chapiteaux historiés d'un travail rude et sauvage ; quelques-uns ont été refaits par nos raccommodeurs modernes, et il est facile de les reconnaître. En général, il faut se méfier de la sculpture d'ornementation de la crypte ; elle a été retouchée presque partout, et dans quelques parties entièrement renouvelée. Ceci expliquera comment des chapiteaux, dont l'ensemble accuse l'époque de Suger, présentent dans leurs détails des larves et des figures en désaccord complet avec le style de l'architecture.

Deux colonnes de marbre rosé qui ont fait partie de l'église de Dagobert, ou pour le moins de celle de Charlemagne, portent encore leurs chapiteaux de marbre blanc sculptés d'après des traditions évidentes de l'art antique. Un troisième chapiteau de même espèce surmonte une colonne de pierre chaussée d'une base en marbre blanc. Malheureusement le ciseau peu respectueux de la restauration est encore venu raviver tous les contours de la sculpture, et refouiller les détails effacés par le temps.

Les voûtes du collatéral et des chapelles sont en arête ; les arcs-doubleaux, et les ouvertures sont en plein cintre. Deux fenêtres laissent arriver dans chaque chapelle une lumière abondante.

L'architecture de certaines parties de la crypte laisse voir la trace de remaniements singuliers qui datent évidemment de l'époque où le sanctuaire supérieur fut agrandi par Mathieu de Vendôme. Ainsi aux deux extrémités du collatéral, des colonnes à chapiteaux du XIII$^e$ siècle font face à des colonnettes du XI$^e$. La construction de ces colonnes qui portent celles de la grande abside et qui soutiennent en même temps une portion des voûtes de la crypte a dû rencontrer de sérieuses dsfficultés.

Les salles par lesquelles on sort de la crypte, après avoir quitté la ligne des chapelles, sont de facture nouvelle comme celles qui existent du côté de l'entrée, à l'exception toutefois d'une salle carrée qui se trouve au midi, sous l'ancienne chapelle de saint Louis, et dont la voûte est croisée de nervures prismatiques.

La partie centrale qui formait primitivement le sanctuaire de la crypte, est devenue, depuis l'année 1683, le caveau royal des Bourbons. Elle est fermée de toutes parts; les entre-colonnements par lesquels elle communiquait avec le collatéral ont été exactement murés.

Ce sanctuaire souterrain, qui contint d'abord une grande partie des reliques de l'abbaye, et dont une portion était dédiée à saint Démètre, paraît avoir été abandonné à une époque déjà très-ancienne; depuis le XVIe siècle, nous ne trouvons aucune trace de cérémonies religieuses qui s'y seraient accomplies. Nous avons seulement la preuve qu'avant le XVIIe siècle il n'avait point servi de sépulture.

« Tous les roys, reynes et autres ensépulturez à Saint-Denys
« reposent dans les caveaux qui sont sous leurs tombeaux,
« sans qu'il y en ait aucun ailleurs, ce que je dis pour désabuser
« plusieurs personnes (mesmes des gens de qualité) qui s'i-
« maginent qu'il y ait une grande cave dans laquelle sont
« tous les roys, en chair et en os, et demandent qu'on la leur
« monstre, dont je me suis souventefois estonné, veu mesme
« que plusieurs qui vivent encores ont peu voir mettre les cinq
« derniers roys décédéz non en ceste cave imaginaire, mais
« dans le tombeau des Vallois, sçavoir, Henry II et ses trois
« fils, et Henry IV, dans le caveau commun des rois, où il est
« encores. On en peut dire autant de François Ier et de
« Louis XII, et de tous les autres; car quant à la grotte qui
« est sous le chevet, il n'y a, ny eut jamais, corps ny sépul-
« ture d'aucune personne [1]. »

---

1. Dom Germain Millet.

Ce que dom Millet appelle le caveau commun des rois était le caveau des cérémonies. Le jour de l'enterrement, on y déposait le corps du roi défunt « sur des barres de fer, devant « une statue en marbre de Nostre-Dame. Il y reste un an. « Alors on le porte à la place choisie par le défunt, ou au « tombeau de ses ancestres [1]. »

Or, voici comment les choses se passèrent. Henri IV, le jour de ses obsèques, fut enterré, suivant l'usage, dans le caveau des cérémonies. Il n'avait point choisi de lieu particulier pour sa sépulture; le tombeau des Valois appartenait à une autre branche de la maison royale. C'était une sépulture nouvelle à fonder pour la maison de Bourbon. Marie de Médicis ne s'en mit point en peine. Nous avons dit ailleurs par quelles fins de non-recevoir peu concluantes elle répondit à la demande des États, qui désiraient qu'un monument national fût érigé sur la tombe du roi défunt. Henri IV resta donc dans le caveau des cérémonies, et l'usage s'introduisit peu à peu de placer auprès de lui les cercueils de ses descendants. Mais le caveau était d'une étendue très-restreinte; il fut trouvé rempli de manière à ne pouvoir plus contenir un cercueil, quand on voulut y placer le corps de la reine Marie-Thérèse, femme de Louis XIV. Immédiatement les ingénieurs du roi se mirent à l'œuvre. Leur plan, qui fut adopté par le roi, consistait à mettre en communication, au moyen d'une galerie, le caveau des cérémonies, situé dans la partie méridionale du transept, et l'ancien sanctuaire de la crypte, placé sous le rond-point de l'abside. Ce travail présentait des difficultés assez grandes; il s'agissait de frayer un passage au milieu de tombeaux et de vieilles constructions, au risque d'ébranler les fondations et les piliers. « On perça, dit Félibien, par-dessous le chevet, à

---

1. D. Doublet, *Antiquités de Saint-Denis.*

« l'endroit où estoit une ancienne chapelle de Saint-Démètre,
« un petit corridor de la largeur de trois pieds sur sept de
« haut. Les ouvriers voûtoient à mesure qu'ils avançoient; et
« dans la poursuite de leur ouvrage, ils découvrirent quelques
« tombeaux dont on ne reconnut que celui de l'abbé Antoine
« de La Haye, par une inscription qu'on y trouva. Enfin, après
« avoir poussé environ sept toises et demie, les ouvriers arri-
« vèrent à l'ancien caveau; de sorte qu'il a été aisé d'y join-
« dre, par ce corridor de communication, un caveau spacieux
« qui occupe aujourd'huy, dessous le chevet, l'ancienne crypte
« où estoient autrefois les corps des saints martyrs. La place
« est de neuf toises de long sur environ deux toises et demie
« dans sa plus grande largeur. » La reine Marie-Thérèse était
morte le 30 juillet 1683; le nouveau caveau fut béni le 31
août suivant.

L'entrée du caveau des cérémonies fut conservée dans son
état primitif; elle était recouverte de dalles qu'il fallait lever
chaque fois qu'un corps devait être inhumé en ce lieu; un
escalier de pierre conduisait jusqu'au sol du souterrain. Aussitôt que la sépulture nouvelle eut été disposée, on y transporta tous les cercueils qui avaient été entassés provisoirement dans le premier caveau, à l'exception de celui de
Louis XIII, laissé sur la dernière marche de l'escalier, où il
devait attendre qu'un nouveau cercueil de roi vînt prendre sa
place. Le même usage [1] fut suivi lors de l'inhumation de
Louis XIV et de celle de Louis XV; ce dernier prince n'était
encore qu'au seuil de son sépulcre quand les violateurs de tombeaux s'emparèrent de son cadavre.

Les cercueils des rois et des reines étaient rangés sur le
côté méridional du grand caveau, les pieds tournés vers l'occi-

1. Les faits que nous avons rapportés prouvent que cette coutume n'avait pas
une origine plus ancienne.

dent. Ceux des princes et princesses se trouvaient du côté du nord; ils étaient placés en travers, les pieds vers le sud. En 1793, les profanateurs, craignant de ne pouvoir qu'à grand' peine extraire les cercueils par l'entrée ordinaire, prirent le parti de percer le mur du caveau du côté du collatéral de la crypte; c'est par là que sortirent tous les corps, Henri IV le premier, et Louis XV le dernier de tous. L'ouverture fut pratiquée entre deux colonnes, en face de la chapelle terminale de la crypte.

Un des premiers soins des architectes de Napoléon fut de réparer le caveau des Bourbons, et de le disposer pour la sépulture des membres de la famille impériale. Ils en reportèrent l'entrée à la brèche par laquelle les hommes de 1793 y avaient pénétré. Nous avons entendu rapporter par des personnes employées dès lors aux travaux de l'église, qu'un lieu particulier était assigné à l'embaumement des corps qui se serait fait à Saint-Denis; une table de marbre noir aurait été préparée pour cette opération, ainsi qu'un grand vase de même marbre qui sert aujourd'hui de reliquaire postiche dans l'église haute, sous l'autel consacré à saint Maurice.

Les Bourbons, rétablis sur leur trône, firent murer la porte impériale, témoin de l'exhumation de leur race tout entière, et maintenant, comme avant la révolution, l'ouverture du caveau existe dans le croisillon du midi, recouverte de trois dalles en pierre de liais, presque au pied d'un autel où se célèbrent des messes de fondation pour les rois et princes défunts.

Au mois de juillet de l'année dernière, quelques travaux furent exécutés dans le caveau royal; nous eûmes alors la faculté d'y descendre. L'escalier se compose de quatorze marches, dont la dernière porte une épaisse grille de fer. Au pied des degrés, à main droite, le cercueil de Louis XVIII recouvert d'un velours noir à croix d'argent, qui tombe en lambeaux, est posé sur des tréteaux de fer; au-dessous du cercueil, un vase de cuivre renferme les entrailles. C'est là l'ancien caveau des cérémonies. Pour parvenir au grand caveau, il faut suivre l'étroit passage creusé en 1683, qui se dirige d'abord vers le nord et tourne après vers l'est. Il est voûté en ogive. Un peu avant le point où il se termine, il présente de chaque côté un retrait qui élargit l'espace. Toute l'architecture du grand caveau a été modifiée. La voûte, disposée en berceau, ne conserve aucune trace de sa décoration première; on y a fait peindre au centre un écusson aux armes de France et de Navarre; et, comme si dans cette malheureuse église de Saint-Denis il n'était possible de rien faire de bien, on a eu la maladresse d'intervertir l'ordre dans lequel doit être placé le blason de chacun des deux royaumes.

Les parois présentent encore les restes d'une arcature cintrée pareille à celle dont nous avons déjà vu quelques fragments dans le collatéral de la crypte. Les arcs ont pour supports de petites colonnes dont les chapiteaux sont historiés de personnages. L'obscurité du lieu et la difficulté de s'approcher des murs en avant desquels s'élèvent les barres de fer destinées à porter les cercueils, ne nous ont pas permis d'examiner d'une manière suffisante les sujets des sculptures. Si nous pouvions en croire des dessins recueillis par M. Albert Lenoir et par M. Debret, ces chapiteaux représenteraient le Christ porté au temple, l'adoration des Mages, la résurrection de Lazare, le jugement dernier, et plusieurs sujets bibliques tels que le sacrifice d'Abel et celui de Caïn, la mort d'Abel, le meurtre de Caïn par Lamech, la construction de l'arche, le déluge, le passage de la mer Rouge. L'examen de cette ornementation pourrait fournir des observations précieuses à la science de l'iconographie sacrée.

Les hôtes du caveau royal ne sont pas nombreux aujourd'hui. Bossuet ne pourrait plus dire comme aux obsèques de Henriette d'Angleterre : « Elle va descendre à ces sombres « lieux, à ces demeures souterraines pour y dormir dans la « poussière avec les grands de la terre, comme parle Job ; « avec ces rois et ces princes anéantis parmi lesquels à peine « peut-on la placer tant les rangs y sont pressés, tant la mort « est prompte à remplir ces places. »

Deux cercueils posés du côté du sud contiennent ce qu'on a cru retrouver des restes de Louis XVI et de Marie Antoinette dans le cimetière de la Madeleine, où leurs corps mutilés avaient été jetés dans des fosses profondes, entre deux lits de chaux vive. En face de ce roi et de cette reine, dont les têtes ont roulé sur un échafaud, gisent dans d'autres cercueils deux filles de France, mortes en exil, et un prince tombé sous le poignard. A côté du père assassiné, deux pauvres enfants, qui ont à peine vécu quelques heures, sont ensevelis dans des cercueils petits comme des berceaux. Ces morts ont porté les noms de Victoire et d'Adélaïde de France, et de Charles Ferdinand d'Artois, duc de Berry ; des deux enfants un seul eut le temps de recevoir un nom ; c'était une fille destinée à devenir princesse ; elle fut appelée mademoiselle d'Artois.

La vue de ces cercueils réveille des pensées si lugubres, et rappelle de si épouvantables infortunes, qu'au milieu d'eux nous éprouvions une douleur amère et un sentiment de terreur profonde. Au lieu des souvenirs de la gloire et de la splendeur royales, il n'y a ici que des images d'échafaud, de meurtre et de bannissement. Les derniers morts de la grande race des Bourbons n'auront pas même place dans cette funèbre réunion de famille. Le frère de Louis XVI et de Louis XVIII, ce noble et malheureux vieillard exilé encore une fois au moment où il allait mourir, repose avec son fils aîné loin de la tombe de ses pères. Mais peut-être sur la terre étrangère leurs cercueils, mieux respectés que sous les voûtes de Saint-Denis, n'ont-ils pas à redouter le traitement fait aux restes de Henri IV et de Louis XIV.

Au fond d'un hémicycle qui termine le caveau royal du côté de l'orient, une petite armoire en pierre, fermée d'une mauvaise grille en fonte, et portée sur deux colonnettes à chapiteaux du XIIIe siècle, contient quelques parcelles des corps de Henri IV, de Marie de Médicis et de Louis XIV; deux cœurs qui proviennent de l'ancienne église de la maison professe des Jésuites, à Paris, et qui ont été recueillis comme ceux de Louis XIII et de Louis XIV; quelques débris dont l'origine n'est pas connue, et enfin le cœur de Louis XVIII. Ces restes, renfermés dans des boîtes de plomb et de vermeil, ont été déposés là dans les derniers jours du mois de juillet de l'année 1846.

L'aspect du caveau royal est triste et misérable. Le jour n'y pénètre jamais; l'air n'y circule point, et l'humidité couvre le sol d'une végétation fétide; la rouille ronge les tréteaux de fer; les planches des cercueils se disjoignent et pourrissent; les enveloppes de velours et d'argent sont réduites en morceaux. L'armoire construite l'an dernier, pour les débris arrachés à la profanation de 1793, est d'une mesquinerie indécente.

Les travaux exécutés dans ce caveau depuis le commencement de notre siècle, ont amené quelques découvertes curieuses. En 1814, à peu près au-dessous du maître-autel de l'église haute, on rencontra un cercueil de pierre dans lequel étaient les restes d'un cadavre qui avait été enveloppé de bandelettes et d'étoffes d'or, dont quelques lambeaux existaient encore. Ce cercueil ne fut ouvert que par un bout; on ne chercha pas à l'extraire, dans la crainte de faire crouler le mur où il se trouvait engagé. Peut-être renfermait-il le corps d'un de ces anciens abbés, dont les sépultures furent découvertes, en 1683, par les ouvriers qui creusèrent la galerie souterraine. On a trouvé encore les fragments de plusieurs tombes mutilées, un morceau de marbre sculpté qui paraît avoir fait partie d'un sarcophage antique, des poteries et des tuiles romaines, enfin une portion de muraille disposée en hémicycle qui pourrait avoir appartenu à quelqu'une des premières églises érigées en ce lieu par sainte Geneviève ou par Dagobert.

D'autres caveaux voisins du caveau royal, mais dans lesquels on peut pénétrer par le collatéral de la crypte, renferment les cercueils de Louis VII, de Louise de Lorraine, femme de Henri III, du prince de Condé, mort en 1818, du duc de Bourbon, père de l'infortuné duc d'Enghien; les ossements qui furent retrouvés en 1817, dans les fosses de la cour des Valois, où la révolution avait jeté tous les rois; et quelques-uns de ces grands cercueils de pierre dans lesquels étaient inhumés les rois jusqu'à la fin du XIV$^e$ siècle. Nous donnerons de plus amples détails sur ces caveaux à mesure qu'ils se rencontreront sur notre passage dans le parcours de la partie de la crypte où sont rangés les monuments.

Nous suivrons, pour la description des monuments, l'ordre dans lequel ils sont placés, et qui est à peu près l'ordre chronologique. C'est, comme nous l'avons dit, par une porte ouverte sur le croisillon septentrional de l'église, qu'on doit entrer dans la partie accessible de la crypte. Les quatre premières salles contiennent les monuments des rois et reines des deux premières dynasties.

1. — Le couvercle de tombeau en marbre [1] qui se présente

---

[1]. *Musée des Monuments français*, n° 424.

du côté gauche, à l'entrée de la crypte, a été découvert dans l'église de Saint-Germain des Prés [1]. La description que donne Montfaucon d'un tombeau trouvé, en 1704, dans la fouille faite pour les fondations du nouveau maître-autel de cette abbaye, s'applique parfaitement au débris que Saint-Denis en a recueilli.

Montfaucon pensait que le tombeau pouvait renfermer le corps du roi Chérebert; il demanda qu'on en fît l'ouverture, mais l'assistant du général de l'ordre des bénédictins, qui était présent à cette découverte, défendit de toucher au cercueil, dans la crainte qu'il ne fût dépouillé, comme l'avaient été d'autres tombeaux ouverts dans la même église en 1645. De nouvelles recherches furent faites en 1799, par le directeur du Musée des monuments français, assisté de deux anciens religieux de Saint-Germain. On retrouva le même tombeau à la place indiquée par Montfaucon, c'est-à-dire, à environ deux mètres au-dessous de l'ancien autel. C'était un cercueil en pierre de Saint-Leu, long de six pieds, et fermé par un couvercle de marbre qui devait être beaucoup plus ancien que le cercueil lui-même. Un corps réduit à l'état de squelette reposait dans ce tombeau; il avait les pieds tournés vers l'orient; son vêtement, qui se composait d'un manteau et d'une tunique de laine enrichis d'ornements en broderie, existait en grande partie; sa chaussure en cuir s'était aussi conservée; près du mort, à son côté droit, avait été déposée une espèce de crosse en bois de coudrier, presque aussi longue que le cercueil, et surmontée d'une petite traverse d'ivoire travaillée à jour. L'examen de ces précieux attributs donne la preuve que le tombeau renfermait les restes, non pas d'un

---

1. Nous prévenons le lecteur qu'il doit regarder comme ayant appartenu de tout temps à l'église de Saint-Denis les monuments dont l'origine n'est pas indiquée ou discutée par nous.

CLOVIS Ier.

roi, mais d'un des abbés du monastère; on se crut autorisé par l'étude de l'ancienne disposition des tombeaux de l'église, à considérer cette sépulture comme celle de Morard, mort en 1014, après avoir reconstruit une partie de son église abbatiale. D'autres savants prétendirent que si le cercueil datait du XIe siècle, le couvercle de marbre pouvait bien provenir du tombeau de Chérebert, et qu'il était certainement contemporain de ce prince. Tout ce que nous pouvons dire, c'est que la sculpture de ce marbre paraît en effet antérieure à la mort de l'abbé Morard; mais nous nous garderons bien d'affirmer qu'elle date du VIe siècle. Des tombeaux de ce genre ont été sculptés dans le midi de la France pendant plusieurs siècles, et souvent on leur a attribué un âge qu'ils étaient bien loin d'avoir réellement.

La forme de ce vieux marbre est prismatique; des écailles en relief en couvrent tous les fonds; sur celui des deux grands côtés qu'on peut seul voir, l'autre se trouvant tourné vers le mur, des pampres de vigne sortent d'un vase et s'enroulent jusqu'aux angles; des feuillages et des rinceaux décorent les petits côtés. Ce n'est plus le cercueil de Morard que recouvre cette sculpture; elle est posée sur un socle de pierre grattée à neuf [1].

2. *Tombeau de Clovis Ier*. — Millin rapporte, dans la description qu'il a faite de l'abbaye de Sainte-Geneviève de Paris (*Antiquités nationales*, t. V), que le tombeau élevé au-dessus de la sépulture de Clovis, au milieu du chœur de l'église conventuelle, avait été refait en marbre blanc au XVIIe siècle, par les soins du cardinal de la Rochefoucault, à la place d'un ancien monument de pierre *mangé et difforme d'antiquité*,

---

[1]. Pour la description des objets trouvés dans le cercueil, *V.* la *Description du Musée des Monuments français*, par Alex. LENOIR, et la *Statistique monumentale de Paris*, par Albert LENOIR.

suivant les expressions du père Dubreuil. La statue de marbre aura été brisée par les révolutionnaires ; mais la vieille effigie de pierre dont elle avait usurpé les droits, s'est retrouvée dans l'abbaye [1] et tient aujourd'hui, à Saint-Denis, le premier rang de la série de nos rois

La figure, tous ses accessoires, et le lit qui la supporte, ont été taillés dans un seul bloc de pierre. Le travail en est lourd et dépourvu de finesse, bien que le style de la sculpture en fixe l'exécution aux dernières années du XII$^e$ siècle, ou au commencement du siècle suivant. Il arrive souvent que les statues de cette époque nous paraissent d'une longueur et d'une maigreur excessives; celle-ci pèche par le défaut contraire, elle est épaisse et courte.

Une couronne ornée de pierreries et surmontée de fleurons qui ont été cassés, entoure la tête du roi appuyée sur un coussin. Les cheveux sont longs et tombent sur les côtés, la barbe est entière, la proportion de la tête et du visage est exagérée en grosseur. Une tunique serrée par une ceinture et attachée au cou par une large boucle ronde, couvre le corps. Une escarcelle pend au côté droit par un double cordon. Un long manteau complète le costume ; il est ouvert en avant et retenu par une attache transversale. Le sceptre posé dans la main droite est une restauration moderne. La main gauche se relève sur la poitrine et s'arrête à l'attache du manteau. La chaussure, fortement échancrée par dessus, laisse une grande partie du pied à découvert. Des traces de coloration existent sur différentes parties du vêtement, surtout dans les plis qui ont été fouillés le plus profondément. Un lion d'un travail barbare, couché sur le flanc gauche, soutient docilement sur son dos les deux pieds de Clovis. Pour rassurer le lecteur à l'égard de

---

1. *Musée des Monuments français*, n° 9.

l'authenticité de cette statue, moins ancienne d'ailleurs d'environ six cents années que le personnage qu'elle représente, nous ajouterons qu'elle est parfaitement conforme à de vieilles gravures qu'on peut consulter dans les ouvrages du P. Dubreuil et du P. Montfaucon. Comme toutes les figures couchées et les pierres tombales que nous rencontrerons ici jusqu'au règne de saint Louis, la statue de Clovis repose sur un socle de pierre haut d'environ deux pieds, sur le devant duquel est incrusté un petit morceau de marbre noir qui porte le nom et la date de la mort du prince. Tous ces socles ont été construits d'après un modèle uniforme.

Sur une large table de pierre appliquée à la muraille, au-dessus du tombeau, on a reproduit en petits caractères gothiques du xive siècle une épitaphe latine qui se lisait autrefois à Sainte-Geneviève, en l'honneur de Clovis :

HIC EST ILLUSTRISSIMUS REX LUDOVICUS QUI ET CLODOVEUS ANTE
BAPTISMUM EST DICTUS

FRANCORUM REX QUINTUS SED VERUS CHRISTIANUS QUI AB ANASTASIO
IMPERATORE CONSUL ET AUGUSTUS EST CREATUS

HUNC SANCTUS REMIGIUS BAPTISAVIT ET IN BAPTISMATE EJUS ANGELUS
AMPULLAM SACRI CHRISMATIS DETULIT

VI AQUITANIA ARIANOS EXPULIT ET TOTAM ILLAM TERRAM USQUE AD
MONTES PIRENÆOS SUBJUGAVIT

HUIC PER VIENNAM FLUVIUM CERVUS MIRÆ MAGNITUDINIS VIAM
OSTENDIT

POST QUEM [1] REX AC MILITES VADUM TRANSIERUNT ET IN EJUS AD-
VENTU MURI ANGOLISMÆ CIVITATIS CORRUERUNT

ALAMANNIAM TORINGIAM ET BURGUNDIAM TRIBUTARIAS FECIT ET
TERRAM ADJACENTEM TRANSIVIT

PARISIIS SEDEM REGNI CONSTITUIT ECCLESIAM ISTAM FUNDAVIT IN
HONORE APOSTOLORUM PETRI ET PAULI

MONITIS SANCTISSIMÆ ET NON SATIS COMMENDANDÆ CLOTILDIS UXORIS
SUÆ ET BEATÆ GENOVEFÆ

---

1. Le graveur a commis un non-sens qui n'a pas été rectifié, en écrivant *postquam*.

QUAM SANCTUS REMIGIUS DEDICAVIT IN QUA POST LAUDABILIA OPERA
REX SEPULTUS EST
A QUATUOR FILIIS SUIS REGIBUS THEODORICO CLODOMIRO CHILDE-
BERTO ET CLOTARIO
ANNO DOMINI V.XIII REGNI SUI XXX

« Le roi Clovis, dit Grégoire de Tours, mourut à Paris et
« fut enseveli dans la basilique des saints apôtres [1], qu'il
« avait lui-même construite avec la reine Clotilde. Or, il
« quitta ce monde cinq ans après le combat de Vouillé. Le
« nombre total des années de son règne fut de trente. Il a vécu
« en tout quarante-cinq ans. De la mort de saint Martin à celle
« du roi Clovis, qui arriva la onzième année de l'épiscopat
« de Licinius, évêque de Tours, on compte cent douze ans. »

Le fameux Hincmar assure qu'au même moment où Clovis
mourut à Paris, saint Remy, alors à Reims, fut instruit de
cet événement par révélation de l'Esprit saint, et l'annonça
aux personnes qui se trouvaient près de lui.

Clovis a été représenté très-souvent dans nos monuments,
soit en sculpture, soit en peinture. Mais ce n'est pas une raison
de croire que nous possédions son portrait. On le trouve plusieurs fois sculpté avec saint Remy à la cathédrale de Reims.
Nous avons vu sa vie, son baptême, ses exploits peints dans
plusieurs églises célèbres d'Italie.

A Rome, des fresques à la gloire de Clovis et de saint Remy
couvrent tous les murs d'une chapelle de l'église de Saint-
Louis des Français. Raphaël Vanni a peint à Sienne, dans
l'église de la Trinité, d'un style grandiose, la victoire de

---

[1]. On sait que cette église prit dans la suite le nom de Sainte-Geneviève dont
elle renfermait le tombeau. Elle a été détruite ; la rue *Clovis* passe sur son emplacement. M. Albert Lenoir donne, dans la *Statistique monumentale de Paris*,
le dessin de plusieurs tombes d'une extrême antiquité qui furent découvertes à
l'époque de la démolition de l'édifice.

Clovis sur Alaric. Le baptême de Jésus-Christ, celui de Constantin, et celui de Clovis, ont été même quelquefois sculptés ensemble ; c'était une manière ingénieuse de rappeler à la fois le salut du monde entier, la défaite du paganisme impérial et la conversion de ces redoutables Francs qui sont devenus les fils aînés de l'Église.

3 et 4. *Prétendues statues de Clovis et de Clotilde* [1]. — Au fond du premier caveau, dans les angles, s'élèvent deux statues en pierre, longues, minces, d'une exécution parfaite et d'une gravité remarquable, qui proviennent de la façade principale de l'ancienne église de Notre-Dame, à Corbeil [2]. Nous ne pouvons admettre que M. Lenoir ait parlé sérieusement, quand il a dit que ces figures dataient du VIe siècle, et qu'il s'est efforcé d'y trouver la véritable ressemblance de Clovis et de Clotilde. Aujourd'hui, il ne peut être douteux pour personne qu'elles appartiennent au XIIe siècle. Des savants, de premier ordre sans doute, mais qui n'avaient étudié l'archéologie que dans des livres, et qui dissertaient sur les monuments souvent sans les avoir vus, se figuraient, il n'y a pas longtemps, que nos églises étaient remplies de statues mérovingiennes tirées des églises primitives rebâties aux XIIe et XIIIe siècles ; ils en voyaient à Saint-Germain-des-Prés, à la cathédrale du Mans, à Notre-Dame de Paris, à Saint-Denis, à Saint-Benigne de Dijon, à la cathédrale de Chartres, et c'étaient toujours les portraits les plus exacts du monde de quelques rois ou empereurs français.

---

1. *Musée des Monuments français*, n° 9 *bis*.
2. Les habitants de Corbeil qui, pendant la révolution, avaient vu vendre la châsse de leur patron dont le prix fut employé à l'acquisition d'une *guillotine*, ont laissé démolir le magnifique portail de Notre-Dame. On en peut voir des fragments admirables dans le parc de Montgermont, près de Pringy, sur la route de Fontainebleau.

L'abbé Lebeuf, dans son histoire du diocèse de Paris, n'a fait qu'une simple mention des six statues placées à la grande porte de Notre-Dame de Corbeil, entre lesquelles il remarqua surtout celle d'une reine ; il ne se doutait certainement pas de l'importance historique qu'on devait chercher à leur attribuer un jour. En leur assignant pour date la fin du xiᵉ siècle, il n'était pas très-loin de la vérité.

Comme celles du grand portail de Chartres, ces statues étaient appliquées à des colonnes. Elles sont nimbées et richement costumées. Tous les détails de la sculpture ont été traités avec un soin extrême et une grande habileté de main. Le prétendu Clovis, coiffé d'une couronne rehaussée de pierreries, tient de la main gauche, sur un pan de son manteau, un livre garni d'une couverture historiée et d'un fermail. La figure de reine, au visage gracieux et souriant, déroule des deux mains une banderole destinée à recevoir quelque texte sacré ; ses cheveux nattés et tressés avec des rubans de la manière la plus élégante, descendent jusqu'aux genoux. Il faut examiner avec la plus grande attention l'agencement de la ceinture, le tissu gaufré et brodé de la tunique, du corsage et du manteau ; l'orfévrerie de l'agrafe du manteau, et celle de la couronne ; la disposition des manches et du voile. Gros, qui était un grand peintre, et qui d'ailleurs accepta sans contrôle cette figure pour celle de Clotilde, l'a reproduite à la coupole de Sainte-Geneviève. Que représentent donc ces deux statues? Est-ce David, Salomon, Esther ou Bethsabée, ou bien la reine de Saba, ou quelques personnages de la loi nouvelle. Le lecteur peut choisir à son gré. Ce qui est bien certain, c'est qu'elles ne représentent ni Clotilde, ni Clovis.

Citons encore Grégoire de Tours, au sujet des derniers jours de Clotilde. « La reine Chrotechilde, après la mort de son
« mari, vint à Tours ; et là, servant Dieu dans la basilique de

CHILDEBERT 1er.

« Saint-Martin, avec une grande chasteté et une extrême
« bonté, elle demeura en ce lieu tous les jours de sa vie, et
« visita rarement Paris...... Pleine de jours et riche en bon-
« nes œuvres, elle mourut à Tours du temps de l'évêque In-
« juriosus. Elle fut transportée à Paris, suivie d'un chœur
« nombreux qui chantait des hymnes, et ensevelie par ses
« fils, les rois Childebert et Clotaire, dans le sanctuaire de la
« basilique de Saint-Pierre, à côté du roi Clovis. Elle avait
« construit cette basilique où repose aussi la très-bienheureuse
« Geneviève. »

En 1792, les reliques de Clotilde, que l'Église avait inscrite
au catalogue des saints, eurent le même sort que celles de
la patronne de Paris ; elles furent brûlées.

5. *Childebert I*er*. — « Après avoir été longtemps malade à
« Paris, le roi Childebert y mourut et fut enseveli dans la ba-
« silique de Saint-Vincent, qu'il avait lui-même construite »
(Grég. de Tours). L'église de Saint-Vincent changea de nom
dans la suite des siècles, et prit celui de Saint-Germain-des-
Prés qu'elle porte encore. Les ossements de Childebert et ceux
de la reine Ultrogothe, sa femme, recueillis dans deux cercueils, furent déposés en 1656, au milieu du chœur des religieux, dans un nouveau tombeau de marbre, sur les parois
duquel les Bénédictins firent graver d'antiques et belles inscriptions. Le monument nouveau reçut pour couronnement
l'antique tombe de marbre qui recouvrait la sépulture primitive de Childebert, et qui paraît avoir été refaite vers le
XIe siècle, à l'époque du rétablissement de l'église par l'abbé Morard et ses successeurs. Cette tombe est celle que nous avons
sous les yeux [1]. Elle se distingue par le grandiose et la
sévérité du style. Sculptée en demi-relief, la figure du roi
porte de la main gauche un sceptre terminé par un fleuron,

1. *Musée des Monuments français*, n° 6.

et de la droite une abside d'église qui, par la disposition de ses étages ainsi que de la tour dont elle est accompagnée, rappelle assez bien l'ensemble de l'abside de Saint-Germain. Le manteau est drapé avec noblesse ; ses deux bouts supérieurs sont passés dans un anneau qui les retient sur la poitrine du personnage.

6. *Bas-relief antique.* — Un fragment de bas-relief en marbre blanc, trouvé en 1806 dans les déblais du caveau central, a été placé à côté du monument de Childebert. Autant que permettent d'en juger les mutilations qu'il a souffertes, on devine qu'il a fait partie d'un sujet de chasse ou de combat, comme on en voit sur un grand nombre de sarcophages gallo-romains, et par exemple, sur celui de Jovin, aujourd'hui placé dans la cathédrale de Reims. Une figure guerrière, mieux conservée que toutes les autres, est coiffée d'un casque et tient un bouclier. Ce débris est peut-être le dernier reste du tombeau de quelque prince mérovingien.

7. *Clotaire I$^{er}$.* — « Le roi Clotaire, la cinquante-unième
« année de son règne, tandis qu'il chasse dans la forêt de Cuise,
« est saisi de la fièvre et retourne à sa maison de Compiègne;
« et là, comme le mal le tourmentait cruellement, il disait :
« Ah! que croyez-vous que soit ce roi céleste qui tue ainsi
« d'aussi grands rois? C'est dans ces tristes pensées qu'il ren-
« dit l'esprit. Ses quatre fils le transportant avec grand hon-
« neur à Soissons, l'ensevelirent dans la basilique du bien-
« heureux Médard [1]. » Montfaucon a publié deux tombes plates, gravées en creux, qui étaient placées sur la sépulture de Clotaire II et sur celle de Sigebert, son fils, à Saint-Médard; elles n'étaient pas antérieures au XIII$^e$ siècle. La même église possédait aussi deux anciennes statues des mêmes person-

---

[1]. Grég. de Tours, *Hist. eccl. des Francs.*

nages; elle a été détruite avec tous les monuments qu'elle renfermait.

Nous comprenons bien qu'on ait réuni à Saint-Denis les tombeaux et les statues des rois restés sans asile; mais nous ne pensons pas qu'il fût bien utile de rétablir, d'après les gravures assez mauvaises et assez peu fidèles de Montfaucon, des tombes de princes qui, comme Clotaire Ier, n'avaient jamais eu de monument à Saint-Denis. Cette tombe, qui a été modifiée et qui ne mérite pas une description, fut exécutée en 1817 par un sculpteur nommé Germain.

8. *Trois reines.* — Trois têtes de fantaisie, copiées encore d'après les planches de Montfaucon, et gravées sur une même dalle, dans des encadrements tréflés, représentent, dit-on : Ultrogothe, femme de Childebert Ier; Haregonde, femme de Clotaire Ier; Ingoberge, femme de Chérebert. Ces bustes, qui paraissent de la même main que la tombe de Clotaire, ne sont d'aucun intérêt. La dalle, relevée contre le mur, est posée sous une ogive que supportent deux colonnettes du XIIIe siècle.

Heureusement pour la mémoire d'Ultrogothe, nous lisons dans une vie très-ancienne de sainte Bathilde un éloge de sa vertu qui vaut un peu mieux que le monument de Saint-Denis :
« Elle était la mère des orphelins, la consolatrice des pupilles,
« la bienfaitrice des pauvres et des serviteurs de Dieu, le se-
« cours des moines fidèles. »

Haregonde fut la mère du roi Chilpéric Ier.

Ingoberge, veuve du roi Chérebert, mourut dans la soixante-dixième année de son âge. Grégoire de Tours nous apprend qu'elle le fit appeler pour qu'il l'aidât dans ses actes de dernière volonté. Elle fit des legs à plusieurs églises et donna la liberté à beaucoup de personnes. C'était, suivant l'historien des Francs, une femme d'une grande sagesse, vouée à la vie religieuse, assidue aux veilles, aux prières et aux aumônes.

9. *Chérebert*. — Une colonne de pierre, surmontée d'un chapiteau de marbre, dont nous croyons le travail carlovingien, porte un buste auquel on a donné arbitrairement le nom de Chérebert. On assure que cette sculpture provient d'une des statues de rois qui garnissaient autrefois les ébrasures des portes de la façade occidentale de Saint-Denis. Les Bénédictins avaient attribué à toutes les figures de leur portail des noms de rois et de reines de la dynastie mérovingienne. En admettant même ce système de sculpture historique dont la fausseté nous paraît évidente, nous serions fort embarrassé de nommer une série de figures royales, tant est grande la confusion qui existe dans le classement de nos rois jusqu'au règne de Pépin le Bref.

10. *Chilpéric Ier* — C'est dans Grégoire de Tours qu'il faut lire l'histoire de ce prince bizarre, et chercher de curieux détails sur son caractère. La chronique de Verdun, écrite loin de la cour de Paris et presque en pays ennemi, nous assure que Chilpéric était pire que Néron et qu'Hérode. Il mourut assassiné, à Chelles, au retour de la chasse, par un amant de Frédégonde ou par un émissaire de Brunéhaut ; les deux reines paraissent avoir à ce meurtre des titres égaux, sur lesquels les chroniqueurs n'ont pas prononcé. A peine Chilpéric fut il mort que tous les siens l'abandonnèrent. Mallulphe, évêque de Senlis, ayant appris ce qui se passait, vint laver le corps, le couvrit de ses meilleurs vêtements, puis, après avoir passé la nuit à chanter des hymnes, le mit dans une barque, et alla l'inhumer à Paris, dans la basilique de Saint-Vincent [1].

La tombe de Chilpéric, sculptée en relief de la même manière et dans le même temps que celle de Childebert, a été brisée pendant la révolution. On l'a remplacée par une tombe

---

1. Grég. de Tours, *Hist. eccl. des Francs*.

nages; elle a été détruite avec tous les monuments qu'elle renfermait.

Nous comprenons bien qu'on ait réuni à Saint-Denis les tombeaux et les statues des rois restés sans asile; mais nous ne pensons pas qu'il fût bien utile de rétablir, d'après les gravures assez mauvaises et assez peu fidèles de Montfaucon, des tombes de princes qui, comme Clotaire Ier, n'avaient jamais eu de monument à Saint-Denis. Cette tombe, qui a été modifiée et qui ne mérite pas une description, fut exécutée en 1847 par un sculpteur nommé Germain.

8. *Trois reines.* — Trois têtes de fantaisie, copiées encore d'après les planches de Montfaucon, et gravées sur une même dalle, dans des encadrements tréflés, représentent, dit-on : Ultrogothe, femme de Childebert Ier; Haregonde, femme de Clotaire Ier; Ingoberge, femme de Chérebert. Ces bustes, qui paraissent de la même main que la tombe de Clotaire, ne sont d'aucun intérêt. La dalle, relevée contre le mur, est posée sous une ogive que supportent deux colonnettes du xiiie siècle.

Heureusement pour la mémoire d'Ultrogothe, nous lisons dans une vie très-ancienne de sainte Bathilde un éloge de sa vertu qui vaut un peu mieux que le monument de Saint-Denis : « Elle était la mère des orphelins, la consolatrice des pupilles, « la bienfaitrice des pauvres et des serviteurs de Dieu, le se- « cours des moines fidèles. »

Haregonde fut la mère du roi Chilpéric Ier.

Ingoberge, veuve du roi Chérebert, mourut dans la soixante-dixième année de son âge. Grégoire de Tours nous apprend qu'elle le fit appeler pour qu'il l'aidât dans ses actes de dernière volonté. Elle fit des legs à plusieurs églises et donna la liberté à beaucoup de personnes. C'était, suivant l'historien des Francs, une femme d'une grande sagesse, vouée à la vie religieuse, assidue aux veilles, aux prières et aux aumônes.

9. *Chérebert*. — Une colonne de pierre, surmontée d'un chapiteau de marbre, dont nous croyons le travail carlovingien, porte un buste auquel on a donné arbitrairement le nom de Chérebert. On assure que cette sculpture provient d'une des statues de rois qui garnissaient autrefois les ébrasures des portes de la façade occidentale de Saint-Denis. Les Bénédictins avaient attribué à toutes les figures de leur portail des noms de rois et de reines de la dynastie mérovingienne. En admettant même ce système de sculpture historique dont la fausseté nous paraît évidente, nous serions fort embarrassé de nommer une série de figures royales, tant est grande la confusion qui existe dans le classement de nos rois jusqu'au règne de Pépin le Bref.

10. *Chilpéric I$^{er}$* — C'est dans Grégoire de Tours qu'il faut lire l'histoire de ce prince bizarre, et chercher de curieux détails sur son caractère. La chronique de Verdun, écrite loin de la cour de Paris et presque en pays ennemi, nous assure que Chilpéric était pire que Néron et qu'Hérode. Il mourut assassiné, à Chelles, au retour de la chasse, par un amant de Frédégonde ou par un émissaire de Brunéhaut; les deux reines paraissent avoir à ce meurtre des titres égaux, sur lesquels les chroniqueurs n'ont pas prononcé. A peine Chilpéric fut-il mort que tous les siens l'abandonnèrent. Mallulphe, évêque de Senlis, ayant appris ce qui se passait, vint laver le corps, le couvrit de ses meilleurs vêtements, puis, après avoir passé la nuit à chanter des hymnes, le mit dans une barque, et alla l'inhumer à Paris, dans la basilique de Saint-Vincent [1].

La tombe de Chilpéric, sculptée en relief de la même manière et dans le même temps que celle de Childebert, a été brisée pendant la révolution. On l'a remplacée par une tombe

---

[1]. Grég. de Tours, *Hist. eccl. des Francs.*

nouvelle, gravée en creux d'après des planches qui représentent l'ancien monument. Nous nous abstenons de décrire ces misérables copies de tombeaux.

11. *Frédégonde.* — On avait placé ici, à la suite de la dalle de Chilpéric, la tombe en mosaïque de Frédégonde. Mais on remarqua que l'humidité la détériorait d'une manière fâcheuse, et on la fit transporter un peu plus loin. Pour remplir la place restée vacante, on en a fait graver, sur une pierre de liais, une copie qui ne donne pas la moindre idée de l'original. Cette seconde édition était d'ailleurs complétement inutile; de l'original à la copie, il n'y a pas cinq mètres de distance.

12, 13 *Clotaire II et Bertrude, sa femme* [1]. — Nous lisons, dans la chronique de Frédégaire, que la reine Bertrude, chérie par le roi d'unique amour, et fort aimée aussi des Leudes qui voyaient sa bonté, mourut la trente-cinquième année du règne de son mari, et que Clotaire, étant mort après avoir régné quarante-trois ans, fut inhumé au faubourg de Paris, dans la basilique de Saint-Vincent. Les deux tombes qui sont à Saint-Denis proviennent de l'abbaye de Saint-Germain-des-Prés ; ce sont des dalles gravées en creux, que les Bénédictins firent faire, en 1656, d'après d'anciens modèles qu'on laissa périr, dit Bernard de Montfaucon, sans songer à en conserver les débris. Si les artistes qui ont dessiné les figures de ces tombes ont eu réellement des modèles originaux sous les yeux, nous pouvons affirmer qu'ils ne s'en sont pas servis.

Rien de plus vulgaire, de plus insignifiant que ces deux tombes ; le trait manque complétement de style ; les costumes même n'ont pas été étudiés; nous ne comprenons pas comment ces Bénédictins de Saint-Germain, si renommés pour leur

---

[1]. *Musée des Monuments français*, nos 425, 426.

savoir, n'ont pas même songé à diriger les ouvriers qu'ils employaient. Les noms du roi et de la reine sont gravés autour des personnages ; mais une bordure moderne les couvre à moitié.

14, 15. *Dagobert et Nantilde.* — On a voulu replacer ici, à leur rang chronologique, les effigies de Dagobert et de Nantilde, dont nous avons déjà vu le tombeau dans l'église haute. Deux bustes les représentent. Celui de Dagobert a été sculpté en pierre de Tonnerre, d'après une gravure de l'ouvrage de Montfaucon, par M. Brun, sculpteur, en 1839. Nantilde est en terre cuite ; c'est un moulage de la singulière statue dont nous avons parlé, qui sur un corps de femme portait une tête d'homme. Depuis qu'on a rendu à la tête son nom de Clovis II, en la reportant sur un corps masculin, on aurait dû rectifier également le titre attribué à la copie.

Les deux bustes ont pour supports des chapiteaux très-curieux. L'un exécuté en pierre et provenant d'une église de Saintes, représente des griffons quadrupèdes et des oiseaux qui cherchent à s'entre-dévorer ; des cordons nattés et entrelacés couvrent le tailloir ; cette sculpture du xiie siècle a été donnée en 1817 à la basilique de Saint-Denis par M. Jacquemard, antiquaire. L'autre chapiteau est en marbre blanc ; nous en ignorons l'origine. On assure qu'il avait été porté de Saint-Denis aux Petits-Augustins. Le style du travail accuse au moins le xie siècle. Nous y voyons sculpté un sujet que les artistes romans ont singulièrement affectionné, Daniel dans la fosse aux lions. Le prophète assis, la tête appuyée sur la main gauche, semble sommeiller paisiblement, entre deux lions énormes auxquels le sculpteur s'est efforcé de donner un aspect effrayant. Il est très-rare de trouver dans le nord de la France des sculptures de cette époque travaillées en marbre. Les deux chapiteaux surmontent de mauvaises colonnes modernes en pierre, de forme octogonale, sur lesquelles on a

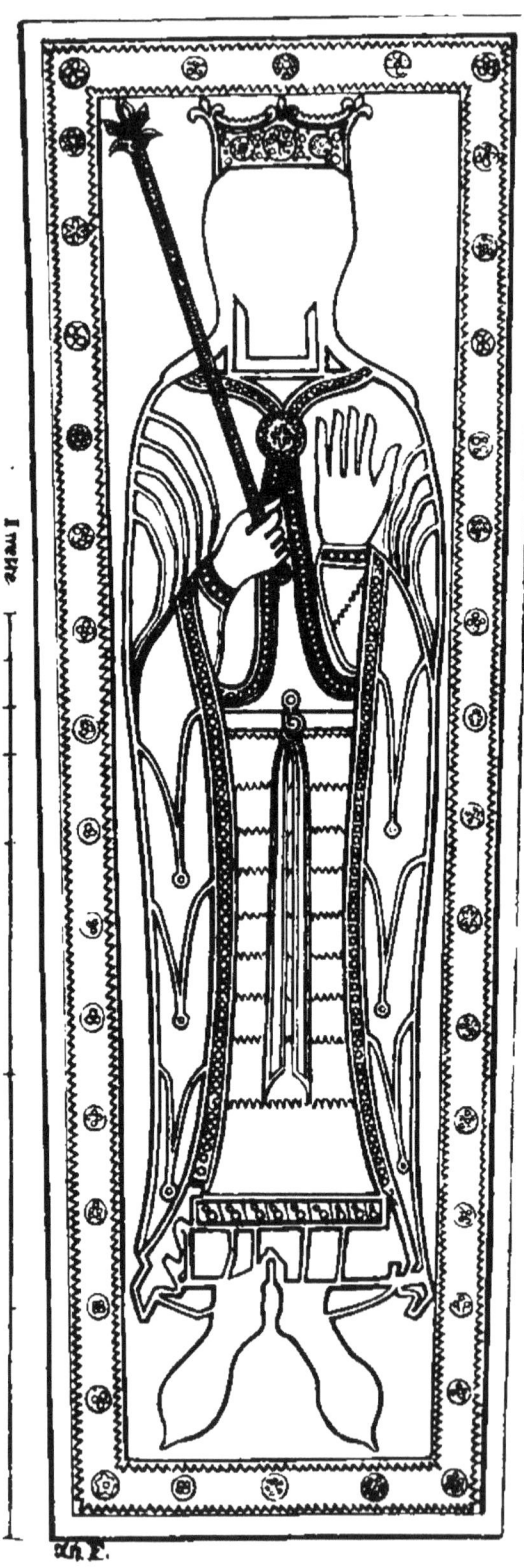

FRÉDÉGONDE.

reproduit les monogrammes de Dagobert et de Nanthilde, tels qu'ils existent dans nos plus anciens monuments de paléographie.

16. *Childéric II* [1]. — La tombe gravée de ce prince, extraite de Saint-Germain-des-Prés, a été refaite en 1656, comme celles de Clotaire II et de Bertrude. Elle leur est égale en importance archéologique. L'artiste a donné à la figure une pose pleine de manière et de prétention. L'inscription qui se lit autour du personnage n'en contient que le nom et le titre :

**HIC IACET CHILDERICVS II. FRANCORVM REX.**

17. *Frédégonde* [2]. — C'est au-dessus du monument de Childéric II qu'a été relevée contre le mur la tombe en mosaïque de la reine Frédégonde. Dans son nouvel emplacement, elle se trouve exposée de manière à ce que l'œil en puisse saisir facilement les moindres détails. Mais on a malheureusement profité de cette translation pour faire subir à la mosaïque un raccommodage inutile et même déplorable [3]. Les Bénédictins, et après eux bien des antiquaires de la vieille école, ont pensé que la tombe était contemporaine de la reine dont elle recouvrait la cendre. Un examen minutieux du monument nous a donné la conviction qu'il avait dû être rétabli dans le même temps que celui de Childebert, c'est-à-dire au XIe siècle. Rappelons-nous que les Normands avaient saccagé, incendié et presque entièrement détruit le monastère de Saint-Germain-des-Prés. Nous sommes d'ailleurs persuadé qu'on ne trouverait pas un autre monument analogue qui ait appartenu au VIe siècle, tandis que du XIIe siècle il en reste plusieurs,

---

1. *Musée des Monuments français*, n° 427.
2. *Musée des Monuments français*, n° 7.
3. Restauration faite en 1841 et 1842.

dont la matière et le style ont le plus grand rapport avec celui-ci [1].

La tombe de Frédégonde est plus étroite aux pieds qu'à la tête. Elle se compose d'une table en pierre de liais, sur laquelle on a fixé, par incrustation et au moyen d'un enduit, une mosaïque formée de très-petits morceaux de porphyre, de serpentine et de marbre blanc. De minces filets de cuivre insérés entre les cubes de marbre, dessinent sur la bordure, qui encadre l'effigie, des rosaces variées de formes et de couleurs. La reine est représentée couchée, et vêtue d'un costume de cérémonie. La tête, les mains et les pieds, qui ressortent en pierre lisse sur le fond et sur les vêtements coloriés, étaient sans doute destinés à être peints. Nous prierons le lecteur de ne tenir aucun compte des belles phrases qu'on a écrites pour exprimer le mouvement d'horreur dont le mosaïste aurait été saisi, au moment où il se disposait à transmettre à la postérité les traits de cette femme si ambitieuse et si cruelle.

La couronne simulée en pierreries est rehaussée de trois petits fleurons à trois feuilles chacun, dans lesquels certains auteurs ont cru découvrir le principe de la fleur de lis. Le sceptre placé dans la main droite se termine par un fleuron à cinq feuilles. La reine porte deux robes de longueur inégale ; une ceinture à bouts pendants retient à la taille la robe de dessus. Un ample manteau jeté sur les épaules et descendant sur les bras, trouve pour attache, au milieu de la poitrine, une agrafe richement montée. Des filets de cuivre marquent encore ici les contours, les plis, la trame, les bordures des étoffes, et les diverses parties du vêtement. Il est facile de voir que le mosaïste a rencontré dans son travail de grandes diffi-

---

[1]. Entre autres, la tombe en mosaïque de l'évêque d'Arras, Framaldus, mort en 1180, et une autre trouvée dans les ruines de l'abbaye de Saint-Bertin avec la date de 1109.

cultés; ses draperies sont d'une sécheresse et d'une raideur qui n'existent point dans les sculptures de la même époque.

Avant de quitter, pour ne plus y revenir, les tombeaux tirés de l'abbaye de Saint-Germain-des-Prés, nous emprunterons à l'histoire [1] de cette illustre église quelques détails sur les sépultures des rois mérovingiens. Elles furent retrouvées et ouvertes à plusieurs reprises, à l'époque des changements que les religieux firent faire à la décoration de leur chœur et de leur maître-autel, dans les XVIIe et XVIIIe siècles. Montfaucon pense qu'à défaut de luxe extérieur elles renfermaient de grandes richesses accumulées autour des restes de chaque roi défunt. Il rapporte, à l'appui de son opinion, qu'en 1645 des ouvriers employés aux réparations du chœur ayant découvert un tombeau qui fut reconnu pour celui de Childéric II, un religieux s'appropria, pour les vendre, plusieurs objets précieux trouvés dans le cercueil, et que plus tard, au moment de sa mort, touché de repentir, il laissa par compensation à l'abbaye treize mille livres qui servirent à payer le prix des nouvelles orgues. Le chiffre de la restitution prouve surabondamment combien devait être opulente la dépouille du roi Childéric. En 1655, on trouva, dit D. Bouillart, « des corps
« entiers et dans leur situation naturelle, enveloppez dans des
« suaires de linge, de soye, d'étoffes précieuses; d'autres en-
« terrez tous vêtus et chaussez ; ce que l'on reconnut par leurs
« botines de cuir [2] que l'on trouva assez entières. Les tom-
« beaux les plus considérables furent ceux du roy Childéric II,
« de Bilihilde, son épouse, et du jeune Dagobert, leur fils, qui

---

[1]. *Histoire de l'abbaye royale de Saint-Germain-des-Prez*, par dom Jacques Bouillart.

[2]. Guillaume Durand, dans son *Rational des divins offices*, prétend que les fidèles doivent être inhumés avec des chaussures aux pieds, en signe de ce qu'ils sont tout prêts à paraître au jugement.

« furent tuez par Baudillon, dans la forêt de Livri. On trouva
« ces tombeaux dans le chœur, à deux ou trois pieds du gros
« mur du clocher septentrional; celui du jeune Dagobert était
« posé sur celui de sa mère. » Les religieux s'étant aperçus
que ces tombeaux avaient été violés une première fois, les ouvriers avouèrent le fait de la spoliation commise en 1645; ils déclarèrent qu'à cette époque le cercueil du roi contenait une toile d'or qui couvrait le visage du mort, un grand passement d'or servant de diadème, des éperons et une ceinture enrichis d'ornements d'argent, et que la reine était parée de vêtements somptueux. Les voleurs avaient cependant oublié une boucle de baudrier en or, et quelques petites plaques d'argent sur lesquelles était gravée la figure d'un serpent à deux têtes. Les religieux recueillirent aussi quelques objets dont les spoliateurs avaient dédaigné de s'emparer; une épée rouillée, de longs bâtons de coudrier qui pouvaient avoir servi de sceptres, des morceaux de liége et de cuir provenant des chaussures, un grand vase de verre au fond duquel il restait quelques parfums, et des herbes aromatiques qui avaient été réunies en faisceau et placées en forme de coussin, sous la tête de Bilihilde[1]. En nettoyant le cercueil de Childéric, on trouva ces mots gravés à côté de sa tête : CHILDR REX.

Les Bénédictins firent envelopper de linges et d'autres étoffes les restes de Childebert, de sa femme Ultrogothe, de Chilpéric Ier, de Frédégonde, de Clotaire II, de Bertrude, de Childéric II, de Bilihilde et de Dagobert, qui furent inhumés ensuite chacun dans un cercueil séparé. Les tombeaux de ces princes ont certainement été ouverts de nouveau pendant la révolution. Les grands et funestes travaux de restauration faits

---

1. V. pour plus de détails dom BOUILLART et LEGRAND D'AUSSY, ouvrages déjà cités.

à Saint-Germain-des-Prés, il y a environ vingt-cinq ans, auront nécessairement amené encore la découverte de plusieurs sépultures, il fallut alors en effet fouiller tout le sol pour rétablir les fondations des piliers. Il ne nous a pas été possible jusqu'à présent de nous procurer des renseignements d'une authenticité suffisante sur la destruction des tombeaux de Saint-Germain en 1793, ni sur le sort des objets qui ont pu être trouvés depuis dans cette église.

Il existait des tombeaux, non pas seulement dans l'église, mais dans le cloître, dans les chapelles et dans bien d'autres endroits du monastère. En 1643, le jour du vendredi saint, un cercueil de pierre fut trouvé près du mur de l'église, dans le préau du cloître. Il renfermait des ossements rangés dans leur situation naturelle, une lampe de cuivre et une croix de même métal sur laquelle était un crucifix [1]. Deux inscriptions en lettres romaines onciales, mais inégales et entrelacées, étaient, l'une gravée sur le couvercle du cercueil, l'autre écrite au dedans avec du vermillon. Le mort disait à ceux qui découvriraient son sépulcre :

TEMPORE NVLLO VOLO HINC TOLLANTVR OSSA HILPRRICI.

La formule intérieure était suppliante, comme si le mort voulait recourir à la prière pour émouvoir les profanateurs que l'expression impérieuse de sa volonté n'aurait pas arrêtés :

PRECOR EGO ILPERICVS NON AVFERANTVR HINC OSSA MEA.

18. *Clovis II* [2]. « Le tombeau de Clovis II n'est que de
« pierre, ny l'effigie aussi, non plus que tous les autres qui

---

1. Il ne faut pas s'étonner de la présence d'un crucifix dans un tombeau mérovingien. Grégoire de Tours nous apprend que de son temps on représentait le Sauveur sur la croix, ce qui ne s'était pas fait dans l'origine du christianisme.
2. *Musée des Monuments français*, n° 10.

« ont été ensépulturés en cette royale église depuis luy jusques
« à Philippe III, fils et successeur de S. Loys, auquel on en
« fit un de marbre. Car auparavant on ne faisoit point de sé-
« pulture de marbre, ains de pierre, comme il appert en celuy
« de Clovis premier roy chrestien de France, qui est à Saincte-
« Geneviève . . . . . . . . . . . . . . . . . . .
« Néantmoins, tous les anciens sépulchres de cette église qui
« sont seize en nombre, ne laissoient pas d'estre très-beaux,
« pour le temps d'alors ; car toutes les effigies estoient peintes
« en fond d'azur, et semées de fleurs de lys d'or, comme on en
« voit encore les vestiges en plusieurs, et spécialement en
« ceux qui sont au-dessous de Hugues Capet, où on peut en-
« core voir et de l'azur, et des fleurs de lys entières. Sur le
« dossier du tombeau de Clovis second, sont gravés ces mots :
« *Ludovicus rex filius Dagoberti* [1]. »

Les seize tombeaux cités ici par Germain Millet ont, comme nous l'avons dit, été tous refaits par les soins de saint Louis. Ils étaient uniformément construits en pierre de liais et surmontés chacun d'une statue couchée. Un dossier en pierre se relevait derrière la tête de chaque statue. Les figures de Clovis II et de Charles Martel étaient seules accompagnées de colonnettes et de dais : ces accessoires n'existent plus. Les seize statues représentaient douze personnages décorés dans leurs épitaphes du titre de roi, et quatre reines. Nous savons qu'il manque aujourd'hui deux figures de rois à la collection, et nous verrons bientôt de quelle manière on a comblé cette lacune. Les statues de Robert et de Berthe, de Philippe le Jeune et de Constance de Castille, qui étaient placées au-dessous du tombeau de Hugues Capet, et que Millet indique comme les mieux conservées sous le rapport de la coloration,

---

[1]. Dom Germain MILLET, *Trésor sacré de Saint-Denys*, etc.

ne présentent pas maintenant plus de vestiges de peinture que les autres ; il ne reste un peu de couleur que dans les plis les plus profonds des draperies et dans les ornements ciselés des couronnes.

La petite chronique de Saint-Denis donne la date exacte de la translation des cendres royales dans le chœur de l'église, et par conséquent celle de l'achèvement des tombeaux préparés pour les recevoir.

En 1263, le jour de saint Grégoire, fut faite la translation des cendres des rois Eudes, Hugues Capet, Robert, Henri, Louis le Gros, Philippe le Jeune, et des reines Constance, femme de Robert, et Constance, femme de Louis VII. L'année suivante, saint Louis fit porter à leurs nouvelles sépultures Clovis II, Charles Martel, Pépin et Berthe sa femme, la reine Ermentrude, Carloman, fils de Pépin, les deux frères Carloman et Louis, fils de Louis-le-Bègue.

Le nom de chaque personnage était gravé ou peint sur le dossier du tombeau ; un surnom ou un détail caractéristique brièvement exprimé, venait quelquefois s'ajouter au nom ; ces inscriptions reproduisaient presque textuellement les termes du passage de la chronique de Saint-Denis relatif à la double translation. Elles avaient disparu avec les dossiers des monuments ; on les a rétablies [1] en caractères du xiii$^e$ siècle sur la dalle qui porte chaque statue, et cela, malheureusement, avant de s'être bien assuré de la réalité du nom attribué à chaque personnage. Il faudra donc gratter la pierre, à mesure qu'on découvrira les erreurs commises dans le classement.

Nous avons proclamé combien paraissent belles à nos yeux les statues consacrées par saint Louis à la mémoire de ses prédécesseurs. En les examinant avec soin, on remarquera qu'elles

---

1. En 1840 et 1841.

ne sont pas toutes de la même main. Aussi sont-elles belles à différents degrés, bien qu'elles aient toutes été traitées dans le même style et dans le même sentiment.

Les dix rois qui existent encore sont vêtus d'une manière à peu près uniforme, et représentés dans la même attitude. Après avoir décrit la statue de Clovis II, nous nous contenterons, pour les autres, de mentionner les variétés de costume qui pourraient s'y rencontrer.

La tête de Clovis II repose sur un coussin; elle porte une couronne fleuronnée et rehaussée de pierreries. Les cheveux tombent droit autour de la tête et sont coupés carrément; une partie de ceux de devant est ramenée de manière à former un bourrelet entre le front et le cercle de la couronne. Les yeux sont ouverts et sans prunelle. La barbe n'a plus l'ampleur de celles de Clovis et de Childebert; elle est assez courte; les moustaches sont fines et d'une médiocre longueur. La tunique qui couvre le corps ne descend pas tout à fait jusqu'aux pieds. Une ceinture ornée de quelques pierres précieuses et munie d'une petite boucle très-simple attache ce vêtement. La tunique a des manches qui enveloppent les bras; les mains sont garanties par des gants [1] à grands poignets, comme ceux qui sont aujourd'hui en usage dans la grosse cavalerie. Le manteau royal rejeté en arrière s'attache sur la poitrine au moyen d'un cordon transversal terminé à chaque bout par un quatre-feuille. La chaussure fortement échancrée par dessus n'a pour attache qu'une petite courroie à boucle. Le sceptre avait été brisé comme ceux de tous les autres rois: on en a donc refait un neuf, que surmonte une pomme de pin; c'est la main gauche qui le tient; la droite passe son pouce dans le cordon du manteau.

1. Des neuf autres rois un seul porte des gants semblables à ceux-ci; c'est Pépin le Bref.

La statue est couchée sur une simple dalle; les pieds ont pour support un socle qui simule une portion de terrain, comme si la figure eût été destinée à être posée debout. On lit à côté du coussin placé sous la tête : LVDOVICVS FILIVS DAGOBERTI [1].

La figure de Clovis II est une de celles qui gardent le plus de traces de coloration aux vêtements et à la couronne. Il serait à désirer que cette décoration peinte fût renouvelée ; elle donnerait à ces sculptures de pierre un caractère de richesse qui leur manque, et surtout elle ferait disparaître les traces trop visibles maintenant des raccommodages modernes. Mais il ne faudrait pas que le soin de repeindre ces statues fût abandonné aux mains inhabiles qui ont enluminé si grossièrement les devants d'autel et les rétables de l'église haute. En replaçant des sceptres de pierre dans les mains des figures royales, on a imaginé de leur donner à chacun pour supports deux ou trois tenons qui ont un aspect ridicule et qui entament d'une manière fâcheuse le corps de la statue.

19. *Charles Martel* [2]. — L'inscription que saint Louis avait fait mettre sur le tombeau de ce grand homme et qui a été reproduite, lui donne le titre de roi : KAROLVS MARTELLVS REX. Le manteau de Charles Martel diffère de celui de Clovis II ; il est drapé à la manière antique sur l'épaule gauche, et recouvre toute la partie inférieure de la tunique. Le vainqueur des Sarrasins porte ici le sceptre et la couronne ; en lui donnant ces nobles attributs dont il ne s'était jamais paré alors qu'il prenait seulement les titres de maire du palais des Francs ou de prince et duc des Français, saint Louis se rappelait sans doute ces belles paroles adressées à Pépin par le pape Zacharie, que la dignité royale appartient à celui qui exerce véritablement les fonctions de roi. Ce pontife n'aurait

---

1. Pourquoi donc le mot *rex* a-t-il été omis?
2. *Musée des Monuments français*, n° 11.

pas admis la doctrine moderne qui sépare la royauté du gouvernement.

Charles Martel s'était emparé des biens des églises pour récompenser ses fidèles et sans doute aussi pour préparer l'élévation de sa famille. Aussitôt après sa mort, les bruits les plus sinistres coururent sur le sort éternel de son âme. On assurait que saint Eucher, ravi dans l'autre siècle, avait vu, par révélation du Seigneur, le prince Charles tourmenté au plus profond des enfers. L'ange qui servait de guide au prélat lui apprit que, par la sentence des saints qui au futur jugement jugeront avec le Seigneur, Charles avait été précipité dans les flammes éternelles en corps et en âme avant ce jugement, pour avoir envahi les biens de leurs églises. Le tombeau de Charles ayant été ouvert en présence de l'évêque Eucher, de Boniface, légat du siége apostolique, et de Fulrad, archichapelain du palais, abbé du monastère de Saint-Denis, il en sortit aussitôt un épouvantable dragon, et l'intérieur du cercueil fut trouvé noirci comme si le feu y eût passé [1].

La chronique de Saint-Denis vante au contraire la libéralité de Charles envers l'abbaye : « Ensépoulturé fut en l'église « Saint-Denis en France à cui il avoit donnez maint biau don, « mis fu en costé le mestre autel en un riche sarcu d'ale- « bastre. »

En 1793, on retrouva sous la statue de Charles quelques restes de la poussière de son corps. Si ce corps eût effectivement disparu, l'auteur de la petite chronique n'aurait pas manqué de le rappeler, quand il écrivit les lignes relatives à la translation des rois en 1263 et 1264.

20, 21. *Pépin et Berthe* [2]. -- Les annalistes contemporains, Éginhard entre autres, rapportent que Pépin fut en-

---

1. Epistola patrum Syn. Carisiac. ad Ludov. German. reg. A°. DCCC.LVIII.
2. *Musée des Monuments français*, n° 12.

PÉPIN. BERTHE.

seveli avec de grands honneurs, par ses fils les rois Charles et Carloman, dans la basilique de Saint-Denis, où il avait choisi sa sépulture. Cependant il paraît certain que ce prince ne fut pas inhumé dans l'intérieur de l'église, mais seulement dans le parvis, et qu'il l'avait ainsi ordonné par humilité chrétienne [1]. Plus tard on crut que le roi Pépin avait voulu être déposé en ce lieu, non pas tant par un sentiment d'humilité personnelle, qu'en expiation des péchés de son père. Suger nous apprend qu'une espèce de portique élevé par Charlemagne au-dessus du corps de Pépin existait encore au XIIe siècle. « Ensépouturez fu, dit la chronique de Saint-Denis, « en l'abbaie Saint-Denis en France; adont fu couchiez ou « sarcu une crois desouz sa face [2] et le chief tourné devers « orient. Si dient einssi aucun que il vout que on le meist einsi « en sépouture pour le pechié de son père qui les dismes avoit « tolues aus églises »

En 1812 un cercueil de pierre fut découvert devant la façade occidentale de l'église, dans l'axe de la grande porte. Des savants furent alors persuadés que c'était le tombeau de Pépin, et l'Institut eut à subir à ce sujet la lecture de rapports aussi érudits que peu concluants. Le cercueil trouvé n'était autre chose qu'une sépulture vulgaire de moine ou de laïc, comme on en découvre chaque fois qu'on fouille au pied des murs de l'église. Cette année même on en a trouvé un assez grand nombre. Le texte de la petite chronique de Saint-Denis est d'ailleurs une preuve suffisante de la translation faite au XIIIe siècle des restes de Pépin dans le chœur de l'église. Le procès-verbal des exhumations de 1793 nous apprend aussi que le tombeau de ce roi contenait avec les ossements un peu

---

[1]. *V.* Hilduin. in areopag.
[2]. *Prostratus, non supinus*, dit l'abbé Suger (lib. de admin. sua).

de fil d'or. Cependant on avait recueilli quelques parcelles du prétendu Pépin retrouvé en 1812, et plus d'un grand personnage paya chèrement la possession d'un fragment d'os ou d'un morceau de dent.

Pépin a les mains gantées comme Clovis II. La seule différence qui existe entre le costume de ces deux princes, c'est que le manteau de Pépin se rejette moins en arrière, et que la chaussure recouvre complétement le pied. La main droite relève un pan du manteau.

Éginhard vante les vertus de la reine Berthe ; il parle aussi avec éloge des honneurs dont elle fut toujours environnée à la cour de son fils Charlemagne, et du profond respect de ce grand prince pour sa mère. La chronique de Saint-Denis appelle Berthe une *dame pleine de bonnes meurs et de douce mémoire*. Ce caractère de douceur et de bonté se peint sur la physionomie calme et souriante de la reine. Un voile couvre la tête et tombe gracieusement de chaque côté du visage. La couronne est garnie de fleurons. Une longue robe enveloppe chastement le corps ; elle descend presque jusqu'au bout des pieds ; de petites roses en décorent la ceinture. Un sceptre à pomme de pin est placé dans la main gauche ; la droite se joue avec l'attache du manteau, dont les larges plis accompagnent noblement la statue. Une escarcelle qu'un double cordon relie à la ceinture de la robe, pend sur le côté gauche ; la présence de cet accessoire qui, dans les anciennes gravures, distingue l'effigie de Berthe de celle de l'impératrice Ermentrude, n'avait pas empêché les architectes de transposer les noms des deux princesses.

Les épitaphes de Pépin et de Berthe sont ainsi conçues :

PIPINVS REX PATER CAROLI MAGNI<br>
BERTHA REGINA VXOR PIPINI REGIS.

Il n'est pas juste que la gloire de Pépin s'efface aussi complétement devant celle de son fils Charlemagne.

**22-27.** *Les empereurs carlovingiens.* — Napoléon, qui fondait une seconde dynastie impériale, voulut que des honneurs particuliers fussent rendus, dans l'église de Saint-Denis, aux empereurs de la dynastie carlovingienne. La statue de Charlemagne en marbre devait s'élever sur une colonne qu'auraient environnée à sa base les effigies en pierre de cinq autres empereurs qui furent en même temps rois de France. Le monument projeté n'a pas été construit ; mais les six statues qui avaient été immédiatement sculptées, existent et tiennent maintenant leur rang dans la série chronologique des rois. Elles sont posées debout contre les murs de la crypte, en arrière des figures couchées sur les tombeaux. La statue de Charlemagne a été exécutée par Gois; celle de Louis le Débonnaire, par Bridan; celle de Charles le Chauve, par Foucou ; celle de Louis le Bègue, par Deseine ; celle de Charles le Gros, par Gaule, et celle de Louis d'Outre-mer, par Dumont[1]. Nous sommes fâché de le dire, mais ces figures impériales nous paraissent pitoyables. Nous conseillons au lecteur de comparer l'œuvre des sculpteurs que nous venons de nommer, choisis entre les plus célèbres de l'époque napoléonienne, membres de l'Institut, chevaliers de la Légion-d'Honneur, avec les statues taillées par les imagiers inconnus du temps de saint Louis; il ressortira de ce rapprochement un enseignement utile. Il nous est arrivé plus d'une fois d'être témoin de l'étonnement de certains détracteurs du XIIIe siècle, de leur désappointement même et de leur mauvaise humeur, quand nous leur signalions ici l'évidente infériorité de ces sculptures

---

1. Nous ignorons pour quelle raison Louis d'Outre-mer est compté ici parmi les empereurs; il ne porta jamais que le titre de roi.

modernes dépourvues de tout style comme de toute originalité.

Si les auteurs des six statues impériales avaient du moins pris la peine de consulter les manuscrits de nos bibliothèques, les mosaïques et les peintures de Rome, les tableaux et les reliquaires d'Aix-la-Chapelle [1], ils auraient pu produire des œuvres dans lesquelles le caractère des têtes et l'intérêt des costumes auraient compensé la pauvreté du dessin et l'indécision du ciseau. Mais il faut être doué déjà d'une espèce de génie, pour se rendre compte de ce qu'on ignore et pour savoir où l'étudier.

C'est avec orgueil que nous avons rencontré dans les plus illustres basiliques de la capitale du monde chrétien la glorieuse effigie de Charlemagne. Après mille ans et plus, le souvenir de ce qu'il a fait pour l'église est encore vivant. Une salle tout entière du Vatican lui est consacrée. Les pontifes romains n'ont pas oublié, dans leur juste reconnaissance, de placer l'image de Pépin, le vainqueur des Lombards et le défenseur du patrimoine de Saint-Pierre, à côté de celle du fondateur du nouvel empire d'Occident.

28. *Ermentrude* [2]. — Nous avons dit que les statues de Berthe et d'Ermentrude avaient été transposées à l'époque du premier classement, et nous avons indiqué à quel signe il était facile de les distinguer l'une de l'autre. L'erreur commise à Saint-Denis a passé au musée historique de Versailles, comme toutes celles que nous aurons à signaler encore. Le costume de l'impératrice Ermentrude ne diffère de celui de la reine Berthe que dans quelques détails de très-peu d'impor-

---

[1]. On apprendra avec intérêt que M. Albert Lenoir possède, dans son cabinet, un Charlemagne équestre en bronze, du IX<sup>e</sup> siècle, provenant de l'ancien trésor de Saint-Étienne de Metz où se conservent encore des vêtements qui ont appartenu à cet homme prodigieux.

[2]. *Musée des Monuments français*, n° 13.

CARLOMAN.                    LOUIS III.

tance. Ces mots se lisent près de la statue : HERMENTRVDIS REGINA VXOR CAROLI CALVI.

**29, 30. *Louis et Carloman*[1].** — S'il fallait en croire la chronique de Saint-Denis, Louis aurait été *homs plains de toutes ordures et toutes vanitez*. Voici au contraire en quels termes s'expriment sur ce prince les annales de Metz : « Tous « les peuples des Gaules pleurèrent sa mort avec une extrême « douleur. Il fut en effet homme de rare mérite, et défendit « courageusement et virilement contre les incursions des « payens le royaume qui lui était soumis. »

Carloman mourut âgé de dix-huit ans, deux années environ après son frère Louis, c'est-à-dire en 884. Quelques personnes assurent, disent les annales de Metz, que sa mort fut causée par une blessure qu'il reçut, à la chasse, d'un serviteur qui portait son arme sans attention ; comme le malheur était arrivé par le seul fait de l'imprudence de ce pauvre homme, le roi ne voulut pas en parler, dans la crainte de faire envoyer un innocent au supplice.

Les deux frères sont réunis sur un même tombeau. Louis, l'aîné, porte la barbe ; Carloman, le plus jeune, est imberbe. Le sculpteur a traité ces statues *avec amour*, comme disent les Italiens ; elles sont excellentes ; l'apparence virile de l'une, la jeunesse charmante de l'autre, produisent le plus heureux contraste. Louis est vêtu, par dessus sa tunique, d'un grand manteau à manches pendantes, ouvert en avant ; il a pour chaussure des bottes à tiges molles, à bouts pointus, sans talons. Comme Montfaucon l'a remarqué, le manteau de Carloman se rattache sur l'épaule droite au moyen de trois petits boutons. Cette dernière indication était précieuse ; on n'en a pas tenu compte ; aussi cette fois encore y a-t-il eu transposi-

[1]. *Musée des monuments français*, n° 14.

tion de noms. Les restaurateurs de Saint-Denis ont vraiment joué de malheur ; dès qu'une erreur était possible, ils s'empressaient de la commettre. L'épitaphe de Louis a donc été attribuée à Carloman et réciproquement :

LVDOVICVS REX FILIVS LVDOVICI BALBI<br>
KARLOMANNVS REX FILIVS LVDOVICI BALBI

Les détails de costume dont nous n'avons pas parlé reproduisent ceux des statues précédentes.

31. *Carloman, roi d'Austrasie.* — Ce prince était frère de Charlemagne ; il mourut en 771. Les annales du temps rapportent toutes qu'il fut inhumé à Reims, dans la basilique de Saint-Remy. Au siècle dernier, un sarcophage de marbre, à peu près semblable à celui de l'empereur Jovin, se voyait dans le collatéral du chœur de cette église et passait pour le tombeau de Carloman. D'un autre côté, on croyait au XIIIe siècle que le corps de Carloman reposait à Saint-Denis, puisque saint Louis lui fit ériger un monument. Quelques auteurs ont voulu expliquer cette contradiction en supposant une translation qui aurait eu lieu de Saint-Remy à Saint-Denis. Le fait de cette double sépulture n'en demeure pas moins obscur ; les destructions de 1793 ne nous ont pas laissé les moyens d'en découvrir la solution.

La statue de Carloman a d'ailleurs éprouvé toutes sortes de vicissitudes. Le Musée des monuments français en avait fait un Charles le Chauve et l'avait placée auprès de l'impératrice Ermentrude. A Saint-Denis elle a reçu un nouveau nom, celui de Henri Ier. On s'est procuré un Carloman d'emprunt, en faisant prendre un moulage [1] sur une autre figure, puis on a gravé dans le plâtre l'ancienne inscription :

---

1. Le plâtre paraît avoir été pris sur la statue du roi Eudes.

HUGUES CAPET.

KARLOMANNVS REX FILIVS PIPINI

Ce moulage a été lui-même surmoulé, et porte à Versailles le titre de Lothaire, l'avant-dernier roi de la seconde dynastie. Quelle complication d'erreurs !

32. *Eudes* [1]. — Ce grand homme, qui était le digne fils de Robert le Fort, mérita la couronne pour avoir chassé les Normands des murs de Paris. Son règne fut de courte durée. Il recommanda en mourant aux grands et à tous les princes des Francs qu'il avait convoqués auprès de lui, au château de Lafère, de reconnaître pour roi le jeune Charles, véritable et légitime héritier du royaume; c'est ainsi que s'exprime la chronique de Saint-Bertin. Eudes fut enterré à Saint-Denis, au milieu des autres rois.

Le costume, les attributs, la position du corps et des bras rappellent exactement la statue de Clovis II. Seulement les mains ne portent pas de gants; les fleurons de la couronne sont plus élevés et fouillés avec plus d'adresse; la barbe et les traits du visage ont été aussi mieux étudiés. La tête est fine, spirituelle et en même temps pleine de noblesse. L'inscription ne saurait être plus laconique :

ODO REX.

Nous sommes maintenant parvenus au collatéral et aux chapelles du chevet de la crypte. Là commence, pour ne plus finir, l'immortelle et féconde dynastie de Hugues Capet.

33. *Hugues Capet* [2]. — Le père de cette race capétienne, illustre et magnifique entre toutes les races du monde, repose

---

1. *Musée des Monuments français*, n° 15.
2. *Musée des Monuments français*, n° 16.

sur un modeste tombeau de pierre, comme les rois ses prédécesseurs. Son costume et ses attributs sont à peu près semblables à ceux du roi Eudes. L'épitaphe donne en trois mots le nom, le surnom et la qualité du prince :

HVGO CAPET REX.

Hugues mourut au château de Melun, le 24 octobre 996, et fut enseveli à Saint-Denis, auprès de son père Hugues le Grand. Voici, d'après le moine Helgaud [1], les dernières paroles qu'il aurait adressées à Robert, son fils et son successeur : « Bon fils, je t'adjure, au nom de la sainte et indivisible « Trinité, de ne pas livrer ton âme aux conseils des flatteurs « et de ne pas écouter les vœux de leur ambition, en leur fai- « sant un don empoisonné de ces abbayes que je te confie pour « toujours. Je désire également qu'il ne t'arrive point, conduit « par la légèreté d'esprit ou ému par la colère, de distraire ou « enlever quelque chose de leurs biens. Je te recommande « surtout de veiller à ce que, pour aucune raison, tu ne dé- « plaises jamais à leur chef commun, le grand saint Benoît, « qui est un accès certain auprès du souverain juge, un port « de tranquillité et un asile de sûreté après la sortie de la « chair. » Les amis particuliers auxquels Hugues confiait le soin de la grandeur future de sa race, étaient la bienheureuse Marie, saint Benoît, père et chef des moines, saint Martin, saint Aignan, et les victorieux martyrs Corneille et Cyprien. Mais il vénérait peut-être encore davantage le glorieux martyr Denis et l'illustre vierge Geneviève [2]. La reine Adélaïde témoignait aux saints sa piété en brodant elle-même de riches

---

1. Nous avons suivi à peu près la traduction de M. Guizot, dans les textes tirés des historiens de nos premiers siècles.
2. HELGAUD, *Vie de Robert le Pieux*.

ornements pour leurs églises. Elle fit pour saint Denis un ornement superbe qui représentait le monde. Elle donna aussi au grand saint Martin une chape qu'elle avait travaillée en or pur. On y voyait, entre les épaules, la majesté du pontife éternel; les chérubins et les séraphins humiliant leurs têtes devant le dominateur de toutes choses; et sur la poitrine, l'agneau de Dieu victime de notre rédemption, placé entre les quatre animaux symboliques qui adoraient le Seigneur de gloire [1].

34, 35. *Restes des anciens rois.* — A côté de la statue de Hugues Capet, un arc à plein cintre porté par d'antiques colonnes donne entrée dans une salle vide, complétement obscure, d'où, par un étroit passage, vous pouvez arriver à l'ancien caveau du maréchal de Turenne. Là, sont déposés derrière deux grandes tables de marbre noir couvertes d'inscriptions, les cercueils qui contiennent les débris retirés en 1817 des fosses de la cour des Valois. La table de marbre placée à main gauche porte les noms de dix-huit rois, de dix reines, de vingt-quatre princes ou princesses, de quatre abbés de Saint-Denis, et de sept autres personnages admis à l'honneur de la sépulture royale. Sur la seconde table, à main droite, on lit soixante-un noms; ce sont ceux de sept rois et de sept reines, et de quarante-sept princes ou princesses. Les inscriptions ne relatent que les personnages dont les corps furent exhumés au mois d'octobre 1793; elles ne font aucune mention de ceux dont les cendres avaient été profanées au mois d'août précédent, lors de la destruction des tombeaux. Les cercueils déposés à gauche contiennent les restes retrouvés dans la première fosse, où furent jetés les corps pendant les journées des 12, 14, 15 et 16 octobre; les ossements exhumés

---

[1]. HELGAUD, *Vie de Robert le Pieux.*

de la fosse qui reçut tous les autres corps, et principalement ceux de la famille presque tout entière des Bourbons, sont renfermés dans des cercueils placés sur la droite. Ce fut le 19 janvier 1817 que fut célébrée la grande cérémonie expiatoire de la réintégration des cendres royales dans l'église. Quelques erreurs existent dans les inscriptions. Ainsi, on indique comme transporté de Royaumont, le corps de Tristan, comte de Nevers, qui avait été inhumé à Saint-Denis en même temps que saint Louis, son père. A la suite des deux listes, il est écrit qu'elles ont été dressées d'après les ordres de Henri Evrard de Dreux, marquis de Brézé, baron de Berrie, grand maître des cérémonies de France.

De la salle qui précède l'ancien caveau de Turenne, on monte par sept ou huit marches à un autre caveau qui contient deux cercueils de plomb couchés sur des tréteaux de fer. Les restes de Louis VII, extraits de l'église abbatiale de Barbeau, ont été recueillis dans un des cercueils. L'autre enveloppe le corps de Louise de Lorraine, femme de Henri III, qui avait été inhumée à Paris, dans l'église des Capucines de la place Vendôme, et que l'acquéreur de cet édifice fit décemment porter, après la révolution, au cimetière du Père-Lachaise. Ce corps fut amené à Saint-Denis trois jours avant la solennité expiatoire dont nous venons de parler.

36, 37. *Robert et Constance d'Arles*[1]. — Le moine Helgaud nous a laissé un long et pathétique récit de la mort du roi Robert; nous en citerons quelques lignes. « Peu de temps « après avoir reçu le saint et salutaire viatique du corps vivi- « fiant de notre seigneur Jésus-Christ, Robert alla au Roi des « rois, au Seigneur des seigneurs, et entra heureux dans les « célestes royaumes. Il mourut le vingtième jour de juillet

---

[1]. *Musée des Monuments français*, n° 17.

ROBERT.           CONSTANCE (D'ARLES).

« (1031) au commencement de la journée du mardi, au châ-
« teau de Melun, et il fut porté à Paris, puis enseveli à Saint-
« Denis, près de son père. Il y eut là un grand deuil, une dou-
« leur intolérable; car la foule des moines gémissait sur la
« perte d'un tel père, et une multitude innombrable de clercs
« se plaignait de leur misère que soulageait avec tant de piété
« ce saint homme. Un nombre infini de veuves et d'orphelins
« regrettait tant de bienfaits reçus de lui. Tous poussaient
« de grands cris jusqu'au ciel, disant d'une commune voix :
« Grand Roi, Dieu bon, pourquoi nous tuer ainsi en nous
« ôtant ce bon père et l'unissant à toi ! » Ils se frappaient avec
« les poings la poitrine, allaient et venaient au saint tombeau,
« répétaient encore les paroles marquées plus haut, et se joi-
« gnaient aux prières des saints afin que Dieu eût pitié de lui
« dans le siècle éternel. Dieu! quelle douleur causa cette
« mort. Tous s'écriaient avec des clameurs redoublées : « Tant
« que Robert a régné et commandé, nous avons vécu tran-
« quilles, nous n'avons rien craint; que l'âme de ce père
« pieux, ce père du sénat, ce père de tout bien, soit heureuse
« et sauvée ! qu'elle monte et habite pour toujours avec Jésus-
« Christ, Roi des rois !.......... Dans tout cela nous avons un
« grand sujet de douleur, en voyant qu'un tel et si grand
« homme repose sans une pierre ornée d'inscriptions, sans
« monument, sans épitaphe, lui dont la gloire et la mémoire
« ont été en bénédiction à toute la terre. »

Saint Louis répara envers le roi Robert la négligence des contemporains. Doublet nous apprend qu'à la fin du xvie siècle le tombeau de ce prince était encore enrichi de peintures bien conservées, et que des fleurs de lis d'or s'y relevaient partout sur l'azur des vêtements. Quelques traces de cette décoration se distinguent encore.

Le costume de Robert rappelle celui du roi Eudes; la statue

de Constance d'Arles présente aussi, quant à l'ajustement des vêtements, beaucoup de ressemblance avec celle d'Ermentrude. Indiquons seulement les différences. Robert porte la barbe et les moustaches plus courtes que ses prédécesseurs; il a les pieds chaussés de bottes comme le roi Louis III. Des fleurs de lis remplacent les fleurons ordinaires sur la couronne de la reine Constance; le voile de cette princesse encadre le visage, et ses deux bouts vont se rejoindre sur la poitrine; la main gauche tient un petit livre de prières, et la droite se porte vers le lien du manteau. L'épitaphe a été rétablie :

ROBERTVS REX. CONSTANTIA REGINA VXOR ROBERTI.

38. *Henri I*[er]. — La statue de ce prince paraît avoir été détruite en 1793 : elle ne figure pas dans les catalogues des Petits-Augustins. Celle qui porte aujourd'hui le nom de Henri Ier n'est autre chose que l'effigie de Carloman, frère de Charlemagne [1]. L'examen du costume ne nous fournit aucune observation que nous n'ayons déjà faite au sujet des rois Eudes et Hugues Capet. Voici l'inscription :

HENRICVS REX FILIVS ROBERTI.

39. *Louis VI*. — L'effigie de Louis le Gros avait eu le même sort que celle de Henri Ier. On en a refait une nouvelle à l'époque du rétablissement des tombeaux : elle est composée d'un corps de plâtre moulé sur une des anciennes statues royales, et d'une tête de même matière inventée par un sculpteur moderne qui s'est évidemment proposé de justifier par l'ampleur de la face le surnom de *Gros* donné à Louis VI. L'inscription ancienne a été remise sur le plâtre :

---

[1]. *Musée des Monuments français*, n° 13.

#### LVDOVICVS GROSSVS REX.

Nous regrettons vivement que l'espace dont nous pouvons disposer pour chaque personnage, ne nous permette pas de rapporter en son entier le beau passage de l'histoire de Louis le Gros, dans lequel Suger nous peint les grands et nobles sentiments de ce prince aux derniers jours de sa vie. Nous en choisirons cependant quelques lignes. « Après avoir reçu en « communion le corps et le sang de Jésus-Christ, le roi rejetant « loin de lui toutes les pompes de l'orgueil du siècle, s'étendit « sur un lit de simple toile. M'ayant vu pleurer sur lui qui, « par le sort commun aux hommes, était devenu si petit et si « humble de si grand et si élevé qu'il était, il me dit : « Ne « pleure pas sur moi, très-cher ami, mais plutôt triomphe et « réjouis-toi de ce que Dieu, dans sa miséricorde, m'a donné, « comme tu le vois, les moyens de me préparer à paraître « devant lui....... Un peu avant de mourir, il ordonna qu'on « étendît un tapis par terre, et que sur ce tapis on jetât des « cendres en forme de croix ; puis il s'y fit porter et déposer « par ses serviteurs, et fortifiant toute sa personne par le signe « de la croix, il rendit l'âme le jour des calendes d'août « (1er août 1137), dans la trentième année de son règne et « presque la soixantième de son âge. Son corps fut à l'heure « même enveloppé de riches étoffes pour être transporté et « enterré dans l'église des saints martyrs. »

Suger raconte ensuite comment on trouva la sépulture du roi des Français, Carloman, dans le lieu où l'on se disposait à inhumer le corps de Louis VI, et comment on fut amené à le placer entre l'autel de la Sainte-Trinité et celui des martyrs, dans un endroit où le prince avait témoigné lui-même, par une sorte de pressentiment miraculeux, le désir d'avoir son tombeau. « On

« l'y déposa donc avec le cérémonial d'usage pour les rois,
« au milieu de chants nombreux, d'hymnes et de prières,
« après lui avoir fait de pieuses et solennelles funérailles. C'est
« là qu'il attend d'être admis à jouir de sa résurrection future,
« et qu'il est d'autant plus près de se réunir en esprit à la
« troupe des esprits célestes, que son corps est plus voisin des
« corps des saints martyrs et plus à portée d'en être protégé.

> « Felix qui potuit mundi nutante ruina
> « Quo jaceat præscisse loc°.....

« Puisse le Rédempteur ressusciter l'âme de ce roi à l'inter-
« cession des saints martyrs pour lesquels il avait un si pieux
« dévouement! puisse cette âme être placée au rang des saints
« par celui qui a donné la sienne pour le salut du monde, notre
« seigneur Jésus-Christ qui vit et règne, Roi des rois, et maître
« des puissances, aux siècles des siècles. Amen [1]. »

40, 41. *Louis VII et Constance de Castille.* — Comme celle de son prédécesseur, l'effigie de Louis VII n'est qu'un moulage exécuté en plâtre qui n'a droit de notre part à aucune attention. La statue de la reine Constance, au contraire, date du xiii° siècle ; son visage est calme et souriant, son costume diffère à peine de celui de Constance d'Arles. La robe est longue et serrée au corps par une ceinture ; de larges fleurons s'épanouissent à la couronne ; la main gauche tient un sceptre à pomme de pin, tandis que la droite relève un pan du manteau. On a gravé auprès du roi :

LVDOVICVS REX.

---

1. SUGER, *Vie de Louis-le-Gros.*

A côté de la reine :

CONSTANTIA REGINA.

L'inscription ancienne ajoutait au nom de la reine ce trait qu'on a omis :

QVE VENIT DE HISPANIA.

Le moine Rigord a consigné, dans sa chronique, d'intéressants détails sur la sépulture de Louis VII. « L'année 1181, « dit-il, le jeudi dix-huitième jour de septembre, mourut à « Paris Louis, roi des Français. Son corps fut honorablement « enseveli et couvert d'aromates dans l'église de Sainte-Marie « de Barbeau, qu'il avait fondée. C'est là qu'en l'honneur de « notre seigneur Jésus-Christ et de la bienheureuse mère de « Dieu, Marie toujours vierge, de saints religieux célèbrent jour « et nuit les offices divins pour l'âme du défunt roi, pour celles « de tous ses prédécesseurs et pour le salut du royaume de « France. C'est aussi dans cette église, et sur le lieu même de « la sépulture du roi, que l'illustre reine des Français, Adèle, « son épouse [1] et mère de Philippe-Auguste, roi des Français, « fit construire un tombeau où l'art le plus exquis avait fait un « heureux mélange des matières les plus brillantes, d'or et « d'argent, d'airain et de pierres précieuses. Jamais chef-« d'œuvre aussi étonnant n'avait paru dans aucun royaume « depuis le règne de Salomon. »

En 1182, Philippe-Auguste ordonna qu'un cierge allumé fût entretenu à toujours devant le tombeau de son père. L'époque de la destruction du somptueux monument érigé par la reine Adèle, n'est pas connue. Millin [2] nous a conservé la descrip-

---

1. Adèle ou Alix, fille de Thibaut le Grand, comte de Champagne, troisième femme de Louis VII.
2. MILLIN, *Antiquités nationales*, t. II, n° 13, Paris, 1791.

tion et la gravure du tombeau qui existait encore au moment de la révolution. C'était un sarcophage de marbre, placé isolément au milieu du chœur et porté sur deux piliers ; les inscriptions qui en couvraient les deux grands côtés indiquaient qu'il avait été restauré en 1695 par le cardinal de Furstemberg, abbé de Barbeau, évêque et prince de Strasbourg. Le sarcophage était donc moderne, mais la statue de pierre couchée par-dessus paraissait plus ancienne de trois ou quatre siècles. Les gravures [1] qui nous en restent ne nous permettent malheureusement pas d'en déterminer l'âge d'une manière bien précise. « Ce tombeau, dit Millin, était menacé de la destruc« tion qui a déjà anéanti plusieurs monuments de notre his« toire. L'assemblée nationale a décrété, sur la demande du dé« partement de Seine-et-Marne, qu'il serait transporté à Fon« tainebleau (1790). » Le décret conservateur n'aura pas reçu d'exécution, ou le monument aura été détruit plus tard ; ce qui n'est que trop certain, c'est qu'il ne subsiste plus. Un manteau et une tunique composaient le costume du roi ; de petites fleurs de lis étaient brodées au col et aux manches de la tunique ; des fleurons garnissaient la couronne ; une pomme de pin terminait le sceptre placé dans la main droite ; la pierre tombale était semée de fleurs de lis.

Mézeray rapporte, dans son histoire de France, que le roi Charles IX, étant à Fontainebleau, eut le curiosité de faire ouvrir le tombeau de Louis VII. On y trouva le corps presque tout entier, un sceptre, des sceaux en argent, et des ornements royaux à demi consumés par la pourriture. « Il avait des an« neaux aux doigts et une croix d'or au cou ; le roi et les princes « du sang qui se trouvèrent là présents, les prirent pour les

---

1. *V.* Millin, *Antiquités nationales;* Montfaucon, *Monuments de la monarchie française,* t. II, p. 70.

« porter en mémoire d'un si bon et religieux prédécesseur. »

Sous le règne de Napoléon, l'abbaye de Barbeau devint une maison d'éducation pour les filles des membres de l'ordre de la Légion-d'Honneur. Une chapelle fut établie au milieu de quelques piliers, derniers débris de l'église conventuelle. D'après les indications données par un ancien religieux du monastère, alors curé du village de Chartrettes, situé entre Barbeau et Melun, on plaça une inscription sur le lieu où devaient se trouver encore les restes de Louis VII. Quand arriva l'époque du rétablissement des tombes royales, en 1817, le gouvernement fit procéder, en présence du religieux dont nous venons de parler, à une reconnaissance solennelle de la sépulture du prince, et les ossements qu'on retrouva dans un coffre de plomb furent apportés à Saint-Denis [1].

42. *Philippe, fils de Louis VI.* — Les circonstances de la mort du jeune Philippe présentent une douloureuse ressemblance avec celles qui ont accompagné les derniers moments de l'infortuné duc d'Orléans. « Dans ce temps (13 octobre
« 1131), il arriva, dit l'abbé Suger, un malheur étrange. Le
« fils aîné du roi Louis, Philippe, enfant dans la fleur de l'âge,
« et d'une grande douceur, l'espoir des bons et la terreur des
« méchants, se promenait un jour à cheval dans un faubourg
« de la cité de Paris; un détestable porc se jette dans le che-
« min du cheval; celui-ci tombe rudement, renverse, écrase
« contre une pierre le noble enfant qui le montait, et l'étouffe
« sous le poids de son corps. Ce jour-là même on avait con-
« voqué l'armée pour une expédition; aussi les habitants de la
« ville et tous les autres qui apprennent cet événement, con-
« sternés de douleur, crient, pleurent, poussent des sanglots,

---

[1]. Les restes de l'abbaye de Barbeau que nous avons visités il y a peu d'années, et qui n'étaient plus que d'un intérêt médiocre, ont été récemment aliénés et détruits complétement.

« s'empressent à relever le tendre enfant presque mort, et le
« portent dans une maison voisine. O douleur! à l'entrée de la
« nuit il rendit l'âme. Quelle tristesse et quel désespoir acca-
« blèrent son père, sa mère et les grands du royaume! Homère
« lui-même ne pourrait l'exprimer. On l'enterra dans l'église
« du bienheureux Denis, dans le lieu réservé à la sépulture des
« rois et à la gauche de l'autel de la Sainte-Trinité, avec tout
« le cérémonial usité pour les rois, en présence d'une foule
« d'évêques et de grands de l'État [1]. »

La statue du prince Philippe est la dernière de celles que saint Louis fit ériger dans l'église de Saint-Denis. Le sculpteur a su donner de la grâce et de la sensibilité à la tête imberbe et juvénile de ce fils de roi, enlevé par une mort si funeste. La tunique et le manteau se drapent autour du corps avec autant d'élégance que de simplicité. Le sceptre et la couronne attestent, d'accord avec l'histoire écrite, que Louis VI, suivant l'exemple de ses prédécesseurs, avait fait couronner son fils à Reims, et l'avait associé à l'exercice des fonctions royales. La pierre tombale sur laquelle repose la statue, porte ces mots :

**PHILIPPVS REX FILIVS LVDOVICI GROSSI.**

43, 44. *Louis VIII. Blanche de Castille.* — Le procès-verbal d'exhumation que nous avons rapporté et les détails que nous y avons ajoutés, ont fait assez connaître les circonstances de la sépulture de Louis VIII. Il nous reste à dire que ses entrailles furent déposées dans le tombeau des dauphins d'Auvergne, à l'abbaye de Saint-André de Clermont.

Trois abbayes de femmes se partagèrent en 1258 les dépouilles mortelles de Blanche de Castille. Maubuisson eut son

---

[1]. Suger, abbé de Saint-Denis, *Vie de Louis le Gros.*

corps; le Lys, son cœur; Saint-Corentin-lez-Mantes, ses entrailles [1]. Des monuments s'élevèrent sur cette triple sépulture; ils n'existent plus. Le plus remarquable des trois était le tombeau surmonté d'une statue de cuivre que l'abbaye de Maubuisson conserva au milieu du chœur des religieuses, jusqu'au moment de la révolution. Blanche portait le costume de l'ordre de Cîteaux qu'elle avait voulu revêtir au moment de sa mort [2]; une épitaphe latine en huit vers léonins célébrait sa gloire et sa piété. Mais *le Moniteur* de 1793 nous apprend que cette année-là, on transporta de Maubuisson à Pontoise plusieurs tombereaux remplis d'armoiries, de figures de rois et de reines, de couronnes, de titres de princes et *autres aliments de l'orgueil*. Quelques-uns de ces objets furent brisés, d'autres livrés aux flammes; on expédia les saints d'or et d'argent à la Monnaie de Paris; les tombeaux avaient été saccagés, les cuivres et les plombs arrachés des cercueils ou des monuments. A l'aide d'un peu d'alliage, l'effigie de Blanche devint une pièce d'artillerie. Le Musée des monuments français ne recueillit de la dépouille de Maubuisson qu'une statue en marbre noir représentant Catherine de Courtenay [3], impératrice de Constantinople, femme de Charles de France, comte de Valois. Les Petits-Augustins étaient alors tout occupés à chercher les moyens de produire au public un tombeau quel-

---

1. Maubuisson a été détruit; quelques salles basses d'une belle construction, converties en étables, subsistent seules aujourd'hui. Les bâtiments de Saint-Corentin ont aussi été démolis. Les ruines de l'église du Lys appartiennent à un illustre guerrier, M. le marquis de Latour-Maubourg. On pense que des fouilles faites dans l'ancien sanctuaire pourraient amener la découverte du tombeau et du cœur de la reine.

2. Blanche, dit Mathieu Paris, fut faite religieuse professe et voilée avant sa mort; on plaça ensuite la couronne sur le voile, on revêtit le corps des ornements royaux, et on le porta ainsi au lieu de la sépulture.

3. V. *l'Histoire du diocèse de Paris*, par l'abbé LEBEUF, et la *Gallia christiana* des Bénédictins.

conque de la mère de saint Louis. L'impératrice nouvelle venue était noire; des archéologues, amis du calembour et railleurs, jugèrent qu'il serait infiniment plaisant d'en faire une reine Blanche. Une chapelle fut donc improvisée; on la construisit, comme celle d'Héloïse et d'Abélard, avec les débris qu'on avait sous la main, puis on y plaça, au-dessus d'un ancien devant d'autel, la figure de Catherine de Courtenay, et on affirma sur la pierre, en style du xiiie siècle, que c'était le vrai tombeau de *Madame la royne Blanche mere de Monsieur saint Loys* [1], sorti sain et sauf des ruines de Maubuisson.

Catherine de Courtenay la noire passa des Petits-Augustins à Saint-Denis avec le nom de Blanche que M. Lenoir, son parrain, lui avait imposé et qu'elle continua de porter pendant quelque vingt ans. C'est d'après elle que M. Etex a sculpté une Blanche de Castille en marbre pour le musée de Versailles. Nous avons eu bien de la peine à obtenir que la statue originale reprît son véritable nom.

Pour suppléer à l'absence d'un personnage aussi important que Blanche de Castille, on a fait lever un moulage d'une figure de reine sculptée au pignon du tombeau de Nantilde, et désignée, nous l'avons dit, sans aucune preuve comme représentant la mère de saint Louis. Elle a été posée sur un sarcophage moderne dont la partie antérieure est revêtue d'un devant d'autel très-curieux, qui provient originairement de Saint-Denis, et qui, au Musée des Monuments français, fut employé au tombeau de Blanche de Castille. Il consiste en une table de pierre de liais découpée en petites losanges qui sont au nombre d'environ deux cents. Chaque losange contient un emblème héraldique, une figure ou un écusson peints et re-

---

[1]. *Musée des Monuments français*, n° 431.

couverts d'une plaque de verre. Vous y remarquerez des fleurs de lis, des tours, des aigles éployées, plusieurs écussons mi-partis France et Castille, d'autres bandés d'or, ou gironés, ou échiquetés d'argent et d'azur, des lions, des quatrefeuilles, des oiseaux tantôt seuls, tantôt réunis deux à deux, des fleurons, des rosettes et bien d'autres signes du même genre. Le blason des Montmorency d'or à la croix de gueules cantonnée d'alérions d'azur s'y trouve une fois; mais les alérions ne sont qu'au nombre de douze au lieu de seize, ce qui tient peut-être au rétrécissement de la forme losangée.

En arrière de ce tombeau une colonne en marbre de couleur, surmontée d'un chapiteau en marbre blanc très-ancien et très-mutilé [1], porte un buste de roi moitié en pierre, moitié en plâtre. Cette tête de fantaisie qui provient d'une clef de voûte du XIII$^e$ siècle, a reçu le nom de Louis VIII. Elle est si bien en possession de son titre usurpé qu'elle a été copiée en marbre pour le musée historique de Versailles, où elle tient sa place parmi les portraits authentiques.

45. *Inscription commémorative*. — Une inscription destinée à conserver le souvenir de la translation des tombes royales de Royaumont à Saint-Denis fut gravée en 1791 sur une table de marbre blanc. Elle avait été conservée; mais quand il s'est agi de la replacer, le morceau de marbre a été trouvé trop long pour l'espace qu'on lui avait assigné; on l'a donc rogné, et l'inscription a été gravée une seconde fois en plus petits caractères sur le revers de la plaque. En voici le texte :

ICY REPOSENT LES CENDRES<br>
ET OSSEMENS<br>
DE<br>
PHILIPPE, DIT DAGOBERT,

---

[1]. Toutes les volutes de ce chapiteau ont été abattues symétriquement, ce qui lui a donné un aspect des plus singuliers.

FRÈRE DE Sᵗ. LOUIS,
LOUIS, FILS AÎNÉ DE Sᵗ. LOUIS,
MORT EN 1260,
JEAN, TROISIÈME FILS DE Sᵗ. LOUIS,
MORT EN 1248,
BLANCHE, FILLE AÎNÉE DE Sᵗ. LOUIS,
MORTE EN 1243,
LOUIS ET PHILIPPE, FILS DE PIERRE,
COMTE D'ALENÇON
CINQUIÈME FILS DE Sᵗ. LOUIS,
OTE, FILS DE PHILIPPE D'ARTOIS,
MORT EN 1291.

*Transférés de l'Abbaye de Royaumont
en cette Eglise de Sᵗ. Denis,
le premier Août* M DCC XCI.

46, 47. *Philippe, frère de saint Louis. Louis, fils de saint Louis* [1] (de l'abbaye de Royaumont). De tous les monuments que nous avons rencontrés jusqu'à présent, celui-ci est le premier qui soit contemporain du prince dont il recouvrait les restes. Le savant Millin, qui avait visité l'abbaye de Royaumont avant sa destruction, en a décrit et fait graver soigneusement les divers monuments et les tombeaux [2]. Avec le secours de ses gravures et de son texte, nous pouvons acquérir la certitude que les restaurateurs des tombeaux de Saint-Denis se sont encore trompés dans l'attribution des deux grands

---

1. *Musée des Monuments français*, nº 22.
2. MILLIN, *Antiquités nationales*, t. II, nº XI. L'église de Royaumont était grande et belle comme une cathédrale du XIIIᵉ siècle. Quelques chapiteaux énormes et des pans de murs qui dessinent encore le plan de l'édifice, sont tout ce qui en reste. L'abbaye subsiste avec son cloître, son réfectoire et ses bâtiments de service construits aux XIIIᵉ et XIVᵉ siècles.

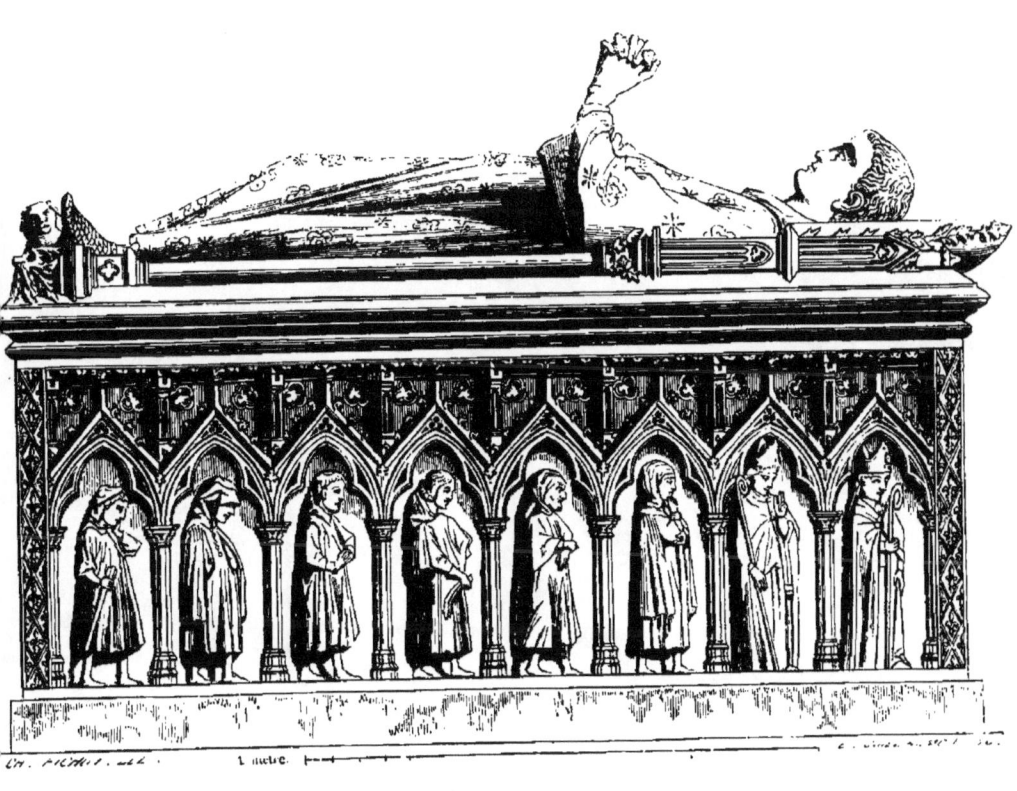

tombeaux de pierre tirés de Royaumont ; ils ont transposé les noms et les épitaphes de Philippe, frère de saint Louis, et de Louis, fils aîné du même roi. Nous décrirons les monuments, sans tenir compte de cette erreur, en rendant à chacun ce qui lui appartient [1].

Les deux tombeaux avaient été construits isolément au milieu du chœur de l'église abbatiale. Ils étaient en pierre et complètement peints. Millin vante l'éclat de l'outremer dont l'enlumineur s'était servi pour préparer les bleus et qui avait conservé une fraîcheur extraordinaire. Depuis le rétablissement de ces tombeaux à Saint-Denis, toute la sculpture en a été restaurée, et la peinture ancienne a disparu sous une couche nouvelle qui, après une durée de trente ans à peine, s'en va déjà par morceaux. Les monuments ne sont plus isolés ; en les adossant à des murs on les a privés d'une partie considérable de leur ornementation.

Philippe, frère de saint Louis, était né en 1221 ; il portait le surnom de Dagobert ; la date précise de sa mort ne se trouve pas dans les généalogies de la maison de France ; on sait seulement qu'il mourut jeune. Louis ne vécut pas tout à fait seize ans ; c'était, suivant les termes de son épitaphe que l'histoire a confirmés, un jeune homme plein de grâces devant Dieu et devant les hommes, recommandable par la droiture de ses mœurs.

Les deux princes sont couchés sur leurs tombeaux. Ils ont le visage imberbe, les traits juvéniles, les cheveux courts et coupés en rond, les mains jointes, les pieds posés sur des animaux. Une ogive portée sur deux colonnettes et surmontée d'un pignon feuillagé encadre la statue de Louis ; des cloche-

[1]. Le lecteur voudra donc bien se rappeler que l'épitaphe qui conviendrait au prince Louis a été tracée sur le monument de Philippe, et réciproquement. Cette transposition doit d'ailleurs disparaître prochainement.

tons, des mascarons et des crossettes décorent aussi cette architecture. Une première tunique de couleur rouge, un vêtement de dessus peint en bleu et or, qui peut passer pour une seconde robe ou pour un manteau, des bottines d'azur rehaussées d'or, composent le costume des deux jeunes princes. Les têtes garnies de cheveux d'or ne portent point de couronnes. Le manteau de Louis est à grandes manches pendantes; celui de Philippe, dépourvu de manches, a quelque ressemblance avec une dalmatique. Philippe est représenté dans l'attitude calme ordinaire aux figures couchées sur des tombeaux. Louis tend les mains en avant et semble invoquer avec une ferveur toute particulière la divine miséricorde. De toutes les figures sépulcrales réunies à Saint-Denis, celle-ci est la seule à laquelle la sculpture ait voulu donner le mouvement de la vie. Un lévrier d'or se tient couché sous les pieds de Louis; un lion ayant entre ses pattes la cuisse d'un animal qu'il a vaincu, est accroupi au-dessous de Philippe. La tête du premier de ces princes repose sur un simple coussin; l'autre a un double oreiller près duquel sont agenouillés deux anges portant la navette et l'encensoir. Par une singularité des plus bizarres, les traits d'une de ces petites figures, qui a conservé sa tête ancienne, rappellent d'une manière frappante ceux de Louis XVIII; l'autre tête n'est qu'une copie de celle-là.

Les sarcophages sont très-remarquables. Malheureusement il ne reste plus à chacun d'eux qu'un seul des quatre bas-reliefs qui les environnaient autrefois sur toutes leurs faces. Le sarcophage de Philippe est d'un style un peu plus ancien; le bas-relief se divise en sept ogives trilobées, d'une forme un peu lourde et surbaissée, soutenues par des colonnettes monostyles; des fleurs de lis se voient sur les montants et sur le bord supérieur de l'encadrement; des châteaux de Castille sont sculptées entre les retombées des archivoltes. Les niches formées par les sept ogives sont occupées alternativement par des figures de moines et par des anges. Deux moines tiennent des livres; un troisième tout encapuchonné croise tristement les bras. Les anges, au nombre de quatre, portent, celui-ci une torche, celui-là un encensoir, un autre un bénitier avec l'aspersoir; un dernier est tout mutilé. Quelques fragments des autres côtés de l'arcature existent à Saint-Denis dans les magasins; mais la plus grande partie en a été dispersée.

Au tombeau du fils de saint Louis, l'arcature est beaucoup plus fine et plus élégante. Les huit ogives qui la composent ont pour appuis des faisceaux de trois colonnettes; elles sont accompagnées de trèfles, de pignons, de crossettes, de feuillages; des tourelles évidées et crénelées, d'un travail très-délicat, s'élèvent entre les archivoltes; des fleurs de lis et des châteaux garnissent les montants placés aux encoignures du socle. Les statuettes debout sous les arcs figurent la marche du convoi de Louis. Deux évêques s'avancent les premiers avec leurs insignes; une femme vient ensuite, la tête voilée; mais comme cette statuette a été fortement restaurée nous n'en pouvons rien dire; cinq autres personnages en costumes civils paraissent être des gens de la maison du prince. Le bas-relief qui correspondait à celui-ci de l'autre côté du monument se trouve encore dans les magasins de l'église; il était destiné à devenir devant d'autel, mais nous espérons qu'il pourra être rendu à sa destination primitive. Millin signale encore les bas-reliefs des deux petits côtés du tombeau. Sur l'un étaient représentées deux femmes en pleurs; j'ignore ce qu'il sera devenu. L'autre était d'une haute importance historique; les auteurs le citent comme un monument précieux de la suzeraineté du roi de France sur le roi d'Angleterre. « On y voyait, « dit Millin, le cercueil de Louis porté par les barons de

« France et par le roi d'Angleterre... Une figure couronnée
« porte sur l'épaule un des bâtons ; c'est le roi anglais [1]. »
Cette sculpture si intéressante a été employée à la décoration
d'un des pignons de la chapelle funéraire d'Héloïse et d'Abélard, passée du musée des Petits-Augustins au cimetière du Père-Lachaise ; l'enterrement du fils de saint Louis est maintenant celui de l'amant d'Héloïse. Vous pouvez aussi retrouver au même monument un morceau du sarcophage du prince Philippe, et un ange qui porte dans ses bras l'âme du jeune Louis à laquelle il présente la palme des élus.

Les inscriptions écrites en lettres d'or sur les deux tombeaux ne reproduisent pas les anciennes, qui étaient fort belles.

48, 49. *Saint Louis. Marguerite de Provence.* Bustes en plâtre moulés sur les statues de Charles V et de Jeanne de Bourbon que nous avons décrites avec les monuments de l'église haute. Ces moulages sont coloriés et dorés ; des couvre-chefs en tourelles et des consoles feuillagées, également façonnés en plâtre, les accompagnent. On lit sur les piédouches :

MONS<sup>R</sup>. SAINT LOYS MORT EN MCCLXX.
MARGUERITE DE PROUENCE MORTE EN MCCLXXXXV.

50, 51. *Monuments de la bataille de Bouvines* [2] (de Sainte-Catherine-du-Val-des-Écoliers, à Paris) [3]. Ce sont deux longues

---

[1]. Le corps de saint Louis, écrit le P. Anselme en son *Histoire de la Maison de France*, fut porté une partie du chemin depuis Saint-Denis par Henri III, roi d'Angleterre, et par les barons de France et d'Angleterre sur leurs épaules, cérémonie qui est représentée sur le tombeau, où le prince est couvert d'un drap d'or bordé d'une bande d'étoffe bleue, semée de fleurs de lis d'or, la tête soutenue par le roi saint Louis, et les pieds par le roi d'Angleterre.

2. *Musée des Monuments français* n° 20.

3. L'église de Sainte-Catherine a été démolie sous le règne de Louis XVI ; un marché public en prit la place. Elle était le siège de la confrérie des sergents

MONUMENT DE LA VICTOIRE DE BOUVINES.

pierres gravées en creux, rehaussées d'or et de couleur, qui représentent l'accomplissement du vœu fait par les sergents d'armes pendant ce glorieux combat de Bouvines, dont la renommée, après plus de six cents années, égale encore celle de nos plus illustres victoires. Les inscriptions gravées en deux lignes, au-dessus de chacune des deux tables, disent mieux que nous ne pourrions le faire à quels nobles souvenirs se rattachent ces monuments ; les voici :

A LA PRIERE DES SERGENS DARMES MONS⁸ SAINT LOYS FONDA
CESTE EGLISE ET Y MIST LA PREMIERE
PIERRE ET FU POUR LA JOIE DE LA VITTOIRE QUI FU AU PONT DE
BOUINES LAN MIL. CC. ET. XIIII.
LES SERGENS DARMES POUR LE TEMPS GARDOIENT LEDIT PONT ET
VOUERENT QUE SE DIEU LEUR
DONNOIT VITTOIRE ILS FONDEROIENT VNE EGLISE EN LONNEUR DE
MADAME SAINTE KATHERINE ET AINSI FU IL

Ces inscriptions ne sont-elles pas d'une simplicité et d'une concision admirables ? Le dernier trait surtout qui résume en trois mots la victoire remportée et le vœu accompli, nous paraît d'une portée sublime.

Les fonds sont semés de losanges et de fleurons. Sur le premier bas-relief, saint Louis, en habits royaux, semble, à son geste, indiquer la nouvelle église à deux sergents d'armes qui sont debout devant lui et vêtus du costume de cérémonie qu'ils portaient dans leurs fonctions d'huissiers de la chambre du roi ; ils tiennent des masses ornées de fleurs de lis. Saint Louis s'appuie sur un sceptre aussi long qu'une crosse d'évêque ; un nimbe lui entoure la tête ; ses traits, vigoureusement accen-

---

d'armes qui avaient droit de sépulture dans l'église et dans le cloître. Après la mort de chaque confrère, son écu et sa masse étaient appendus aux murs de l'église.

tués, ne ressemblent en rien à ceux du buste (n° 48) placé immédiatement au-dessus.

Deux sergents d'armes, tout couverts d'armures de fer, figurent à l'autre bas-relief, et s'adressent à un religieux vêtu du froc et du manteau à capuchon ; on croirait que le moine leur promet la victoire en recevant leur vœu. Les quatre guerriers ont la barbe rase, ils portent seulement une petite touffe de poils sur chaque joue.

Il y aurait une foule de détails curieux à donner sur les personnages de ces deux bas-reliefs; nous sommes contraint, pour ne pas être trop long, de les abandonner à la sagacité du lecteur. Le dessin des figures, les costumes, le style et les caractères des inscriptions prouvent évidemment que les deux monuments furent érigés dans l'église de Sainte-Catherine, en 1376, à l'époque où Charles V constitua d'une manière définitive la confrérie des sergents d'armes.

52. *Charles d'Anjou* (des Jacobins de Paris)[1]. Charles, comte d'Anjou, fils de Louis VIII et de Blanche de Castille, naquit en 1220, fut couronné roi de Sicile à Saint-Pierre, au Vatican, le 6 janvier 1266, prit le titre de roi de Jérusalem en 1278, et mourut en 1285. Son corps, porté à la cathédrale de Naples, y repose sous un riche monument de marbre. Son cœur, envoyé au grand couvent des Jacobins de Paris, ne fut inhumé que plus de quarante ans après dans un tombeau érigé par la reine Clémence de Hongrie. La statue de marbre blanc et la tombe en marbre noir qui la supporte ont été conservées[2] lors de la destruction de l'église des Jacobins, et sont à Saint-Denis.

---

1. Il ne reste plus aucun vestige de la grande église des Jacobins, remarquable par sa nef double et par ses nombreux tombeaux de marbre. *V.* Albert LENOIR, *Statistique monumentale de Paris.*

2. *Musée des Monuments français,* n° 26.

Le prince est couché, vêtu d'une chemise de mailles et d'une cotte d'armes ; il a des brassards et des bottines en fer plat ; les chausses sont en mailles et munies d'éperons ; des mufles de lion décorent le ceinturon ; l'écu semé de fleurs de lis sans nombre avec un lambel à quatre pendants, est attaché à un cordon passé en sautoir, et garde quelques traces de ses anciennes couleurs héraldiques; une couronne fleuronnée et dorée entoure la tête ; la main gauche tient un cœur, et la droite une espèce de cimeterre auquel on a donné, en le refaisant, une forme ridicule ; les pieds du prince sont posés sur les dos de deux petits lions dont les crinières ont été dorées.

On lit sur trois côtés de la tombe :

CI GIST LI CUERS DU GRANT ROY CHARLES Q¹. CONQUIT SEZILE Q¹. FU FRERES DE MO SEIGNEUR S. LOYS DE FRANCE ET LI FIST FAIRE CESTE TOMBE LA ROYNE CLEMENCE SA NIECE.

L'inscription continuait ainsi sur l'autre bord :

FUST ENTERRE LAN DE GRACE M CCC XXVI SEANT LE CHAPITRE GENERAL DES FRERES PRECHEURS A PARIS A PENTHECOSTE.

Cette dernière partie de l'inscription a été détruite à l'époque de la réédification du tombeau à Saint-Denis; nous en avons trouvé un morceau dans un chantier parmi des fragments de rebut. La tombe était quadrangulaire ; on avait résolu de l'ajuster dans un fond de chapelle demi-circulaire ; on prit donc le parti d'en sacrifier tout un côté, pour l'arrondir. De pareils faits ne demandent pas à être commentés.

La statue repose sur un socle en marbre noir de l'espèce employée vulgairement à la confection des chambranles de nos cheminées les plus communes. A l'exception de quelques sarcophages dont nous ferons une mention spéciale, tous sont construits de même sans moulures ni ornements d'aucune espèce. On a poussé l'avarice jusqu'à mettre en abréviation les noms et les titres inscrits en avant des cénotaphes, afin d'économiser sur le prix des lettres à graver.

53. *Statue d'enfant.* Cette petite figure de marbre, qui représente une princesse morte en bas âge, et dont nous donnerons plus loin la gravure avec celle de la statue du roi Jean I$^{er}$, fut achetée, il y a quelques années, à un maçon. L'origine n'en est pas connue. Une copie moderne d'un acte concernant l'abbaye de Nogent-l'Artauld, fondée par Blanche d'Artois, avait été vendue en même temps que la statue; c'en fut assez pour qu'on attribuât le nom de cette princesse, mariée en 1269, et morte en 1302, à une figure qui ne peut être tout au plus que celle d'un enfant d'un à deux ans. On a même imaginé une inscription en style du xiv$^e$ siècle, proclamant que c'est bien l'effigie de Blanche, fille de Robert d'Artois, mariée une première fois à Henri I$^{er}$, roi de Navarre, et en secondes noces à Edmond, fils du roi d'Angleterre, comte de Lancastre [1]. Nous avions pensé que cette statue pouvait représenter une fille du roi Charles IV, enterrée à Maubuisson, ou bien un des deux enfants sculptés sur le tombeau de leur mère Blanche, duchesse d'Orléans, dans l'église de l'abbaye de Pont-aux-Dames; mais les renseignements nous manquent.

Quel que soit son nom, la statue que nous avons sous les yeux est un joli ouvrage du xiv$^e$ siècle; un voile surmonté d'une couronne entoure le visage, et tombe sur les épaules; une double robe d'une coupe élégante couvre le corps; les pieds sont posés sur le dos d'un lion à crinière d'or; les traits ont bien le caractère de l'enfance; les mains sont jointes et d'un

---

[1]. Ce qu'il y a de plus fâcheux, c'est qu'on a gravé profondément, et nom et titre, sur la tête même de l'enfant.

PHILIPPE III.

travail très-fin. Le tombeau en pierre est complétement moderne.

**54.** *Blanche de France*[1] (des Cordeliers de Paris[2]). Blanche, fille de saint Louis, naquit à Jaffa, en Syrie, en 1252, et mourut en 1320. La statue est en marbre ; elle porte un costume presque semblable à celui des religieuses, robe longue et large, manteau d'une extrême simplicité, voile qui entoure le visage de manière à ne laisser absolument que le masque à découvert. Des deux petits chiens qui sont posés sous les pieds, l'un mord en jouant un pan de la robe. L'expression des traits est charmante. La princesse n'a pas été représentée avec les rides d'un âge avancé, mais dans toute la grâce de la jeunesse. L'épitaphe se lisait autrefois sur les bords de la tombe ; on l'a reproduite sur une petite plaque de marbre noir encastrée dans le mur au-dessus de la statue, et on en a disposé les lignes suivant l'usage moderne, ce qui peut passer pour un double anachronisme :

ICY GIST MADAME BLANCHE FILLE DE MONSEIGNEUR SANCT
LOYS ET FEME DE MONS. FERDINAND DE LACERDE ROY DE
CASTILLE QUI TRESPASSA DE CEST SIECLE LAN DE GCE
M CCC XX LE DIX SEPTIESME JOUR DE JUN
PRIES POUR LAME DELLE Q. DEU BONNE MERCI LI FACE AMEN

**55, 56.** *Philippe le Hardi. Isabelle d'Aragon*[3]. La tombe de marbre noir sur laquelle les deux statues se trouvent aujourd'hui couchées l'une à côté de l'autre, est ancienne ; autrefois elle appartenait tout entière à la reine Isabelle, dont l'effigie était alors environnée d'ornements et de statuettes qui n'exis-

---

1. *Musée des Monuments français*, n° 44.
2. La grande et célèbre église des Cordeliers, toute peuplée de monuments historiques, a eu le même sort que celle des Jacobins. Il en reste un pan de mur en face de l'École de Médecine. L'ancien réfectoire des religieux (XIV° siècle) renferme le musée Dupuytren.
3. *Musée des Monuments français*, n° 24.

tent plus. Philippe le Hardi avait aussi pour lui seul un autre tombeau. Les moulures de la tombe sont très-bien conservées; mais ce qui la rend surtout précieuse, c'est l'inscription qui tourne sous la corniche, et qui se compose de superbes caractères de marbre blanc incrustés dans le marbre noir. Cette épitaphe, formée de huit vers, est écrite sur deux lignes dont chacune comprend quatre vers complets. Nous la rapportons en marquant la division des vers qui, comme nous venons de le dire, n'existe pas dans le texte original ; ce changement nous a paru nécessaire, en ce qu'il rend la lecture plus facile et le sens plus intelligible.

> DYSABEL. LAME. AIT. PARADYS :
> DOM. LI. CORS. GIST. SOVZ. CESTE. YMAGE :
> FAME. AVROI. PHELIPE. IA. DIS :
> FILL. LOVIS. ROI. MORT. EN. CARTAGE
> LE IOVR. DE SAINTE. AGNES : SECONDE.
> LAN. MIL. CC. DIS. ET SOISENTE :
> A CVSANCE. FV MORTE. AV MONDE.
> VIE. SANZ. FIN. DEX. LI. CONSENTE

La reine Isabelle mourut à Cosenza, en Calabre [1], au retour de la désastreuse croisade de Tunis, des suites d'une chute de cheval qu'elle fit en passant à gué une petite rivière.

Félibien a publié, dans les Preuves de son Histoire, une lettre touchante que le roi Philippe écrivit, peu de jours après ce funeste événement, à l'abbé et aux religieux de Saint-Denis, pour recommander à leurs prières la reine Isabelle, *dont la vie était aimable à Dieu et aux hommes.*

Nous n'avons point encore réussi à savoir s'il n'existerait

---

[1]. Cette mort arriva en 1271, suivant la manière moderne de fixer le commencement de l'année. Les commentateurs de l'inscription expliquent les mots *le jour de sainte Agnès seconde*, les uns par le lendemain de la fête de cette sainte, c'est-à-dire le 22 janvier ; les autres par l'octave, ce qui revient au 28 du même mois.

pas dans quelqu'une des églises de Cosenza un monument qui aurait reçu en dépôt les chairs et les entrailles de la reine ; les os furent seuls rapportés à Saint-Denis.

Le roi Philippe étant mort à Perpignan, le dimanche avant la saint Michel, en 1285, ses chairs et ses entrailles furent inhumées dans la cathédrale de Narbonne. Le reste du corps fut transféré à Saint-Denis. La possession du cœur excita une vive contestation entre les bénédictins de Saint-Denis et les frères prêcheurs de Paris. La révolution a brisé la statue et les bas-reliefs qui décoraient le tombeau érigé à Narbonne par Philippe le Bel.

La statue qui existe à Saint-Denis ouvre, suivant notre opinion, la série authentique des portraits de nos rois. La tête est d'un excellent travail et d'une vérité remarquable ; elle exprime à la fois la loyauté, l'énergie, la bonté et une certaine gravité de mœurs. Le visage ne porte pas de barbe ; les cheveux tombent droit sur les côtés de la face. La couronne garnie de fleurons était incrustée de mastic ou de pierres de couleur. La main droite tient un sceptre moderne qu'on n'a pas même pris soin de rajuster sur les vestiges encore visibles de l'ancien. Une ceinture serre la tunique autour du corps. Le manteau s'ouvre en avant et se drape sur les genoux. Le bord supérieur de la tunique, plusieurs parties du manteau, et le coussin posé sous la tête, montrent quelques traces d'une ornementation en fleurs de lis et rinceaux peints et dorés. Le lion couché sous les pieds nous semble trop laid pour que nous puissions l'attribuer au sculpteur de la statue. Le tombeau primitif de Philippe le Hardi était décoré d'accessoires semblables à ceux qui se trouvaient au tombeau de la reine Isabelle.

Deux petites mains restées attachées au coussin sur lequel la reine repose sa tête, témoignent qu'il fut jadis accompagné de figures d'anges. Isabelle a les cheveux longs et flottants ;

ses traits accusent d'une manière bien caractérisée son origine étrangère. Sa couronne est fleuronnée, son voile se rejette élégamment sur ses épaules et vient ensuite se croiser sur la poitrine. De nombreuses pierreries décorent la ceinture de la robe. Le manteau ressemble à tous ceux que nous avons déjà vus. La main gauche tient le fragment d'un sceptre qui n'a pas été refait. Deux petits chiens sont sculptés sous les pieds ; l'un guette, l'autre ronge un os. Séparée des ornements qui l'encadraient, la statue de la reine Isabelle paraît aujourd'hui plate et gauchement posée sur la tombe qu'elle devrait occuper entièrement.

Deux dais en pierre, placés sans ajustement au-dessus des statues, sont une copie moderne et maladroite des charmants couvre-chefs de la Sainte-Chapelle de Paris.

Dans la série des monuments qui suivent nous en rencontrerons encore quelques-uns en pierre et en terre cuite ; nous aurons soin de les désigner ; tous ceux dont nous n'indiquerons pas la matière, sont en marbre blanc.

57. *Tête de reine inconnue.* Une tête de reine, coiffée d'un voile et d'un débris de couronne, a été encastrée dans un compartiment tréflé au pied du tombeau de Philippe le Hardi. Si, comme on l'assure, ce marbre vient de Maubuisson, il représente probablement une des deux reines, Jeanne d'Evreux et Bonne de Luxembourg, qui avaient dans l'église de cette abbaye des tombeaux de marbre noir surmontés d'effigies en marbre blanc. Ces monuments contenaient les entrailles de l'une et le corps de l'autre. Comme nous savons que la statue de Jeanne d'Évreux a été rachetée par les Dames Carmélites de la rue de Vaugirard, à Paris [1], nous pourrions pres-

---

[1]. L'architecte des religieuses a placé cette figure dans la nouvelle église conventuelle, en la forçant, pour droit d'entrée, à prendre le pseudonyme de Blanche de Castille.

que affirmer que nous avons ici un buste de Bonne de Luxembourg, mère du roi Charles V. A Saint-Denis on en avait fait le portrait de Marie de Brabant, seconde femme du roi Philippe le Hardi.

58. *Philippe le Bel* [1]. Parmi les statues rétablies à Saint-Denis, il y en a peu qui soient aussi bien conservées que celle du roi Philippe le Bel. La tête est demeurée intacte ; les mains n'ont presque pas souffert. Les raccommodeurs modernes ont fait plus de tort à cette figure que le temps et les révolutions. Ils lui ont armé la main droite d'un sceptre de marbre monté sur des tenons, dont le dernier, fixé dans l'oreiller, a près d'un pied de longueur ; puis, pour mieux assurer la solidité des fleurons qu'ils ont refaits à la couronne, ils ont planté dans la tête du roi d'épais morceaux de marbre qui entament toute la partie supérieure du crâne. Le costume est semblable à celui de Philippe le Hardi. Des incrustations colorées rehaussent la bordure de la tunique et celle de la couronne. Les traits du visage et la pose du corps sont déjà maniérés, comme on peut le remarquer dans un grand nombre d'autres monuments du XIV<sup>e</sup> siècle. Entre cette statue et celle de Philippe le Hardi la différence de style est très-grande. Le visage de Philippe le Bel ne justifie pas complétement le surnom de ce prince ; nous le trouvons plus fin et spirituel que réellement beau.

59. *Prince inconnu* [2] (des Cordeliers de Paris). L'église des Cordeliers possédait cette statue, l'une des productions les plus charmantes de l'art du XIV<sup>e</sup> siècle. Depuis l'incendie du monastère des Cordeliers, en 1580, et le bouleversement des tombeaux qui en avait été la suite, les épitaphes n'existaient plus, et les anciennes statues conservées en très-petit nombre

---

1. *Musée des Monuments français*, n° 39.
2. *Musée des Mon. français.* n° 25.

dans l'église n'avaient plus de noms connus; aussi les auteurs des diverses descriptions de Paris se contentent-ils de désigner ces figures, sans s'inquiéter des personnages qu'elles pouvaient représenter. Aux Petits-Augustins et ensuite à Saint-Denis on a imposé à la statue qui nous occupe le nom de Pierre, fils de saint Louis, comte d'Alençon, de Blois et de Chartres, mort en 1283. Ce prince avait en effet sa sépulture aux Cordeliers; mais ses armoiries de France, à la bordure de gueules, ne se retrouvent pas sur l'effigie, qui porte au contraire de France au lambel à quatre pendants. Les recherches auxquelles nous nous sommes personnellement livré, ne nous ont encore fait découvrir sur le personnage représenté aucun renseignement précis. Le blason, qui est le même que celui de Charles, roi de Sicile (voy. ci-dessus n° 52), pourrait indiquer que le prince appartenait à la branche des ducs d'Anjou; il faudrait le ranger dans la maison d'Artois si, comme cela est possible, des châteaux d'or avaient été tracés sur chacune des pièces du lambel. Moins scrupuleux que nous, les faiseurs de tombeaux ont tranché la question en faveur de Pierre, comte d'Alençon [1].

Le prince est vêtu du costume de chevalier. Sa tête ne porte point de couronne; elle respire la jeunesse et la beauté; les cheveux, légèrement bouclés, s'agencent autour du front avec une grâce infinie. Les mains sont jointes. Une cotte d'armes couvre la chemise de mailles à larges manches pendantes et à chaperon rabattu. L'armure des jambes est en fer plat par-

---

1. Voici en quels termes ce prince s'exprimait dans son testament au sujet de sa sépulture : « J'eslis ma sépulture de nostre orde charongne aux Cordeliers, et celle de mon mauvais cueur aux frères Prescheurs de Paris; veux que la tombe qui qra sur mon cors ne soit pas de plus grande dépense que cinquante livres, et celle cui sera sur mon cueur de trente livres. (*V.* Millin; Ducange, *vie de saint Louis;* Dutillet).

dessus, en mailles par dessous; les chausses sont aussi en mailles. Un curieux ceinturon, semé de têtes humaines barbues, soutient une large épée. Le bouclier timbré des armoiries que nous avons décrites, s'attache à un cordon qui descend de l'épaule droite et dont les deux bouts sont passés dans le bord supérieur de l'écu. Les éperons ont été cassés. Un gros lion courbe son dos sous les pieds du jeune guerrier.

60. *Louis et Philippe d'Alençon* (de l'abbaye de Royaumont)[1]. Au-dessus de la prétendue statue de Pierre d'Alençon, la tombe en pierre coloriée de deux fils de ce prince, morts très-jeunes, se voit relevée contre le mur. Elle avait été faite pour être posée horizontalement sur le sol. De nombreuses restaurations en ont altéré le caractère d'une manière fâcheuse; les figures et les armoiries sont maintenant à moitié modernes. Deux petites ogives encadrent les figures en relief des deux enfants[2]. Les costumes sont pareils; une première robe longue, une tunique de dessus plus courte, et des bottines aux pieds. Un cercle orné de roses forme à chaque prince une petite couronne. Deux anges tiennent un coussin sous la tête de l'un des enfants, et deux chiens sont sous ses pieds; c'est Louis, le fils aîné : l'autre n'a qu'un ange auprès de son oreiller, et qu'un seul chien sous ses pieds; ce chien vient de saisir un lapin. L'ornementation peinte de la tombe et des figures avait été remise à neuf; on l'a supprimée, je ne sais pour quel motif. Depuis que le monument se trouve dressé contre un mur, la lecture de l'inscription gravée sur ses bords en belles et grandes lettres, est devenue difficile; on en a donné une seconde édition sur un marbre noir, placé à la por-

---

1. *Musée des Monuments français*, n° 27.
2. V. MILLIN, *Antiq. nat.*, tom. II, n° 11.

tée du visiteur. Nous la publions d'après le texte original qui diffère en quelques points de la copie [1].

CI GIST : LOYS : LIAINZNEZ : FIL : MESSIRE : PIERRE : CONTE :
DALENCON : IADIS : FILS : LE BORN : LOYS : ROI : DE : FRANCE :
ET DECA GIST : PHELIPES : SES : SECONS : FRERES :
LI PREMIERS : AVOIT : I. AN : ET. LI SECONS. XIIII : MOIS :

61. *Princesse inconnue.* Le catalogue du musée des Petits-Augustins garde le silence sur cette statue qui était, sans doute, restée en magasin, et dont jusqu'à présent nous ignorons l'origine. Lors de son arrivée à Saint-Denis, on lui donna un tombeau en commun avec le roi Philippe-le-Bel, et l'on décida qu'elle représenterait la femme de ce prince, Jeanne de Navarre. La reine Jeanne avait été inhumée aux Cordeliers; mais son tombeau, si elle en avait jamais eu un, avait été détruit par l'incendie de 1580; en dernier lieu, aucun monument n'indiquait sa sépulture. Quand on s'occupa d'un nouveau classement des monuments de Saint-Denis, la pauvre statue fut donc dégradée de son titre usurpé, mais elle reçut un autre nom qui ne lui convient peut-être pas mieux que le premier. D'après quelques traits de ressemblance avec une des gravures de l'ouvrage du père Montfaucon, on prétendit reconnaître, et on grava même sur la statue qu'elle représentait bien et dûment madame Blanche de Bretagne, fille aînée de Jean II, duc de Bretagne, femme de Philippe d'Artois, morte en 1327, et enterrée, près de son mari, dans l'église des Jacobins, à Paris. Des recherches ultérieures viendront

---

[1]. Il ne nous a pas toujours été possible de conserver aux inscriptions leur disposition de lignes, surtout quand elles sont gravées comme celle-ci autour d'une tombe.

peut-être confirmer cette attribution ; mais nous ne pouvons l'accepter sans contrôle.

Par son costume, par sa pose, par le style du travail, la figure appelée Blanche de Bretagne offre les plus grands rapports avec celle de Blanche, fille de saint Louis. Seulement le voile couvre encore plus exactement le contour de la face; il cache une partie du front, et le menton s'y trouve engagé presque tout entier. La robe présente sur les côtés deux étroites ouvertures par lesquelles on aperçoit une robe de dessous. Deux chiens portent les pieds de la princesse.

62. *Prince de la maison d'Artois* (de l'abbaye de Royaumont). Nous retrouvons ici une tombe de pierre toute pareille à celle des fils du comte d'Alençon, avec une figure d'enfant sculptée en relief sous un dais que décorent de petits animaux, et que soutiennent des colonnettes. La majeure portion de ce monument appartient à une restauration moderne ; il était extrêmement fruste, et n'avait pas même été catalogué aux Petits-Augustins. Les parties manquantes ont été restituées d'après la tombe de Louis et de Philippe d'Alençon. Une ancienne inscription, rapportée par Millin, et rétablie sur une tablette de pierre, se lit au-dessous du monument.

<pre>
       CY GIST OTE FILS MESSIRE
         PHILIPPE D'ARTOIS, QVI
        TRESPASSA L'AN DE GRACE
     M.CC.LXXXI. LE JOVR DES MORTS
</pre>

Nous pensons que le mot *ote* pourrait bien signifier *autre* plutôt que *Otte* ou *Othon*. Ce dernier nom n'était pas en usage au XIIIe siècle en France, et ne paraît point d'ailleurs dans les généalogies de la maison d'Artois. L'auteur de l'épitaphe aura voulu dire qu'à côté des enfants de Pierre de

France reposait un *autre* enfant, fils de Philippe d'Artois.

63. *Catherine de Courtenay*[1] (de l'abbaye de Maubuisson). Le marbre noir dont est faite l'effigie de Catherine de Courtenay lui donna, comme on l'a vu, un titre suffisant pour devenir une Blanche de Castille au Musée des monuments français. Ce ne fut qu'après avoir longtemps protesté contre cette absurdité, que nous parvînmes à faire restituer à la statue son véritable nom ; nous nous fondions sur la tradition constante des religieuses de Maubuisson et sur le texte de la *Gallia Christiana* des Bénédictins[2].

Catherine de Courtenay fut la seconde femme de Charles, comte de Valois. Elle était fille unique de Philippe de Courtenay, empereur titulaire de Constantinople, et prit le titre d'impératrice. Sa mort arriva en 1307, à Saint-Ouen-sur-Seine, près de Paris. Son corps reçut, dit Guillaume de Nangis, la sépulture ecclésiastique chez les frères prêcheurs de Paris, en présence du roi, des grands, des prélats de France et du grand maître du Temple venu d'outre-mer, qui le porta avec les autres vers le lieu de la sépulture. Quelque portion du corps, le cœur ou les entrailles, aura été ensevelie à Maubuisson, qui avait le privilége de recueillir une partie des restes des reines et des princesses de ce temps.

La statue et tous ses accessoires, lit funéraire et coussin, sont en marbre noir. Les cheveux flottent sur le cou ; le voile descend de chaque côté du visage sans l'envelopper ; la couronne est fleuronnée. Les mains jointes portent des gants longs ; un anneau se voit par dessus le gant à un des doigts de la main droite. Le manteau qui recouvre presque complétement la robe est taillé en façon de dalmatique ; il a des

---

1. *Musée des Monuments français*, n° 431.
2. Tom. VIII, colonne 930.

manches pendantes et s'ouvre sur les côtés ; sa bordure d'hermine n'existe que du côté gauche. Le sculpteur nous semble avoir été préoccupé de l'intention de donner à l'impératrice d'Orient un costume singulier. Le bord inférieur de la robe cache tout à fait les pieds. Deux dragons d'une allure très-vivante se jouent sur les derniers pans de cette robe; l'un mord l'étoffe, l'autre regarde en l'air. L'épitaphe, tracée, suivant l'usage ancien, sur la bordure du tombeau, est moderne ; mais les termes en ont été extraits d'un acte de transaction passé par le comte de Valois, Charles, avec le chapitre de Notre-Dame-de-Chartres :

CY GIST DAME DE NOBLE MEMOIRE MADAME KATHERINE EMPERIERE DE COSTATINOBLE DAME DE CORTENAY FILLE A MONS<sup>r</sup>. PHELIPE DE CORTENAY QUI FU FAME A MONS<sup>r</sup>. CHARLES FILZ LE ROY DE FRACE COTE DE VALOIS DE ALENCON DE CHARTRES ET DE ANJOU QUI TRESPASSA EN L'AN MIL CCCVII LE HUICTIESME JOUR DAOUST. PRIES POUR LAME DELLE AMEN

Le graveur a commis une erreur dans le nom du mois; il fallait écrire *octobre* et non pas *août*.

64. *Charles, comte de Valois* (des Jacobins de Paris)[1]. La statue de Charles de France, troisième fils de Philippe le Hardi, et tige de la branche royale de Valois, est maintenant réunie, dans une même chapelle, à l'effigie de Catherine de Courtenay. Le mari est venu de la grande église des Jacobins, et la femme du monastère de Maubuisson.

Le comte de Valois mourut en 1325, le dixième jour de l'année, suivant Guillaume de Nangis. Il avait alors cinquante-cinq ans. La statue est revêtue du costume de cheva-

---

1. *Musée des Monuments français*, n° 29.

lier: chemise de mailles à chaperon rabattu, cotte d'armes, bottines en fer plat, chausses en mailles, longue et large épée, ceinturon semé de rosaces, bouclier blasonné. La cotte d'armes, fendue par le bas, présente une bordure d'hermine mouchetée de marbre noir. Les mains sont jointes, et le quatrième doigt de la main droite porte un anneau. Ce puissant prince, chef d'une lignée de rois, n'a pas de couronne. Ses traits fortement accentués rappellent la mâle figure de son père le roi Philippe.

Au musée des Petits-Augustins, Charles de Valois avait reçu le nom de Robert de Bourbon, fils de saint Louis, l'auteur de cette grande race de Bourbon, la plus illustre du monde. Les anciennes gravures du monument, les dessins précieux de la bibliothèque Bodléienne, à Oxford, et plus encore les armoiries sculptées sur l'écu, ont rétabli l'identité de Charles de Valois. Robert de Bourbon portait de France à la bande de gueules; le blason du bouclier de Charles de Valois est, comme le veut l'histoire héraldique, d'azur semé de fleurs de lys d'or sans nombre à la bordure de gueules. Le comte de Valois n'en passe pas moins à Versailles pour le père des Bourbons [1].

65, 66. *Louis, comte d'Évreux, Marguerite d'Artois, sa femme* (des Jacobins de Paris)[2]. — Comme Charles, comte de Valois, Louis, comte d'Évreux, était fils de Philippe le Hardi. Marguerite sa femme, dame de Brie-Comte-Robert, avait pour père Philippe d'Artois, seigneur de Conches, et pour

---

1. Les iconoclastes de 1793 paraissent avoir mis un acharnement particulier à briser les tombeaux des Bourbons. Il ne s'était conservé des nombreux monuments de cette famille rassemblés aux Jacobins qu'un buste du duc Pierre (Petits-Augustins, n° 90), qu'on a négligé d'apporter à Saint-Denis. Les termes du catalogue du musée Lenoir sembleraient indiquer que l'épitaphe de Robert de Bourbon avait aussi été recueillie.

2. *Musée des Monuments français*, n°s 38 et 43.

LOUIS DE FRANCE, COMTE D'ÉVREUX. 　　　MARGUERITE D'ARTOIS.

mère Blanche de Bretagne. La grande église des Jacobins renfermait leurs tombeaux et leurs effigies placés au milieu du chœur. Afin de n'avoir pas à redire les détails qui se trouvent déjà dans l'épitaphe, nous rapporterons immédiatement la copie qui en a été gravée sur un marbre noir, et encastrée dans le mur au-dessus des statues :

CY GIST MONS<sup>r</sup>. LOYS DE FRANCE CONTE DE EVREUS FILS DU ROY DE FRANCE ET FRERE DU ROY PHELIPE LE BEL LEQUEL TRESPASSA LAN MCCC DIX NEUF LE DIXNEUFVIESME JOUR DE MAY ET MADAME MARGUERITE SA FEME FILLE DE MONS<sup>r</sup>. PHELIPE FILS DU BON CONTE ROBERT DARTOIS LAQUELLE TRESPASSA LAN MCCCII LE VINGT TROISIESME JOUR DAVRIL

Les deux figures ne sont pas de la même main. Celle du comte, habilement exécutée et modelée avec art, n'est cependant point exempte d'une certaine pesanteur ; on sent que le sculpteur n'était pas complétement maître de son œuvre. Celle de la comtesse Marguerite doit être acceptée comme un chef-d'œuvre de finesse et d'élégance ; le xiv<sup>e</sup> siècle n'a jamais été mieux inspiré, et n'a jamais produit une plus ravissante statue de femme. Les différences qui existent entre le costume du comte d'Evreux et celui de son frère le comte de Valois, sont trop peu importantes pour que nous jugions utile de les mentionner. Le lecteur a d'ailleurs la faculté de se reporter à la gravure que nous publions de la statue de Louis de France. Nous ferons seulement remarquer encore ici l'absence de couronne. L'écu est blasonné de fleurs de lys sans nombre, à la bordure d'hermines, au bâton componé d'argent et de gueules.

Marguerite d'Artois tient les mains jointes et passe les deux pouces sous le cordon qui attache son manteau. Les traits de son visage ont une expression de grâce et de calme qui charme les yeux. Le voile entoure complétement la face ; sur les tempes deux coussinets l'écartent et laissent apercevoir les cheveux. Un cercle très-mince, rehaussé de petits trèfles, sert de couronne. Les détails du manteau, de la double robe, des manches qui sont lacées autour des poignets, du coussin posé sous la tête, ont été exécutés avec un soin tout particulier. On sait combien il est difficile de donner aux derniers plis d'un vêtement une tournure élégante et vraie. Nous invitons nos lecteurs à examiner avec quel goût exquis et quelle chaste délicatesse le sculpteur a fait tomber la robe de Marguerite d'Artois sur les pieds qu'elle entoure sans les embarrasser. Deux petits chiens, pleins d'agilité et d'espièglerie, jouent sur une touffe de feuilles de chêne, aux pieds de la statue.

En dépit du catalogue des Petits-Augustins, qui, cette fois, était parfaitement véridique, Louis de France, en arrivant à Saint-Denis, avait reçu le nom de Charles et le titre de comte de Valois, restés vacants par suite de la transformation de son frère en Robert de Bourbon. De son côté, Marguerite d'Artois était devenue, sous le nom de Blanche de Navarre, la seconde femme de son neveu Philippe VI de Valois. On peut s'assurer de l'exactitude de ces détails, en comparant aux statues placées à Saint-Denis les moulages qui en ont été faits pour le Musée de Versailles, avant la rectification du classement, et qui gardent encore les noms erronés.

67, 68. *Louis X*[1], *reine inconnue.* — La statue de Louis X, le Hutin, est entièrement semblable à celle de son père, Philippe le Bel ; même pose, mêmes traits, même costume, mêmes attributs. Ces deux figures, ainsi que celles de deux autres fils de Philippe le Bel, Philippe V et Charles IV, nous paraissent avoir été exécutées par le même artiste. Les trois fils ont eu avec leur père, si la sculpture dit vrai, une ressemblance des plus rassurantes.

1. *Musée des Monuments français*, n° 40.

La statue de reine couchée à côté de Louis X, et décorée du nom de Clémence de Hongrie, femme de ce prince, n'est pas indiquée dans le catalogue des Petits-Augustins. Nous reconnaissons volontiers qu'elle est assez conforme aux gravures données par Montfaucon et Millin [1], de l'effigie en marbre qui existait, dans l'église des Jacobins de Paris, au-dessus de la sépulture de la reine Clémence. Mais ce n'est qu'un indice insuffisant, si bien qu'à Saint-Denis on avait en premier lieu fait de cette figure une Bonne de Luxembourg, femme du roi Jean.

Le costume ne présente rien d'extraordinaire; c'est toujours une robe fort simple, et un manteau retenu au cou par un cordon transversal. La couronne, surmontée de belles et larges feuilles, est enrichie d'incrustations colorées. Le voile couvre complétement la tête et le cou; il enveloppe le menton, et ne laisse à découvert que le masque. Les deux chiens représentés sous les pieds ont des colliers et des grelots; ils jouent avec beaucoup de gaieté. Une reproduction a été faite sur un marbre noir appliqué au mur, de l'ancienne inscription qui se lisait aux Jacobins autour de la tombe [2].

CY GIST MADAME CLEMENCE ROYNE DE FRANCE ET DE NAVARRE
FEME DU ROY LOYS DIXIESME ET FILLE DU ROY DE HONGRIE
LAQUELLE DECEDDA AU TEMPLE A PARIS LE QUATORZIESME
JOUR DOCTOBRE EN LAN M CCCXXIII PRIES P Q DEU BONNE MERCI
LI FACE AMEN

Clémence était fille de Charles d'Anjou, surnommé Martel, roi de Hongrie, et arrière-petite-fille de Charles d'Anjou,

---

[1]. Montfaucon, *Monuments de la mon. franç.*, tom. II, p. 238. Millin, *Antiq. nat.*, tom. IV, n° 39, p. 82, pl. 8.

[2]. Les dates ici indiquées sont fautives. La reine Clémence mourut le 13 octobre 1328, suivant le véritable texte de son épitaphe.

roi de Sicile, à qui nous avons vu qu'elle fit ériger un tombeau.

Le roi Louis X mourut le 5 juillet 1316, dans la maison royale du bois de Vincennes. Son corps fut amené le même jour à Notre-Dame de Paris, et transporté le lendemain à Saint-Denis, où il fut inhumé le troisième jour après la mort[1].

69, 70. *La chapelle expiatoire et ses inscriptions.* — La chapelle terminale, située au-dessous de la chapelle de la Vierge de l'église haute, et en face de la brèche par laquelle les hommes chargés des exhumations de 1793 firent sortir du caveau royal tous les cercueils des Bourbons, est devenue un monument de solennelle expiation envers tous les grands personnages, dont la sépulture avait été confiée à l'église de Saint-Denis.

Une rampe du XIII$^e$ siècle, en fer doré, tout ouvragée de rinceaux, et semblable à celles qui ont été employées dans l'église supérieure à la décoration du chœur d'hiver et de la chapelle de Saint-Jean-Baptiste, ferme l'entrée de la chapelle expiatoire. Les murs et les voûtes ont reçu une ornementation peinte, exécutée d'une manière déplorable et dépourvue de tout caractère. Sur le bandeau de l'arc doubleau cinq médaillons représentent le Christ et les Évangélistes. La voûte est à fond bleu semé d'étoiles blanches. L'autel a été construit en marbre blanc dans le style du XIII$^e$ siècle, comme on l'entendait il y a trente ans. Le bas-relief qui en forme le devant, se divise en sept petites ogives qui abritent un pareil nombre de statuettes, quatre anges et trois rois. Les anges portent les insignes du pouvoir suprême : épée, sceptre, globe et couronne. Les rois sont les chefs des trois dynasties, Clovis, Pépin et Hugues Capet. Des colonnettes, des trèfles,

---

[1]. Guillaume de Nangis, *Chronique*.

des pieds-droits fleurdelisés, concourent encore à l'ornement de cet autel. Le tabernacle a été fait avec un de ces jolis dais de marbre qui surmontaient les statues sur les tombeaux du xiv<sup>e</sup> siècle.

Quatre tables de marbre noir, également réparties entre les deux côtés de la chapelle et posées contre les murailles, contiennent les noms de tous les rois, reines, princes, princesses, abbés et personnages illustres inhumés à Saint-Denis. Elles ont pour encadrements de beaux fragments d'une arcature qui existait autrefois dans le bas côté méridional de l'église haute, et dont les ogives retombent sur de très-jolis chapiteaux sculptés de branches de chêne avec feuilles et glands. Sur chacune de ces tables de marbre, on a gravé au-dessus des noms une couronne royale; ces couronnes varient suivant les époques auxquelles se rapportent les noms. Les deux inscriptions placées à main gauche sont consacrées aux deux premières dynasties; les autres le sont à la race capétienne et aux personnages qui, depuis le xii<sup>e</sup> siècle, ont reçu la sépulture à Saint-Denis. Les listes n'ont pas été dressées avec le soin convenable; elles présentent des lacunes, des inexactitudes, et plusieurs erreurs de chiffres, à l'égard desquelles nous ne pensons pas qu'il soit utile d'entrer dans plus de détails. La dernière inscription qui s'étend jusqu'à Mesdames de France, inhumées en 1817, dans la sépulture royale, ajoute au nom de Louis XVI le titre de *bienheureux* que l'Église n'a point ratifié. Des anges qui portent les mêmes attributs que ceux de l'autel, et qui sont peints dans les tympans des arcs latéraux de la chapelle, accompagnent des écussons blasonnés de France ancien, de France moderne et de Navarre. En 1831, on a fait disparaître les fleurs de lis; mais les chaînes de Navarre ont été respectées. La même chose était arrivée à Saint-Louis-des-Jésuites, à Paris, lors de la première révolution. A Gaillon, les hermines et les dauphins restèrent aussi intacts à côté des fleurs de lis ébranchées et décapitées.

71. *Inscription du caveau royal.* — Nous avons rappelé les hautes raisons de convenance qui décidèrent le gouvernement de Louis XVIII à supprimer l'entrée que Napoléon avait fait faire au caveau central ; la dynastie nouvelle des empereurs aurait pris possession de ce tombeau par la même porte qu'on avait creusée pour en expulser l'ancienne race des rois. L'ouverture a été murée et revêtue de plaques de marbre noir. On a replacé en avant les battants de bronze de la porte impériale ; ils sont munis d'une triple serrure, dont les clefs devaient être déposées entre les mains des chefs des trois pouvoirs de l'empire constitutionnel ; leur décoration, d'une pauvre simplicité, consiste en étoiles, sabliers, anneaux et mufles de lion ; la victoire a fourni le bronze, comme disait le peintre David dans ses programmes de monuments à ériger en mémoire de nos conquêtes.

Un écusson de France, accompagné de branches de lis, entouré des colliers de Saint-Michel et du Saint-Esprit, et surmonté de la couronne, a été gravé en creux sur le marbre noir. Par une inadvertance singulière, l'expert en blason a doré les lignes horizontales destinées à figurer l'azur, et argenté les trois fleurs de lis.

Quand les ventaux de la porte sont ouverts, on lit sur le marbre l'inscription suivante :

ICI REPOSENT<br>
LES DÉPOUILLES MORTELLES<br>
DE<br>
Louis XVI né le 23 Août 1754 m<sup>t</sup>. le 21 Janvier 1793<br>
Marie-Antoinette née le 22 Novembre 1755 m<sup>te</sup>. le 16 Octobre 1793<br>
Louis XVIII né le 17 Novembre 1755 m<sup>t</sup>. le 16 Septembre 1824<br>
Madame L. M. L. Victoire née le 11 Mai 1733 m<sup>te</sup>. le 7 Juin 1799

JEAN Ier.

MADAME Mᵐᵉ. ADÉLAIDE NÉE LE 23 MARS 1732 MTE. LE 27 FÉVRIER 1800
C. F. D'ARTOIS DUC DE BERRY NÉ LE 24 JANVIER 1778 Mᵀ. LE 14 FÉVRIER 1820
L. J. D'ARTOIS NÉE LE 21 JUILLET 1817 DÉCÉDÉE LE MÊME JOUR
N... DE BERRY NÉ LE 13 SEPTEMBRE 1818 DÉCÉDÉ LE MÊME JOUR

71. *Jean* Iᵉʳ [1]. — La série des figures royales reprend son cours à la suite de la chapelle expiatoire. La première, par ordre de date, est celle du petit roi Jean, dont le règne et la vie ne durèrent que cinq jours. « Le quinzième jour du mois « de novembre de l'an 1316, dit Guillaume de Nangis, la nuit « qui précéda le dimanche, la reine Clémence, travaillée de la « fièvre quarte, mit au monde, à Paris, dans le château du « Louvre, un enfant mâle, premier fils du feu roi Louis, qui, né « pour régner dans le Christ et appelé Jean, mourut le 20 du « même mois, à savoir le vendredi suivant. Le jour d'après, il « fut enterré dans l'église de Saint-Denis, aux pieds de son « père, par le seigneur Philippe, qui tenait alors légitimement « le rang de roi de Navarre. Ce prince le porta lui-même au « tombeau avec ses fils et ses oncles Charles et Louis. »

La statue de Jean Iᵉʳ était autrefois couchée, sur un même tombeau, à côté de celle de son père. Il était certainement bien facile de la replacer dans les mêmes conditions. Mais on a trouvé préférable de la poser debout, au fond d'une chapelle, en lui donnant pour support un enroulement du xiiᵉ siècle sur lequel on a gravé les mots *Iehan I*, et pour abri un dais du xiiiᵉ siècle qui appartenait autrefois à la Sainte-Chapelle de Paris [2]. On n'aura pas manqué d'implanter dans le dos de la statue, pour la faire mieux tenir, quelque grosse barre de fer. Quels anachronismes ridicules et quelle barbarie !

1. *Musée des Monuments français*, n° 41.
2. Ce dais, décoré d'archivoltes feuillagées, de tourelles et d'incrustations en verre bleu, est un des plus beaux et des mieux conservés que nous connaissions. La peinture et la dorure y existent encore en très-bon état.

Un coussin, orné de glands, soutient la tête de l'enfant. Un cercle semé d'incrustations en mastic coloré forme la couronne. La première robe descend sur les pieds ; la seconde, celle de dessus, est plus courte, et garnie de manches ; le manteau a aussi des manches, mais elles sont moins longues que celles de la robe. Les mains sont jointes. Un lion se tient couché sous les pieds de cet enfant-roi. La tête est fine et charmante ; le sourire du visage ressemble à celui des anges de Dieu. Pendant plusieurs années, la statue resta placée provisoirement au milieu de la chapelle, sur un socle occupé aujourd'hui par le comte d'Étampes ; j'ai vu souvent alors des dames se tenir en arrière du groupe de visiteurs pour aller l'embrasser. Plus d'une fois elle a été mouillée des larmes silencieuses d'une mère qui avait un fils à pleurer. La foule passait indifférente devant la plupart de ces rois qui ont vécu leur temps et dont la mémoire est tombée en oubli ; elle s'arrêtait avec émotion auprès de cet enfant qui n'a d'autres titres dans l'histoire que son innocence et sa mort [1].

73. *Jeanne de France* [2]. — Au-dessous de la statue du petit roi Jean, un tombeau porte celle de sa sœur, Jeanne de France, fille aînée de Louis X, mariée à Philippe, surnommé le Bon et le Sage, roi de Navarre et comte d'Évreux. Cette princesse était devenue, par son mariage, la bru de Louis, comte d'Évreux, dont, par sa naissance, elle était déjà la petite-nièce. Un riche monument qu'elle partageait avec son mari dans l'église des Jacobins, où reposaient leurs cœurs, a été détruit. A Saint-De-

---

1. La mort de Jean I<sup>er</sup>, arrivée si à propos pour les intérêts de Philippe le Long, a été révoquée en doute, comme celles de Baudouin, comte de Flandre, de dom Sébastien de Portugal, du comte de Moret et de bien d'autres. On a prétendu qu'il avait longtemps vécu en Italie et qu'il y avait laissé des héritiers. V. *Dissertation historique sur Jean I<sup>er</sup>, roi de France et de Navarre*, par M. de Monmerqué, Paris, 1844.

2. *Musée des Monuments français*, n° 51.

nis, son tombeau se trouvait placé en travers au pied de celui de son père Louis X. Elle mourut le 6 octobre 1349, en sa maison de Conflans près Paris. Elle était née de la première femme de Louis X, la trop fameuse Marguerite de Bourgogne, dont les désordres ont fourni le sujet de tant de drames et de romans.

Jeanne de France est représentée de petite taille. Pour décrire son costume il faudrait répéter les détails que nous avons donnés sur ceux de Blanche de Bretagne et de Clémence de Hongrie. Le voile encadre exactement la face; il couvre le front et le menton. Un bout de sceptre en marbre, resté dans la main droite, est creusé comme s'il avait dû recevoir un bâton de métal; les points d'attache indiquent que ce sceptre était très-long. D'autres clous et marques de scellement prouvent aussi que la couronne et le cordon du manteau étaient en métal, sans doute en cuivre émaillé. Ces ornements devaient produire un excellent effet en se détachant sur le marbre blanc.

Le massif qui sert de support à l'effigie date du xiiie siècle. De petits pilastres décorés de fleurs de lis sculptées en creux garnissent les angles de ce tombeau. Sur le devant on voyait encore, il y a environ quatre ans, une dalle toute pareille à celle que nous avons fait connaître en décrivant le prétendu tombeau de Blanche de Castille. L'architecte d'alors en a fait briser à coups de marteau toute l'ornementation, afin de répondre aux interpellations de quelques fâcheux qui lui reprochaient d'avoir composé deux tombeaux semblables à deux reines dont l'une était morte en 1252, l'autre en 1349, à un siècle environ de distance. La réponse était brutale. Le ciseau n'a pu effacer complétement les traces des compartiments losangés qui existaient sur la pierre. Quelques débris conservés en magasin nous ont aussi révélé le procédé suivi pour la confection de ce genre de monuments. Après avoir établi les compartiments, on appliquait dans chacun d'eux une matière bitumineuse, sur laquelle on venait coller ensuite une plaque de verre peinte et dorée par derrière. Le devant d'autel ou de tombeau dont nous avons parlé sous le n° 44 est certainement devenu, depuis la destruction de celui-ci, un objet unique en France.

74. *Philippe V* [1]. — Nous ne pouvons, pour la description de la statue de ce prince, que renvoyer le lecteur à ce que nous avons dit du monument de Louis X. Il y a complète identité de pose et de costume. Ces figures sont d'une très-bonne exécution; le ciseau les a franchement et hardiment taillées dans le marbre; les détails ont tous été traités avec un soin extrême. Philippe le Long n'est pas entièrement imberbe, comme son père et ses frères; une petite touffe de poils a été laissée vers le milieu de chacune de ses joues. Ce roi mourut le 3 juin 1322, à l'abbaye de Longchamp, laissant son corps à Saint-Denis, son cœur aux Cordeliers, ses entrailles aux Jacobins. Pendant sa maladie, les religieux de Saint-Denis étaient allés processionnellement et nu-pieds lui faire toucher les saintes reliques; un moment on le crut guéri, mais il retomba dans son mal. « Je sais, disait-il, que j'ai été guéri par les mérites et les prières de saint Denis; ma rechute provient de ce que j'ai manqué de prudence [2]. » L'ancienne épitaphe du roi Philippe, rapportée par Germain Millet, a été reproduite sur un marbre noir comme plusieurs de celles qui précèdent :

CY GIST LE ROY PHELIPE LE LONG ROY DE FRANCE ET DE NAVARRE
FILS DE PHELIPE LE BEL QUI TRESPASSA LAN MCCCXXI LE TIERS JOUR
DE JANVIER ET LE CUER DE LA ROYNE JOHANE SA COMPAIGNE FILLE
DE NOBLE PNCE LE CONTE HUGUES DE BOURGONGNE LAQUELLE
TRESPASSA LAN MCCC VINGT ET NEUF LE XXI DE JANVIER

1. *Musée des Monuments français*, n° 45.
2. Guillaume de Nangis, *Chronique*.

75, 76. *Charles IV et Jeanne d'Évreux* [1]. — La statue de Charles IV est une répétition de celle de Louis X; même costume, même ajustement, même ressemblance avec leur père Philippe le Bel. A peine existe-t-il dans la physionomie quelques-unes de ces différences qui, toutes légères qu'elles puissent être, n'en établissent pas moins l'individualité d'un personnage. Philippe le Bel et ses trois fils appartenaient à une race élégante et vigoureuse; ce sont tous quatre des hommes de belle taille et de forte constitution. Les traits principaux de la reine Isabelle d'Aragon se retrouvent sur le visage de son fils Philippe le Bel et sur ceux de ses petits-fils.

Ce n'est qu'en 1839 que Jeanne d'Évreux a quitté le magasin où elle gisait depuis plus de vingt ans, pour venir prendre place auprès du roi Charles, son mari. Jusqu'alors un écriteau lui donnait faussement le nom de Blanche de Navarre. Son costume ne diffère guère de celui des autres reines. Sa couronne est fleuronnée; une partie du voile cerne le contour de la face, l'autre retombe de chaque côté de la tête; l'étoffe laisse sentir les ondulations de la chevelure. La robe s'ouvre sur les côtés, au-dessus des hanches, et montre le vêtement intérieur. Le manteau, posé sur les épaules, s'ouvre entièrement par devant; il est retenu par un cordon auquel se porte la main gauche. Le bras droit, qui tenait un sceptre, avait été brisé; on l'a refait. Sous les pieds, courent deux chiens portant des colliers à grelots; l'un tient un os, l'autre poursuit le premier pour en avoir sa part.

L'épitaphe du roi et de la reine est disposée comme celles que nous avons déjà données :

CY GIST LE ROY CHALLES ROY DE FRANCE ET DE NAVARRE FILS DE ROY PHELIPE LE BEL QUI TRESPASSA LAN M CCC XXVII VEILLE DE

---

1. *Musée des Monuments français*, n<sup>os</sup> 47, 55.

LA CHANDELEUR ET MADAME LA ROYNE JOHA̅NE SA COM
PAIGNE FILLE DE NOBLE P̅N̅CE MONS. LOYS DE FRANCE JADIS
COMTE DEVREUS

Jeanne d'Évreux mourut quarante-trois ans après son mari, en 1370. L'absence de la date de sa mort dans l'épitaphe donne à penser que l'inscription, la statue et le tombeau furent faits de son vivant, aussitôt après le décès du roi Charles.

Les dames Carmélites de la rue de Vaugirard, à Paris, ont recueilli à Pontoise, et possèdent de charmantes statues en marbre de Charles IV et de Jeanne d'Évreux, autrefois placées à Maubuisson sur un tombeau qui contenait les entrailles des deux personnages. Mais le Charles IV est devenu un saint Louis, en même temps que la reine sa femme recevait le nom de Blanche de Castille.

77. *Charles, comte d'Etampes* (des Cordeliers de Paris)[1]. — La haute et puissante restauration de Saint-Denis disposait à son gré des noms, des titres, des couronnes et des fiefs. Elle faisait descendre celui-ci, elle donnait généreusement de l'avancement à celui-là. D'un coup de sa baguette, elle transformait une comtesse en reine. Rien ne l'embarrassait; elle faisait vivre les uns quelque soixante ans avant leur naissance, les autres un siècle après leur mort. Charles, comte d'Étampes, était devenu son propre père, par une métamorphose des plus incroyables. Il avait reçu le nom et le titre de Louis de France, son père, comte d'Évreux, restés disponibles depuis la promotion de ce dernier au comté de Valois. Le blason de son écu a permis enfin de rétablir son identité.

Le comte d'Étampes reposait aux Cordeliers, dit le père Anselme[2], derrière le grand autel, à main droite, sous un tombeau de marbre noir, la figure de marbre blanc, couvert d'une

1. *Musée des Monuments français*, n° 48.
2. *Hist. gén. de la maison de France.*

CHARLES, COMTE D'ÉTAMPES.

architecture soutenue de six petits piliers. Le grand incendie du xvi⁶ siècle avait respecté ce monument.

Le costume de la statue est le même que celui des figures de Charles, comte de Valois, de Louis, comte d'Évreux, et du prince inconnu qui provient aussi des Cordeliers; seulement les jambards, au lieu d'être composés à la fois de mailles et de fer plat, ne sont ici formés que d'un tissu de mailles. Des mufles de lion et des ornements d'orfévrerie accompagnés de petites têtes d'homme, embellissent le ceinturon auquel une gueule d'animal sert de boucle. A la poignée de l'épée, deux enfants sculptés avec beaucoup de finesse tiennent un petit écusson. Il ne reste plus aux pieds que les tiges des éperons. L'écu, attaché au côté gauche, porte de France à la bande componée de gueules et d'hermines. Une modeste couronne entoure la tête; elle consiste en un cercle décoré de roses. Le visage est complétement imberbe. Nous ne saurions trop louer la belle exécution de la tête et de tous les détails d'ajustement. Aucune œuvre du xiv⁶ siècle ne mériterait mieux de servir de modèle. Aussi, de nos jours, un sculpteur célèbre, chargé de modeler un saint Louis pour une des colonnes de la barrière du Trône, a-t-il cru ne pouvoir mieux faire que de copier le comte d'Étampes. Il est donc dans la destinée de saint Louis de paraître toujours sous un visage et sous un costume d'emprunt; pour aller à Tunis, il prend les traits de Charles V; pour monter sur la colonne du faubourg Saint-Antoine, il se déguise en comte du xiv⁶ siècle.

Un admirable dais en marbre, qui appartenait autrefois au tombeau du comte d'Étampes, a heureusement été conservé; il est percé de trois ogives trilobées et de plusieurs quatrifeuilles; des clochetons, des feuillages et de petits animaux le décorent; l'inscription suivante se lit sur le revers de son entablement.

CI GIST TRES NOBLE ET HAUT PNCE
ET DE GNT VERITE MONS⸱ CHALLES JADIS
CONTR DESTAPES ET FRERE A TRES EXCELLENTE
DAME MADAME JOHANE P LAGCE DE DEU ROYNE
DE FRANCE ET DE NAUARRE ET DE TRES EXCELLENT PNCE
MONS⸱ PHELIPE P LAGCE DE DEU ROY DE NAUARRE ET
CONTE DE EURRUS ET TRESPASSA DE CEST SIECLE LAN DE GCE
.M CCC.XXXVI. LE. XXiiii JOUR DAOUST PRIES POUR
LAME DE LUY Q DEX BONNE MERCI LI FASSE AMEN.

Le dais n'a été réuni à la statue qu'en 1840. On l'avait posé à dix mètres environ du sol, au-dessus d'une figure d'évangéliste. Il porte encore les marques de deux entailles, au moyen desquelles on l'avait fixé contre un mur.

Le coussin de la tête et le lion des pieds sont en plâtre. La même matière a été employée à la restauration du dais. Enfin, pour garantir la statue de tout changement de nom dans l'avenir, on lui a gravé ce stygmate sur un pan de la cotte d'armes : CH⸱. D'ÉV⸱⸱. C⸱⸱. D'ÉST⸱⸱⸱. Voyez par cet exemple avec quelle parcimonie la restauration de Saint-Denis composait ses épitaphes.

78. *Marguerite, comtesse de Flandres* [1]. — Marguerite de France, fille de Philippe V, et veuve de Louis II, comte de Flandres, tué à la bataille de Crécy, mourut âgé de soixante-douze ans, le 9 mai 1382, avec une réputation de haute vertu. Elle reçut la sépulture à Saint-Denis, dans la chapelle de Saint-Michel, qu'elle avait fondée. Son tombeau en marbre noir et blanc était environné d'une clôture en fer ; au-dessus s'élevait, sur quatre colonnes, un tabernacle en pierre fort artistement taillé et tout percé à jour. Des grilles, des colonnes, des chapiteaux, et un tabernacle découpé en forme d'église, qui

---

[1]. *Musée des Monuments français*, n° 61. M. Lenoir ajoute que le monument était placé dans une chapelle magnifique qui fut démolie en 1793.

avaient été employés au musée des Petits-Augustins à la confection d'un monument de Charles V, sont rentrés à Saint-Denis et passent pour avoir primitivement fait partie du tombeau de la comtesse de Flandres. Le style de ces divers objets nous paraît antérieur de bien des années à la fin du XIV° siècle, époque de la mort de Marguerite de France ; il serait possible cependant que le monument de cette princesse eût été l'œuvre d'un artiste en retard sur la marche de son siècle, comme il s'en trouve toujours, soit par l'effet de l'éducation, soit par principe et par amour d'un art plus ancien. Nous attendons à ce sujet des renseignements que doit nous fournir une riche collection de dessins conservés à Oxford, dans la basilique Bodléienne. La statue de Marguerite a seule été placée dans la crypte, où elle partage le tombeau du roi Philippe V. Elle n'a ni couronne, ni manteau. Une ceinture maintient la robe intérieure. La robe de dessus, échancrée sur les hanches, présente à sa partie supérieure un surcot ou corsage, qui dessine la taille et se divise en deux parts. Très-simple ici, ce corsage devint, un peu plus tard, la plus riche portion du costume des femmes. Un voile, plissé d'une manière singulière, enveloppe toute la tête ainsi que les épaules, et encadre exactement le visage. Un des deux chiens sculptés sous les pieds emporte un os dans sa gueule.

79. *Béatrix de Bourbon* (des Jacobins de Paris) [1]. — Fille de Louis I, duc de Bourbon, et arrière-petite-fille de saint Louis, Béatrix de Bourbon, dont le premier mari, Jean de Luxembourg, roi de Bohême, trouva, comme celui de la comtesse de Flandres, une mort glorieuse à la fatale journée de Crécy, avait dans l'église des Jacobins à Paris, un tombeau de marbre noir, et une statue en pierre de liais, posée

---

[1]. *Musée des Monuments français*, n° 62.

debout sur un chapiteau à feuilles d'acanthe. Le chapiteau et la figure se sont conservés[1]. La reine de Bohême joint les mains et porte un costume qui fut autrefois richement colorié. La jupe était mi-partie d'azur semé de France à la bande de gueules, et d'argent au lion de gueules, la queue nouée et passée en sautoir ; ce sont les armes de Bourbon et de Luxembourg ; il reste quelques traces de cette peinture. La couronne, rehaussée de fleurons, a été refaite en grande partie. Un voile enveloppe la tête et le tour du visage. Le masque est sculpté sur un morceau d'albâtre incrusté adroitement dans la pierre[2]. Les cheveux sont nattés et se dessinent sous le linge du voile. Des broderies et de petites roses décorent le corsage et la ceinture. Les deux robes sont d'ailleurs semblables de forme à celles dont nous avons parlé en décrivant les numéros 76 et 78.

Un socle de marbre polygonal, interposé entre les pieds de la statue et le chapiteau qui sert de support, présente cette inscription :

> CY DESSOUBZ GIST TRES NOBLE ET TRES PUISSANTE
> DAME MADAME BIATRIX DE BOURBO IADIZ ROYNE
> DE BOESME ET CONTESSE DE LUCCEBOURR QUI TRESPASSA
> LE VENDREDI JOUR DE NOEL XXV<sup>e</sup> JOUR DU MOIS DE
> DECEMBRE LAN . MIL.CCC.IIII<sup>xx</sup> ET TROIS. PES POUR SAME

Après la mort du roi de Bohême, Béatrix de Bourbon avait épousé Eudes, seigneur de Grancey, en Bourgogne. C'était

---

[1]. La colonne que le chapiteau surmontait a été supprimée ; elle avait été recueillie aux Petits-Augustins.

[2]. Il n'est pas rare de trouver des statues dont la face, ou même la tête entière, soit en matière plus précieuse que le reste du corps. A Saint-Sernin, de Toulouse, un Christ en bois plus grand que nature, sculpté au XII<sup>e</sup> siècle, a le visage formé d'une plaque d'argent travaillée au repoussé.

une mésalliance sans doute ; l'épitaphe se tait sur ce second mariage.

80. *Blanche de France*[1]. — Le quart de cette statue environ avait été brisé du côté des pieds ; on l'a restauré en le copiant sur une autre figure de la même époque. Le costume est le même que celui de la statue désignée sous le nom de Blanche de Bretagne. La princesse a les mains jointes ; ses traits sont ceux d'une femme déjà avancée en âge ; elle mourut, en effet, dans sa soixante-cinquième année. Une ancienne inscription, gravée en lettres d'or sur un marbre noir de forme triangulaire, a été rapportée sur le devant du cénotaphe ; elle est ainsi conçue :

CI GISENT LES ENTRALLIES DE
DAME DE NOBLE MEMOIRE MA
DAME BLANCHE JADIS FILLE DU ROY
CHARLES ROY DE FRANCE ET DE NAUARRE ET
DE LA ROYNE JEHANNE DEUREUX SA FEME LA
QUELLE FILLE FUST FEME DE MON SEIGNEUR LE
DUC DORLIENS COTE DE VALOIS ET DE BEAUMONT
JADIS FILL DU ROY PHILIPPE DE VALOIS ET DE LA ROYNE
JEHANNE DE BOURGOGNE QUI TRESPASSA . LAN . MIL . CCC .
LX
IIII . ET XII . OU MOIS DE FEURIER . PRIEZ PR LAME DELLE

Si les renseignements donnés par le père Anselme dans son histoire généalogique de la maison de France sont exacts, cette inscription proviendrait de l'abbaye de Pont-aux-Dames, dans l'église de laquelle avaient été inhumées les entrailles de Blanche de France. La conservation de cette épitaphe et celle de deux autres monuments de la même abbaye, qui sont aujourd'hui à Versailles, pourrait alors confirmer l'opinion que

---

[1] *Musée des Mon. français* n° 64.

nous avons émise au sujet de la statue d'enfant classée sous le n° 53.

81, 82. *Charles, comte d'Alençon, et Marie d'Espagne* (des Jacobins de Paris)[1]. — Charles de Valois, surnommé le Magnanime, comte d'Alençon, de Chartres et du Perche, tige des comtes et ducs d'Alençon, était frère du roi Philippe VI. Sa tête offre une ressemblance remarquable avec celle de son père Charles, comte de Valois, dont nous avons vu la statue dans une chapelle voisine. Le comte d'Alençon, qui avait déjà reçu une dangereuse blessure à la bataille de Montcassel, trouva la mort à Crécy, où il commandait l'avant-garde. Sa fin glorieuse l'absout de la témérité avec laquelle il engagea le combat, et qui fut une des principales causes de notre défaite.

La tête du comte repose sur un coussin; elle ne porte pas de couronne. Les cheveux sont plats et tombent sur les côtés; le front est dégarni. Une touffe de poils a été laissée sur chaque joue; le reste du visage est imberbe. Les mains sont jointes. L'armure entière est en fer plat, sauf quelques portions de mailles autour du col et sous les jointures des membres. Une espèce de surtout en cuir, sans manches, se colle exactement sur l'armure, et sert de cotte d'armes. Les jambards en fer sont ornés de petites roses et de fleurs de lis. Des restes de clous et de tenons attestent que le baudrier, l'épée et le revêtement de l'écu étaient en cuivre émaillé. On a remplacé en marbre les parties apparentes de l'épée, et gravé en creux sur le marbre resté lisse du bouclier les armoiries du personnage, de France à la bordure de gueules chargée de besants d'argent; le nombre des besants qui ne devrait être que de huit, a été seulement augmenté de dix en sus. La dague, qui n'existait plus, a été refaite, mais un peu à côté de la

---

[1]. *Musée des Mon. français*, n<sup>os</sup> 46 et 54.

CHARLES DE VALOIS, COMTE D'ALENÇON.

place qu'elle devrait occuper, et qui est indiquée par une trace de fracture.

Marie d'Espagne, petite-fille de Blanche de France, fille de saint Louis, avait épousé en premières noces Charles, comte d'Étampes, dont le monument existe dans la chapelle précédente (n° 77). Elle devint, au mois de décembre 1336, la femme du comte d'Alençon, qui la laissa veuve moins de dix ans après. Jusqu'en 1839, la statue de cette princesse, qui avait été cependant cataloguée aux Petits-Augustins sous son véritable nom, fut nommée Jeanne de Bourgogne, et donnée pour épouse au roi Philippe V. On a prétendu que ce voile sévère dont nous avons fait si souvent la description était le signe distinctif du veuvage. Marie d'Espagne, deux fois veuve, ne le porte pas ; sa tête est découverte et les nattes de la chevelure descendent carrément le long du visage pour aller ensuite se nouer en arrière ; un linge très-mince vient se placer entre les tempes et les cheveux. Le couronne, qui était en métal, a disparu. Les traits du visage sont agréables et fins. Comme son mari, la princesse tient les mains jointes ; un débri d'anneau de cuivre est resté au quatrième doigt de la main droite. Quelques incrustations de couleur ornent la partie supérieure du manteau. Une robe de dessous à ceinture et une autre robe, échancrée sur les hanches, couvrent le corps. Deux chiens qui ont des rubans au cou, jouent sous les pieds.

Le tombeau en marbre noir du comte d'Alençon qui était conservé au musée des monuments français, et dont j'ai encore vu quelques débris dispersés dans les cours de l'École des beaux-arts, ne s'est plus retrouvé. Il a fallu refaire l'épitaphe ; elle se lit sur une plaque de marbre appliquée au mur :

CY GIST MONSEIGNEUR CHALLES FRERE DU ROY PHELIPPE DE VALOIS
CONTE DALECON ET DU PERCHE SIRE DE VERNEUIL ET DE DOMFROT
QUI MOURUST A LA BATAILLE DE CRESSY LE XXVI DAOUST LAN

M CCC XXXXVI ET MADAME MARIE DESPAGNE SA COMPAIGNE
CONTESSE DESTAPES LAQUELLE TRESPASSA LAN MCCC QUATRE VINGT
NEUF LE XIX JOUR DE NOVEMBRE PRIES POUR LEURS AMES

Cette épitaphe n'est pas tout à fait conforme au texte publié dans les *Antiquités nationales* de Millin. Ainsi on a supprimé le titre de *vaillant et noble prince*, qui devrait précéder le nom de comte. L'inscription nouvelle fait aussi vivre Marie d'Espagne dix ans de trop.

Nous avons admiré à Rome, dans l'église de Sainte-Marie *in Transtevere*, la chapelle funèbre et le tombeau en marbre du cardinal Philippe d'Alençon, fils du comte Charles et de Marie d'Espagne. Il mourut dans la capitale de la catholicité, laissant la réputation d'un saint. Tandis que la France a jeté aux vents la cendre du père, mort en combattant pour elle, Rome a religieusement veillé sur la tombe du fils et la montre avec orgueil.

83, 84. *Philippe de Valois et Blanche d'Évreux*[1]. — Le costume et les attributs royaux changent avec l'avénement des Valois au trône. La couronne remplace les fleurons des anciens rois par quatre larges fleurs de lis ; celle de Philippe de Valois était de métal autrefois ; on l'a rétablie en marbre, mais la forme ancienne subsiste. Le manteau du roi Philippe, comme ceux de ses successeurs, n'est plus ouvert sur le devant du corps en deux parties égales ; il s'ouvre sur le côté droit et s'attache sur l'épaule par un fermail d'un assez gros volume, qui a été jadis recouvert de métal émaillé. La main gauche porte le sceptre, qui a été refait ; la droite paraît avoir tenu une main de justice. Les cheveux sont longs et rejetés en arrière ; ceux du front forment un bourrelet sous le cercle

1. *Musée des Mon. français* n<sup>os</sup> 52 et 66.

de la couronne. Le menton et la lèvre supérieure sont imberbes ; les favoris s'arrêtent à moitié des joues. Les traits qui rappellent ceux de Charles, comte de Valois, ont une expression triste et peu avenante. La chaussure se termine en pointe. Le lion placé sous les pieds est sculpté d'une manière remarquable.

Les entrailles de Philippe de Valois étaient inhumées aux Jacobins, dans la chapelle de Bourbon, sous un tombeau de marbre noir surmonté d'une statue en marbre blanc ; l'épitaphe donnait au prince le titre de *vrai catholique*, et rapportait que c'était sa veuve la reine Blanche qui lui avait fait faire *ceste sépulture*. La statue érigée aux Jacobins aura été détruite, à moins que ce ne soit une figure de roi qui porte à Versailles le nom de Jean II, et qui tient, en effet, dans la main gauche une espèce de paquet par lequel les sculpteurs de ce temps désignaient les entrailles[1].

Blanche d'Evreux avait, en premier lieu, été donnée pour seconde femme, sous le nom de Clémence de Hongrie, à Louis X, son aïeul. C'était un inceste au premier chef que le classement nouveau, opéré en 1839, a fait heureusement disparaître. Cette reine portait une couronne de métal, dont il reste encore quelques vestiges. Le costume, les attributs et la pose sont les mêmes qu'à la statue de la reine Jeanne d'Évreux, tante de la reine Blanche, bien que les deux princesses soient mortes à environ trente ans d'intervalle. Mais nous avons déjà eu lieu de constater que les effigies étaient quelquefois sculptées et placées sur les tombeaux longtemps avant la mort des personnages ; on représentait d'avance la femme sur le monument qui était érigé au mari, et il arriva plus d'une fois que l'épouse ne se montra pas exacte à venir

---

1. V. MILLIN, *Antiquités nationales*, tom. IV, n. 39, p. 70, pl. 6.

à ce suprême rendez-vous ; elle ne figurait qu'en marbre au tombeau conjugal.

85. *Jean II*[1]. — Les détails que nous avons donnés sur la statue de Philippe de Valois sont tous exactement applicables à celle de Jean II. La seule différence, et encore a-t-elle bien peu d'importance, c'est que le visage est complétement rasé. Les traits sont épais, lourds, dépourvus d'expression. Les sculptures de ce temps ne soutiennent pas la comparaison avec celles qui représentent les prédécesseurs de saint Louis ; il n'y a même pas de progrès dans l'exécution matérielle. Le sceptre du roi Jean n'a pas été refait. Les pieds et le lion qui les supporte, avaient été brisés ; on les a provisoirement restitués avec du plâtre [1].

Jean II ne crut pas, comme le fit plus tard François Ier, qu'il lui fût permis de racheter sa liberté perdue à Poitiers, au prix de quelques provinces du royaume, sauf à manquer de parole quand le moment de payer la rançon serait arrivé. Il avait la simplicité de dire que si la bonne foi était bannie du reste de la terre, elle devrait se retrouver dans le cœur des rois. Ce principe, qui n'a jamais eu beaucoup de partisans dans les cours, est aujourd'hui définitivement rayé de la politique gouvernementale. Aussi le roi Jean mourut-il esclave de sa parole à Londres, dans l'hôtel de Savoie. C'était un prince brave et loyal.

86. *Jeanne de France*[3]. — Cette princesse est à peu près la seule dont l'effigie n'ait jamais changé de nom. Elle avait autrefois, en commun avec sa mère la reine Blanche d'Évreux, un tombeau placé au milieu de la chapelle de Saint-Hippolyte,

---

[1]. *Musée des Monuments français*, n. 53.

[2]. V. au cabinet des estampes de la Bibliothèque royale, à Paris, un très-intéressant portrait du roi Jean, peint sur bois.

[3]. *Musée des Monuments français*, n. 57.

JEAN II.

et remarquable par les nombreuses sculptures qui le décoraient. Vingt-quatre statuettes en marbre blanc, disposées autour du sarcophage, représentaient les ancêtres et la famille de la reine Blanche. Doublet et Germain Millet désignent, entre autres personnages, Charles d'Anjou, roi de Sicile, saint Louis, Philippe le Hardi, Philippe le Bel, Louis X, le roi et la reine de Navarre, Philippe d'Évreux et Jeanne de France, père et mère de Blanche, saint Louis d'Anjou, et quelques autres princes et princesses moins célèbres. Il n'est resté de ce riche monument que les deux figures couchées qui le surmontaient.

Nous avons déjà parlé de Blanche d'Évreux. Sa fille Jeanne avait aussi une couronne de métal qui a été enlevée. Elle n'a point de voile, et sa coiffure est tout à fait pareille à celle de Marie d'Espagne, comtesse d'Alençon (n° 82). Ses mains sont jointes. Elle ne porte pas de manteau. Le corsage ajusté sur la robe de dessus se termine par deux pointes. Il est semé de petits points de marbre noir simulant les mouchetures de l'hermine. Sous les pieds, deux chiens rongent des os.

L'ancienne épitaphe du tombeau de la reine Blanche et de Jeanne, sa fille, a été reproduite sur un marbre, en 1839, et se lit ainsi au-dessus de la statue de Philippe de Valois :

CY GISSENT DAMES DE BONNE MEMOIRE MADAME BLANCHE P̄ LA GC̄E
DE DEU ROYNE DE FRANCE FILLE DE PHELIPE ROY DE NAVARRE CONTE
DE EVREUS ET DE LA ROYNE JEHANE FILLE DU ROY DE FRANCE
ROYNE DE NAVARRE DE SON HESRITAGE SA FEMĒ ESPOUSE
JADIS DU ROY PHELIPE LE VRAY CATHOLIQUE ET MADAME
JEHANE DE FRANCE LEUR FILLE QUI TRESPASSERENT CEST A SCAVOIR
LADICTE MADAME JEHANE A BESIERS LE XI SEPTEMBRE
MCCC SOIXANTE ET IIII ET LADICTE ROYNE LE QUINT JOUR DOCTOBRE
MCCC QUATRE VINGT ET XVIII PRIES POUR ELLES

La date de la mort de Jeanne de France est erronée. Cette princesse mourut à Béziers le 16 septembre 1371 ; elle se rendait en Espagne, où elle devait épouser Jean d'Aragon, duc de Gironne. Ses entrailles furent déposées dans la cathédrale de Béziers, où sa mère lui érigea un tombeau porté par des piliers fleurdelisés; les calvinistes mutilèrent ce monument au XVI<sup>e</sup> siècle, et la révolution acheva de le détruire.

87, 88 *Charles V et Jeanne de Bourbon*[1]. — Le tombeau élevé au roi Charles V et à la reine Jeanne de Bourbon, sa femme, dans la chapelle de Saint-Jean-Baptiste, était historié de personnages, et décoré de dais d'une sculpture magnifique, dont il n'existe plus que de faibles débris dans les magasins de l'église. Les statues sont aujourd'hui réunies sur un socle pareil à tous les autres ; l'effigie de Charles V est bien celle qui existait autrefois à Saint-Denis, mais celle de Jeanne de Bourbon provient de l'église des Célestins où avaient été inhumées les entrailles de cette reine. Les premières éditions du catalogue du Musée des monuments français mentionnent deux statues de Jeanne de Bourbon tirées, l'une de Saint-Denis, l'autre des Célestins ; un peu plus tard, il n'est plus question de la première, et la seconde paraît seule. Une erreur avait-elle été commise sur les catalogues anciens ; la figure extraite de Saint-Denis a-t-elle été sacrifiée comme un double inutile ? C'est ce que nous ignorons.

La statue de Charles V est d'un travail bien supérieur à celui des figures des deux prédécesseurs de ce prince. La tête se distingue par une expression pleine de noblesse et de dignité. Les cheveux, qui tombent droit sur les côtés, offrent des traces de coloration. Il ne reste que l'empreinte de la couronne, qui était en métal. La tunique et le manteau sont disposés comme ceux des deux autres rois de la branche des Valois. La sculpture des mains a été très-étudiée, et le tra-

---

[1]. *Musée des Monuments français*, n. 60.

vail en est intéressant à examiner. Le sceptre placé dans la main droite, et la main de justice dans la gauche, ont été refaits en marbre; ils sont assujettis sur des tenons de l'aspect le plus ridicule; ces attributs devaient être autrefois en métal. Le lion couché sous les pieds est grossier. Le nom du sculpteur de cette remarquable statue ne nous est pas connu. Peut-être cependant approcherions-nous de la vérité en l'attribuant à Hennequin de Liége, imagier, qui reçut en 1368 trois cents francs d'or en à-compte sur la somme de mille à lui due pour avoir fait, dans la cathédrale de Rouen, un tombeau de marbre avec statue, destiné à recevoir le cœur de Charles V[1].

Les monuments de Charles V étaient jadis nombreux à Paris; il n'en est presque rien resté. Nous citerons un bas-relief et une statue aux Grands-Augustins, la statue du portail des Célestins qui a été transformée en saint Louis, plusieurs portraits sur bois et sur verre dans le monastère des Célestins, un bas-relief au-dessus de l'entrée du collége de Daimville. A la cathédrale de Rouen et dans l'église abbatiale de Maubuisson, des tombeaux, surmontés chacun d'une statue, renfermaient le cœur et les entrailles du roi. Trois statues, qui existent encore à l'extérieur d'une chapelle de la cathédrale d'Amiens, représentent Charles V, son fils aîné le dauphin Charles, et Louis, duc d'Orléans, son second fils, accompagnés chacun d'un des grands personnages de

Jeanne de Bourbon était fille de Pierre I, duc de Bourbon,

---

1. DEVILLE, *Description des tombeaux de la cathédrale de Rouen.*

2. Nous lisons dans le tome II des *Antiquités de Paris*, de Sauval, que Jean de Saint-Romain avait sculpté pour le Louvre une figure de Charles V, haute de quatre pieds, au prix de 6 livres 8 sous parisis, et que deux statues du même prince et de sa femme Jeanne de Bourbon, placées dans l'escalier du même palais, furent payées à raison de 16 livres parisis la pièce, à Jean de Liége.

qui périt à la bataille de Poitiers[1]. Aucune de nos reines n'a laissé meilleure renommée ; sa mémoire resta longtemps après sa mort en bénédiction parmi le peuple de Paris, si oublieux d'ordinaire, et si peu respectueux pour les vertus intérieures. La reine est ici représentée de plus petite taille que son mari. Sa couronne, surmontée de huit fleurs de lis, est incrustée d'ornements en couleur. Les cheveux, maintenus par de légers cordons, sont nattés et collés contre les tempes. Le manteau et les deux robes ne diffèrent pas de ce que nous avons vu sur les statues des dernières reines. La robe de dessus descend de manière à couvrir entièrement les pieds, qui reposent sur deux chiens. La main droite tient un bout de sceptre creux auquel s'adaptait, sans doute, une hampe de métal ; la main gauche serre contre la poitrine un paquet d'étoffe qui enveloppe les entrailles de la princesse[2]. C'est ainsi que les sculpteurs du xvie siècle distinguaient les statues placées sur les tombeaux qui contenaient des entrailles ; quand le tombeau renfermait un cœur, ils en mettaient un aussi dans une des mains de l'effigie, comme nous en avons la preuve à la statue de Charles, comte d'Anjou et roi de Sicile.

89. *Marie de Bourbon* (du monastère de Saint-Louis, à Poissy)[3]. — Marie de Bourbon, sœur de la reine Jeanne, fut

---

1. La partie supérieure de la statue posée aux Jacobins sur le tombeau de ce prince a été conservée ; mais elle n'a pas reparu depuis la clôture des Petits-Augustins. Elle gît sans doute dans quelque magasin ; on en peut voir un moulage Versailles.
2. L'administration municipale de Paris fait détruire en ce moment même les derniers débris de l'église des Célestins. On a découvert sous le pavé de cet édifice, longtemps converti en écurie, et dans un sol tout imprégné d'immondices, plusieurs nobles sépultures, entre autres le caveau de Jeanne de Bourgogne, duchesse de Bethford, fille de Jean-sans-Peur. Une boîte de plomb qui a été recueillie, paraît renfermer les entrailles de Jeanne de Bourbon.
3. *Musée des Monuments français*, n. 428.

**MARIE DE BOURBON**

(abbesse de Saint-Louis de Poissy.)

nommée en 1380 prieure du monastère de Poissy, où elle avait reçu le voile en 1351, à l'âge de quatre ans.

Après avoir gouverné les religieuses de cette illustre abbaye avec une sagesse, une régularité et une douceur admirables, elle mourut le 10 janvier 1402, et fut inhumée dans le chœur de l'église conventuelle. Sa statue en marbre noir et blanc s'y voyait encore au siècle dernier, appuyée contre le pilier à droite de la grande grille, et accompagnée de colonnettes en cuivre ainsi que d'autres ornements de même matière; l'épitaphe était en vers français. Cette figure, qui a seule échappé à la destruction, se trouve aujourd'hui posée debout au-dessus des figures couchées de Charles V et de Jeanne de Bourbon. Quelle série d'événements étranges n'a-t-il pas fallu pour amener la réunion de ces deux sœurs et de tant d'autres personnages que la mort semblait avoir séparés pour toujours ? La robe, le voile, la tête et les mains sont en marbre blanc; le manteau, qui consiste en une grande cappe ouverte par devant et munie d'un capuchon relevé, est en marbre noir. Ainsi la différence des marbres reproduit exactement la couleur de chacune des parties du costume. Les mains sont jointes. La pose est simple et naturelle; la tête n'a pas une bien grande élévation, mais elle porte l'expression de la douceur et de la modestie.

Marie de Bourbon s'était montrée généreuse envers son monastère. On vantait entre tous ses dons un magnifique ostensoir en or, pesant trente-six marcs, tout couvert de pierreries et soutenu par six figures de patriarches.

90. *Léon de Lusignan* (des Célestins de Paris) [1]. — C'est sous la protection de son titre royal, que Léon de Lusignan, dernier roi de la Petite-Arménie, a obtenu l'honneur d'avoir

---

1. *Musée des Monuments français*, n. 65.

son effigie à Saint-Denis. Charles V avait fait à ce prince détrôné un généreux accueil, et Charles VI le fit inhumer avec une pompe extraordinaire dans l'église des Célestins.

La statue qui provient de son tombeau, s'accorde parfaitement avec le portrait que nous trouvons de lui dans l'histoire. Il est petit, mince, distingué de tournure ; il a les traits fins et spirituels. Une barbe courte et fourchue lui couvre seulement le menton ; ses cheveux sont taillés à la mode du XIIIe siècle. La robe est longue ; le manteau s'attache sur l'épaule droite par une boucle arrondie. Des fleurons garnissent la couronne que des incrustations en couleur décoraient aussi primitivement. Le sceptre fleurdelisé que porte la main droite, est moderne ; l'ancien était déjà cassé quand Millin fit dessiner la statue, en 1790. La main gauche tient une paire de gants, sorte d'attribut qui se rencontre assez fréquemment sur les monuments dès le temps de saint Louis. Deux petits lions soutiennent sur leur dos les pieds du prince. La tombe, en marbre noir, sur les bords de laquelle se lit l'inscription originale, a été oubliée dans les magasins à l'époque du placement de la statue. On a donc fait tombe et inscription nouvelles. Nous donnons l'épitaphe d'après la tombe ancienne qui sera un jour réunie à la statue ; la copie moderne contient plusieurs inexactitudes.

CY GIST TRES NOBLE ET EXCELLET PRINCE LYON DE LIZINGNE QUIT ROY LATI DU ROYAUME DARMENIE QUI REPI LAME A DIEU A PARIS LE XXIX JOUR DE NOVEBRE LAN DE GRACE MCCC . IIII . ET XIII . PRIES POUR LUY.

91, 92. *Charles VI, Isabeau de Bavière*[1]. — La mort avait réuni ces deux époux sur un tombeau qui était décoré

---

1. *Musée des Monuments français*, n. 81, 84.

CHARLES VI.      ISABEAU DE BAVIÈRE.

avec la même richesse que celui de Charles V, et qui occupait, dans la chapelle de Saint-Jean-Baptiste, une construction disposée en hors-d'œuvre tout exprès pour le recevoir.

Aujourd'hui les deux statues se trouvent séparées l'une de l'autre par le monument considérable de Louis, duc d'Orléans.

La couronne de Charles VI a été refaite sur le même modèle que celle de Philippe de Valois. Un coussin garni de ses glands soutient la tête. La tunique est longue; le manteau, muni d'un petit collet rabattu, avait pour attache sur l'épaule droite une boucle en cuivre qui n'existe plus. Les cheveux sont courts, et coupés au-dessus des oreilles. Le visage est entièrement dégarni de barbe; les traits en sont lourds et vulgaires, mais modelés avec une vérité qui dépose en faveur de leur ressemblance. Le sceptre et la main de justice doivent être imputés, comme tous les autres attributs de ce genre, à une restauration moderne. Nous publions une gravure de la statue de Charles VI, en raison de la bonne conservation de ses parties les plus importantes, et surtout parce que c'est aujourd'hui la dernière figure royale qui soit faite encore d'après les traditions anciennes; les monuments qui suivent appartiennent à un art complétement nouveau.

La statue de la reine Isabeau a été sculptée avec un soin remarquable jusque dans les moindres détails du costume. Elle porte un double voile qui enveloppe entièrement le contour de la face, le front et le menton. Le voile de dessus est froncé à très-petits plis sur le devant de la tête et sur les côtés du visage; il s'attache au voile de dessous par deux longues épingles. Les traits en saillie sur cet encadrement plissé et comme collé à la peau, produisent un effet très-singulier. L'expression de la physionomie est d'ailleurs par elle-même d'une originalité bizarre. La couronne, rehaussée de quatre fleurs de lis, qui alternent avec quatre croix, est moderne ainsi que le sceptre surmonté d'un feuillage de pin. Le manteau et les robes n'ont rien que d'ordinaire. C'est le même costume que celui de Jeanne de Bourbon. Deux petits bassets sont assis sous les pieds.

Sauval avait lu dans les registres de la chambre des comptes, et il rapporte, au tome 2 de ses *Antiquités de Paris*, qu'une somme de 1,200 livres, prix de l'acquisition de la bibliothèque de Charles V par le duc de Bedford, fut remise à Pierre Thuri, entrepreneur du tombeau de Charles VI et d'Isabeau de Bavière.

93, 94. *Charles VII et Marie d'Anjou*[1]. — Le tombeau de Charles VII et de la reine Marie d'Anjou, sa femme, était moins orné que ceux de Charles V et de Charles VI. Deux dais, d'un beau travail, se trouvaient seulement placés au-dessus des figures. Ce monument fut brisé en 1793; les mutilations que subirent alors les deux statues furent telles, qu'on ne put en conserver que les bustes. M. Lenoir nous apprend, dans le catalogue de son musée, qu'il fut obligé de faire restaurer par le sculpteur Beauvallet, ces fragments qui étaient eux-mêmes fort endommagés. Le travail de réparation a été exécuté d'une manière très-convenable.

Comme aux Petits-Augustins, des colonnes de marbre provenant du château de Gaillon servent de supports aux deux bustes. Six fleurs de lis et de nombreuses pierreries décorent la couronne du roi. Les cheveux conservent à peu près leur longueur naturelle et flottent en arrière. Le visage est imberbe, gracieux et jeune, bien que Charles VII ait vécu près de soixante ans. Les sculpteurs du moyen âge, au lieu de copier, comme les nôtres, les rides de la vieillesse, les rugosités de la peau, et mille autres accidents de ce genre, choisissaient avec goût la plus belle époque de la vie du personnage qu'ils étaient

---

[1]. *Musée des Monuments français*, n. 85 et 87.

chargés de représenter ; ils le montraient tel qu'il avait dû être dans toute sa force et sa virilité. Le manteau de Charles VII, autant que nous en pouvons juger par le col qui est droit et boutonné, n'avait pas la même forme que ceux des rois précédents ; il se rapprochait sans doute de la coupe des manteaux royaux de Louis XII et de François I$^{er}$.

La couronne de Marie d'Anjou est pareille à celle de Charles VII. Le voile qui enveloppe toute la tête, va se rattacher à la robe, de manière à ne laisser voir absolument que les yeux, le nez et la bouche. L'étoffe de la robe forme sur la poitrine des plis nombreux et serrés. Une partie du voile restée libre flotte sur les épaules.

Les noms du roi et de la reine, et les dates de leur mort, ont été gravés aux Petits-Augustins sur les fûts des deux colonnes ; ils s'y lisent encore. Ces colonnes, dont la forme est cylindrique, ont des bases octogonales. Les chapiteaux, travaillés avec beaucoup de délicatesse, sont décorés d'arabesques, de feuillages et d'oiseaux ; adhérente à la corbeille dans toutes ses parties, l'ornementation n'a pas souffert [1].

95. *Louis XI*. Au XVI$^e$ siècle, les calvinistes jetèrent dans la Loire les restes de Louis XI, et détruisirent son tombeau de bronze, après avoir pillé l'église de Notre-Dame-de Cléry, qui renfermait la sépulture de ce prince. Un nouveau monument de marbre fut élevé à Louis XI, en 1622 ; il existe encore et porte la signature de Michel Bourdin, sculpteur d'Orléans. Nos lecteurs nous sauront gré de leur mettre sous les yeux la description

---

[1]. Charles VII mourut en 1461. Des renseignements puisés par Sauval dans les comptes ordinaires de la prévôté de Paris (*Antiquités de Paris*, t. II, p. 373) prouvent qu'en 1463 *des ouvriers tailleurs de pierre et imagès besognoient de marbre et de pierre la sculpture de feu le roi Charles dernier trespassé dans l'hostel de la reine près Saint-Paul, sous la gallerie du préau de la fontaine au lion*.

que La Fontaine fit de ce tombeau, en 1633, dans une lettre qu'il écrivait à sa femme.

« Nous nous arrêtâmes à Cléry. J'allai aussitôt visiter l'é-
« glise ; c'est une collégiale assez bien rentée pour un bourg.
« Louis XI y est enterré. On le voit à genoux sur son tombeau,
« quatre enfants aux coins ; ce seraient quatre anges, si on ne
« leur avait pas arraché les ailes. Le bon apôtre de roi fait là
« le saint homme, et il est bien mieux pris que lorsque le Bour-
« guignon le mena à Liége.

> Je lui trouvai la mine d'un matois :
> Ainsi l'étoit ce prince dont la vie
> Doit rarement servir d'exemple aux rois,
> Mais pourroit être en quelques points suivie.

« A ses genoux sont ses heures et son chapelet, la main de
« justice, son sceptre, son chapeau et sa Notre-Dame. Je ne
« sais comment le statuaire n'y a pas mis le prévôt Tristan ;
« le tout est en marbre blanc et m'a paru d'assez bonne main. »

Pendant la révolution, le tombeau de Louis XI fut mutilé avec fureur par les habitants de Cléry; la tête, dont l'expression est remarquable, fut séparée du corps [1] et coupée en trois parties. Après de longues recherches, M. Lenoir parvint à réunir les débris du monument et le fit restaurer pour le musée des Petits-Augustins [2]. En 1817, le conseil municipal de Cléry ayant exprimé le vœu de voir rétablir ce tombeau dans l'église de la commune, le ministre de l'intérieur en ordonna la

---

1. C'était une manière d'exécution posthume. A la Sorbonne, des bourreaux de cadavres tranchèrent aussi la tête au cardinal de Richelieu, dont le corps s'était conservé intact dans son cercueil.
2. *Musée des Monuments français*, n° 471.

LOUIS DE FRANCE, DUC D'ORLÉANS.　　　VALENTINE DE MILAN.

restitution immédiate. Nous l'avons vu dans la nef de l'église de Notre-Dame. A l'exception du chapelet, de la main de justice et du sceptre que nous n'y avons pas retrouvés, la statue du prince et les quatre enfants qui l'accompagnent, sont tels encore que La Fontaine les a décrits. La disposition des figures est à peu près la même ici qu'elle était au tombeau de bronze de Charles VIII.

Saint-Denis ne possède de Louis XI qu'une effigie en pierre factice moulée sur un buste qui passait pour authentique et qui aurait été apportée de Cléry au musée des monuments français [1]. Cette sculpture ne ressemble nullement à la statue dont nous venons de parler; mais elle rappelle parfaitement tous les portraits connus de Louis XI. Le caractère singulier du prince se peint dans les traits de son visage. Le vêtement consiste en une espèce de casaque à manches sur laquelle s'étalent les coquilles, les torsades et le médaillon du collier de l'ordre de Saint-Michel. La tête est couverte d'une coiffe avec un bonnet en fourrure par-dessus; c'est au côté droit de ce bonnet que se trouve attachée la fameuse Notre-Dame à laquelle le roi adressait, quand il avait peur, de si ferventes prières.

Le buste a pour support une colonne en pierre qui vient du château de Gaillon; elle est sculptée de petits personnages posés dans des niches, d'arabesques, de feuilles, d'oiseaux et de mascarons. La pierre de cette colonne, comme toute celle qui fut employée au palais du cardinal d'Amboise, contient des rognons de silex auprès desquels le ciseau a été contraint de passer sans y pouvoir mordre.

96-101. *Tombeau de la maison d'Orléans* (des Célestins de Paris [2]). —Louis, duc d'Orléans, ce second fils de Charles V,

---

1. *Catalogue de ce Musée*, n° 443. Le buste n'a reparu dans aucune collection publique; il est sans doute enfoui dans quelque magasin royal.
2. *Musée des Monuments français*, n°s 77, 78 et 80.

dont la fin fut si tragique, reposait sans monument, sous l'autel d'une chapelle qu'il avait fondée et richement dotée, à Paris, dans l'église des Célestins. Louis XII, qui était petit-fils de ce prince, lui consacra, en 1504, un superbe mausolée, dans lequel il fit inhumer aussi les corps de son aïeule Valentine de Milan, de son père Charles, duc d'Orléans, et de son oncle Philippe, comte de Vertus. Ce tombeau s'élevait au milieu d'une grande chapelle, dite la chapelle d'Orléans; il était entouré d'une foule d'autres monuments funéraires dont la réunion formait un des plus précieux musées du monde. C'étaient la statue de l'amiral Philippe de Chabot, sculptée par Jean Cousin, le groupe des Trois Grâces, œuvre de Germain Pilon; les colonnes d'Anne de Montmorency, de François II et de Timoléon de Brissac; l'obélisque des Longueville, tout ciselé de bas-reliefs et tout environné de statues : le tombeau de René d'Orléans, dont nous décrirons un peu plus loin les admirables fragments, et enfin celui de Henri, duc de Rohan, dont Michel Anguier était l'auteur. La dispersion des sculptures qui composaient cet ensemble sans pareil, et la destruction de la chapelle qui les renfermait, sont un des plus monstrueux actes de vandalisme accomplis de notre temps.

Le nom du sculpteur à qui Louis XII confia l'exécution du mausolée de ses ancêtres, ne nous est pas connu. Nous inclinons à croire que le travail de ce monument appartient à l'école italienne de la Renaissance. Antérieur d'environ quinze ans au tombeau de Louis XII, il accuse un style beaucoup plus avancé dans la voie de l'art moderne. La disposition en était originale. Un vaste socle quadrangulaire, entouré de colonnettes, de niches et de figures, portait les deux statues couchées de Charles, duc d'Orléans, et de son frère Philippe, entre lesquelles s'élevait un sarcophage surmonté des statues de Louis et de Valentine Le monument avait ainsi deux étages ; les plâtres moulés que nous possédons au Louvre du mausolée du roi d'Espagne, Philippe le Beau, pourraient donner une idée assez exacte de l'ensemble de celui-ci.

Le tombeau des d'Orléans fut porté aux Petits-Augustins avec tous ses accessoires ; il n'en a pas moins perdu sa forme ancienne et son aspect primitif. De ses membres dispersés on a composé trois monuments, dont le plus considérable a reçu, avec les statues de Louis et de Valentine, la meilleure partie des sculptures secondaires. Vingt-quatre statuettes représentant les douze apôtres et douze martyrs remplissaient les niches du grand socle ; quinze de ces figures seulement sont en place aujourd'hui ; nous ignorons quel a pu être le sort des neuf autres ; nous croyons cependant qu'il en existe encore quelques-unes au milieu de la multitude d'objets de toute espèce entassés confusément dans les magasins de l'église.

Les effigies de Louis de France et de sa femme Valentine reposent sur un lit couvert d'une draperie à losanges fleurdelisées. Deux coussins ornés d'entrelacs, de glands et de mascarons, sont posés sous la tête de chaque personnage. Des traces d'azur et d'or se voient encore sur les coussins et sur la draperie. Le duc porte, comme la duchesse, une couronne incrustée de pierreries et surmontée d'un rang de perles séparées les unes des autres par de petites pointes. Tous deux ont les cheveux longs et rejetés en arrière, les yeux fermés et les mains jointes. Leurs traits beaux et réguliers ont été soigneusement modelés. Un large et long manteau à chaperon d'hermine et à manches pendantes descend jusqu'aux pieds du prince et laisse à peine voir la tunique. La chaussure se termine carrément. Un tout petit lion est posé sur les derniers pans du manteau, un peu au-dessus des pieds.

Valentine semble dormir d'un sommeil paisible auprès de cet époux dont la mort lui causa de si touchants regrets.

La tête serait irréprochable si un léger défaut du marbre et une sorte de contraction à la lèvre supérieure n'en altéraient la beauté. La robe est très-longue; un surcot d'hermine serre la taille et s'arrondit sur les hanches. Un chien, posé sur les pieds, regarde tristement sa maîtresse [1].

Les deux grands côtés du socle qui soutient les statues, sont revêtus d'une partie de l'arcature dont le tombeau primitif était entouré. Chaque côté comprend cinq arcades ou niches contenant un pareil nombre de figurines. L'architecture en est exquise. Des guirlandes ornent les pieds-droits et les archivoltes; des colonnettes cannelées, à chapiteaux composites, portent une corniche du travail le plus élégant. Les niches s'arrondissaient autrefois et se terminaient en coquilles; aujourd'hui elles n'ont plus que des fonds plats. Ces fonds ont été faits avec des plaques de marbre noir arrachées à d'autres monuments, et au revers desquelles sont encore gravées, comme nous avons été à même de nous en assurer, des inscriptions en lettres gothiques. Les statuettes, dont le travail est médiocre, représentent huit apôtres, et les deux saints diacres Laurent et Vincent. Les apôtres sont tous vêtus d'une robe et d'un manteau, chaussés de sandales, et barbus à l'exception de saint Jean. La plupart des attributs qu'ils tenaient ont été refaits. On ne reconnaît d'une manière certaine que saint Paul, saint Jean et saint Jacques le Mineur. Les deux diacres sont en dalmatique; un agneau pascal avec le nimbe croisé et l'étendard, est figuré sur le vêtement de saint Laurent; sur celui de saint Vincent, il y a un saint nom de Jésus au milieu d'un soleil rayonnant.

Le musée des Petits-Augustins, d'abord, puis la restaura-

[1]. Le corps de Valentine reposa de 1408 à 1504 dans l'église des Cordeliers de Blois, sous un tombeau de cuivre décoré d'une effigie et porté par quatre lions; ce monument a été fondu.

tion de Saint-Denis, ont sali ce monument de plates inscriptions profondément taillées dans le marbre. Des plaques du marbre blanc le plus commun remplacent l'arcature à la tête et au pied du socle. Deux petits écussons en marbre noir, tirés des Célestins, ont été rapportés du côté des pieds; l'un est blasonné des armes d'Orléans, l'autre écartelé d'Orléans et de Milan qui est d'argent à la guivre d'azur couronnée d'or à l'issant de gueules ; des couronnes surmontent ces armoiries.

Le tombeau du comte de Vertus ne consiste qu'en un socle de marbre noir moderne et dépourvu d'ornementation. Le costume de la statue ne diffère en rien de celui de Louis, duc d'Orléans; les accessoires sont aussi les mêmes ; seulement le comte n'a pour couronne qu'un simple bandeau semé de pierreries. Un écusson de marbre noir aux armes d'Orléans, de même origine que ceux qui ont été cités plus haut, se voit aussi au pied du tombeau. L'animal posé sur les jambes du prince est une espèce d'hermine.

Charles, duc d'Orléans, a laissé un nom illustre dans les lettres ; ses poésies, qui tiennent un des premiers rangs parmi les œuvres du XVe siècle, attestent une facilité de style et une délicatesse d'esprit peu communes. Ce prince passa une grande partie de sa vie en Angleterre ; fait prisonnier en 1415, à la bataille d'Azincourt, il ne rentra en France qu'au bout de vingt-cinq ans. Son effigie est pareille à celle de son père pour tous les détails de costume et d'ornementation; la tête a encore plus de beauté et d'élégance. Comme celles des trois autres statues, les mains, qui étaient travaillées avec beaucoup de soin, ont été grossièrement restaurées. Un petit porc-épic, très-bien sculpté, qui se trouve posé sur les pieds du prince, rappelle l'institution par Charles d'Orléans d'un ordre de chevalerie dont cet animal était l'emblème. C'est pour la même raison que le porc-épic se rencontre souvent dans les monuments de Louis XII.

Une suite de cinq arcades en marbre qui proviennent de l'ancien mausolée des Célestins, forme le devant du socle de la statue. Elles sont en tout semblables à celles que nous avons décrites. Saint Pierre, qui tient ses deux clefs, saint Jean-Baptiste, vêtu d'une tunique en peau de bête, et trois autres statuettes représentant des apôtres, se tiennent debout sous les arceaux. La figure de saint Jean-Baptiste est la meilleure de toutes. Les quatre apôtres ici placés complètent avec les huit de l'autre partie du tombeau le nombre de douze. Un écusson de marbre noir a été encastré à l'extrémité du socle ; il est mi-parti d'Orléans, et d'autre part écartelé de France ancien et de Milan.

Deux colonnes octogonales en marbre blanc accompagnent le monument ; elles étaient destinées à recevoir, pour la continuation de la série des rois, les bustes de Charles VIII et de Louis XII. La place occupée dans le caveau royal par les cercueils de Louis XVI et de Marie-Antoinette, correspond exactement au cénotaphe de Charles d'Orléans.

Trois inscriptions gravées sur marbre noir en lettres gothiques, faisaient en vers et en prose l'histoire du tombeau dans la chapelle des Célestins ; leurs encadrements comprenaient les écussons que nous avons eu à mentionner. Les fragments d'une de ces inscriptions se sont vus longtemps dans les décombres du chantier ; les deux autres, conservées avec plus de soin, se lisent maintenant, la première au-dessus de l'effigie du comte de Vertus, la seconde auprès de la statue du duc Charles. Nous en donnons le texte entier.

LUDOUICUS REX XII. QUIETI
PERPETUE ET MEMORIE PERENNI
ILLUSTRISSIMORUM PRINCIPUM
LUDOUICI AVI. VALENTINE AVIE.
KAROLI PATRIS PIISSIMORUM
PIENTISSIMORQZ PARENTUM
AC PHILIPPI PATRUI
FELICITER
M. V$^c$. liii.

HOC TECUM ILLUSTRIS PARIO LUDOUICE SEPULCHRO
JUCTA VALENTINE CONIUGIS OSSA CUBANT.
EMERITO INSUBRIS TIBI IURA DUCALIA SCEPTRI
TRADITA LEGITIME PREMIA DOTIS ERANT.
SUBIACET ET CAROLO CLAUSUS CU FRATRE PHILIPPUS
INCLITA IAM UESTRI PIGNORA BINA THORI.
MAGNIFICUS CAROLO NASCENS LUDOUICUS AB ALTO
HEC POSUIT LARGA BUSTA SUPERBA MANU.
SFORCIADEM INDIGNA PEPULIT QUI RX SEDE TIRANUM:
ET SUA QUI SICULAS SUB IUGA MISIT OPES.
UT TANTOS DECORATA DUCES AURELIA IACTAT :
GALLICA SIC ILLO SCEPTRA TENETE TUMENT :

102, 103. *Caveaux des Condés. Cercueils d'anciens rois.*
— Comme auprès de la statue de Hugues Capet, au commencement de la galerie absidale, nous rencontrons ici, à l'autre extrémité de la même galerie, plusieurs petites salles plongées dans des ténèbres éternelles. C'est dans un de ces caveaux dont une grille de fer clôt l'entrée, et auquel on arrive par un étroit corridor, que reposent Louis-Joseph de Bourbon, prince de Condé, mort le 13 mai 1818, et Louis Henri-Joseph de Bourbon, son fils, duc de Bourbon, prince de Condé, trouvé mort dans sa chambre à coucher, le 27 août 1830. Le mystère de la fin tragique du dernier des Condés est encore enveloppé d'obscurités, dans lesquelles on doit craindre de s'engager témérairement. Des socles carrés en marbre noir

renferment les cercueils et portent de courtes inscriptions. Des épitaphes plus complètes gravées sur des tables de marbre qui sont appliquées aux murs et que surmontent des écussons armoriées, indiquent les noms, les titres nombreux et les dates de mort des deux princes.

Un second et un troisième caveaux ont reçu en garde plusieurs débris des anciennes sépultures; ce sont trois grands cercueils de pierre, une dalle qui a servi de couvercle à un de ces tombeaux, et quelques-uns des tréteaux de fer sur lesquels, dans les temps modernes, on posait les bières en plomb des rois ou des princes. Les cercueils de pierre sont longs et profonds; tous ils se rétrécissent vers les pieds. Un d'entre eux[1], qui passait pour avoir contenu le corps de Pépin, présente un trou carré à l'endroit où devait se trouver la tête du cadavre. Complètement desséchées, les parois de ce cercueil ont acquis une sonorité singulière. On remarque dans le deuxième caveau quelques restes de marches, et un commencement de galerie; là était anciennement une des entrées de la crypte.

104. *Rénée d'Orléans-Longueville* (des Célestins de Paris)[2]. — Rénée d'Orléans n'avait encore que sept ans quand elle mourut le 23 mai 1515, à Paris, dans l'hôtel abbatial de Sainte-Geneviève; la magnificence du tombeau qui lui fut élevé dans l'église des Célestins a droit de nous étonner; à l'époque de sa mort, elle avait perdu son père, et sa mère était remariée à Charles de Bourbon, comte de Vendôme. Ce monument, tout construit en marbre, à l'exception du sarcophage qui était en albâtre ainsi que la statue, rappelait par sa forme et par la beauté de ses sculptures les tombeaux si

---

1. Nous avons parlé de la découverte de ce tombeau à la page 219.
2. *Musée des Monuments français*, n° 95.

RÉNÉE D'ORLÉANS-LONGUEVILLE.

vantés qu'on voit à Florence dans les collatéraux de la nef de la magnifique église de Santa-Croce; il a été complétement défiguré [1]. Un grand arceau, accompagné de deux pilastres et surmonté d'un fronton demi-circulaire, abritait l'effigie ; des caissons décoraient la voûte interne de l'arc ; une statue de saint se tenait debout au sommet du fronton, et, sur les rampants, des figures de moines portaient des écussons armoriés. Quatre statuettes de saintes étaient posées dans des niches sur le devant du sarcophage ; quatre autres se trouvaient placées en arrière au fond de la chapelle funèbre ; sainte Marguerite sortant du dragon était représentée à la tête du tombeau, peut-être comme un emblème de la résurrection; la jeune princesse avait les yeux tournés vers une image de la Vierge portant l'enfant, qui était sculptée du côté des pieds. Cet ensemble n'existe plus. L'arceau a été supprimé ainsi que le fronton. Appliqués à un mur, les deux pilastres portent un entablement moderne. La sculpture du sarcophage a pris place entre les pilastres, et l'autre bas-relief est descendu pour servir d'ornement au socle de la statue. La figure de sainte Marguerite, celle de la Vierge, et deux licornes tenant des armoiries, sont restées en magasin.

Nous décrirons cependant le monument dans son état actuel. Le bas-relief qui forme aujourd'hui le devant du tombeau et qui ne se rajuste pas avec la table de marbre noir sur laquelle repose l'effigie, se divise en quatre niches voûtées en coquille, et accompagnées de cinq pilastres du travail le plus élégant, tout à fait dignes d'être comparés à ceux du monument de Louis XII. Les figures représentent quatre saintes choisies entre les plus illustres du martyrologe; Catherine, richement cos-

---

1. V. pour la description du monument, MILLIN, *Antiquités nationales*, t. I, p. 103 et pl. 16.

tumée en reine, portant à la fois, comme saint Paul, le livre et l'épée, ayant près d'elle la roue, instrument de son supplice, miraculeusement brisée par la foudre; sainte Barbe qui s'appuie contre une haute tour crénelée; sainte Geneviève, tenant un cierge allumé qu'un diable s'efforce d'éteindre, et dont un ange ravive la flamme; enfin, sainte Agnès aux pieds de laquelle est un agneau. Les emblèmes sont bien choisis et conformes aux traditions légendaires; mais le sculpteur, peu soucieux des anciens principes de l'iconographie sacrée, a oublié les nimbes et les chaussures. Le diablotin à corps humain, avec pattes de singe, ailes de chauve-souris et face de lion, qui fait la guerre avec un gros soufflet au cierge de sainte Geneviève, est posé sur le pilastre voisin de la sainte, à droite; l'ange sculpté au chapiteau menace avec un glaive l'esprit impur, et rallume le cierge avec un flambeau.

Une table de marbre noir arrondie à ses extrémités couronne le sarcophage et porte sur ses bords l'inscription suivante gravée en lettres gothiques sur trois lignes:

CY GIST TRES EXCELLENTE ET NOBLE DAMOISELLE RENEE DORLEANS A SON VIUANT CTESSE DE DUNOYS DE TANCARUILLE DE MONTGOMERY DAME DE MONSTREU BELLAY DE CHASTEAU REGNAULT ETC FILLE UNICQUE DELAISSEE DE TRES
EXCELLES ET PUISS<sup>s</sup>. PRNCE ET PRICESSE FRACOYS EN SO VIVAT DUC DE LOGUEUIL. CTE ET S<sup>R</sup>. DESD. CTES ET SEIGNORIES CONESTABLE HEDITAL DE NORMADIE LIEUTEN. GNAL ET GOUVERNER PO. LE ROY EN SES PAYS DE GUYENE ET MADE
FACOISE DALENCON SON ESPOUSE PERE ET MERE DE LAD<sup>E</sup>. DAMOISELLE LAQUELLE TSPASSA EN LRAIGE DE SEPT ANS AU LIEU DE PARIS LE XXIII<sup>E</sup> JOUR DE MAY LAN MIL V<sup>C</sup> ET XV: DEU AIT SON AME: ET DE TO<sup>S</sup> AUSTRES: PAT. NOST: AVE MARIA.

L'effigie de la princesse a été sculptée avec une grande finesse; la tête est empreinte d'une grâce enfantine; les mains jointes sont d'un très-joli travail. Le sculpteur a répandu à profusion les pierreries sur la couronne, sur la coiffe et le réseau qui enveloppent les cheveux, sur la double attache du manteau, sur la ceinture de la robe et sur le corsage garni d'hermines. Une espèce de chapelet formé de dix globes assez gros, d'un gland de soie et d'un crucifix, pend à la ceinture. La chaussure est à bouts carrés et à semelles épaisses. Une licorne accroupie sous les pieds, armée d'une corne au front, portant barbe au menton, et décorée d'un collier, tient entre ses pattes un écusson de forme losangée, écartelé au 1er et 4e d'Orléans Longueville, aux 2e et 3e d'Alençon La licorne était au moyen âge un symbole de virginité.

Les grands pilastres posés en arrière-corps sont couverts d'arabesques d'un travail excellent et coiffés de superbes chapiteaux. Ils servent de supports à un entablement moderne sans ornements, au-dessus duquel on a rapporté un double écusson de marbre qui est accompagné de deux petits anges à genoux, et qui présente les armoiries de François Ier accolées à celles de sa femme Claude de France. Le blason de la reine Claude est écartelé de fleurs de lis et d'hermines; on sait qu'elle était fille de Louis XII et d'Anne de Bretagne.

Entre les pilastres trois figures de saintes en ronde bosse se voient sculptées dans des niches sur une même tranche d'albâtre. Ce sont sainte Marthe qui conduit enchaînée la fameuse Tarasque, sainte Agathe liée par les mains à un poteau et présentant sa poitrine au fer du bourreau, enfin une troisième sainte qui n'a d'autre attribut qu'un livre, et dont il ne nous est pas possible de deviner le nom d'après un indice aussi peu caractéristique. Les niches, comme les pilastres, offrent une grande ressemblance avec ceux du bas-relief placé en avant du sarcophage; les saintes ont encore ici les pieds nus et manquent de nimbes.

Nous ne pourrions réclamer assez vivement la restitution

complète du monument de Renée de Longueville ; il serait très-facile de réunir ce qui en existe encore, et de suppléer aux parties détruites.

105. *Marie de Bourbon* (de l'abbaye de Notre-Dame-de-Soissons)[1]. — Catherine de Bourbon, abbesse de Notre-Dame-de-Soissons, et Marie, sa sœur, avaient dans la principale église de ce monastère un tombeau sur lequel deux statues d'albâtre les représentaient. L'effigie de Catherine de Bourbon aurait, suivant M. Lenoir, été brisée en 1793 ; l'autre fut sauvée. Marie de Bourbon est à genoux sur un coussin ; elle porte une couronne, une coiffe et un collier enrichis de pierreries, une double robe et un surcot garnis d'orfévrerie et de pierres précieuses, une fraise élégamment plissée, un manteau à col et doublure d'hermines. Le travail de sculpture est gracieux et facile. Le socle de la statue se compose en majeure partie d'un fragment de l'arcature du tombeau des d'Orléans dont le style ni la forme ne pouvaient avoir cependant aucun rapport avec le monument de Soissons. Les deux sœurs avaient une même épitaphe gravée sur marbre noir, qui a été conservée et encastrée dans le mur au-dessus de la figure de Marie de Bourbon :

CY GISENT LES CORPS DE TRES ILLVSTRES PRINCESSES MESDAMES
MARIE ET CATHERINE
DE BOVRBON, SOEVRS, ET TANTES DV ROY HENRY QVATRIESME
FILLES DE TRES ILLVSTRE
PRINCE CHARLE DE BOVRBON DVC DE VANDOSME, ET DE FRANCOISE D'ALENCON

1. *Musée des Monuments français*, n° 569. L'abbaye de Notre-Dame de Soissons se composait de bâtiments immenses et renfermait quatre églises. Les églises ont été renversées ; les autres édifices servent de caserne. Le musée des Petits-Augustins avait recueilli plusieurs monuments de cette abbaye, entre autres le tombeau de saint Drausin, sculpture du VIIe siècle, abandonné maintenant dans une cour du Louvre.

LEUR MERE, LA DICTE DAME MARIE MOVRVT ESTANT FIANCÉE A
IACQVE SINQVIESME DV
NOM ROY DESCOSSE, ET LA DICTE DAME CATHERINE APRÈS AVOIR
ESTÉ SINQVANTE ET
VN AN ABBESSE DE LABBAYE DE CEANS PASSA DE CE MONDE LE
SEPTIESME AVRIL 1594
*Priez Dieu pour Leurs Ames*

Marie de Bourbon mourut à Lafère, le 28 septembre 1538 [1].

106, 107. *Inscriptions.* — Deux inscriptions gravées, l'une sur marbre noir, l'autre sur marbre blanc, rappellent la mémoire de Marguerite de Valois, femme de Henri IV, et celle d'Anne Geneviève de Bourbon, fille de Henri II de Bourbon, prince de Condé, et seconde femme de Henri II d'Orléans, duc de Longueville. La première inscription fut faite aux Petits-Augustins pour servir à la décoration de la salle d'introduction ; les jolis vers qui la composent et qu'on attribue à la reine Marguerite, ont été extraits d'un manuscrit de la Bibliothèque royale. L'autre épitaphe provient originairement de l'abbaye de Port-Royal-des-Champs [2]. Les voici toutes deux :

CESTE BRILLANTE FLEUR DE L'ARBRE DES VALOYS
EN QUI MOURUST LE NOM DE TANT DE PUISSANS ROYS,
MARGUERITE, POUR QUI TANT DE LAURIERS FLEURIRENT,
« POUR QUI TANT DE BOUQUETS CHEZ LES MUSES SE FIRENT, »
A VU FLEURS ET LAURIERS, SUR SA TÊTE SÉCHER,
ET PAR UN COUP FATAL, LES LYS S'EN DÉTACHER.
LAS ! LE CERCLE ROYAL DONT L'AVOIT COURONNÉE
EN TUMULTE ET SANS ORDRE UN TROP PROMPT HIMÉNÉE,
ROMPU DU MÊME COUP DEVANT SES PIEDS TOMBANT
LA LAISSA COMME UN TRONC DÉGRADÉ PAR LES VENTS.

1. La date de 1558 indiquée dans l'inscription moderne du socle est erronée.
2. A l'époque de la destruction de cet illustre monastère, en 1711, le cœur de la duchesse de Longueville, qui était inhumé sous ce marbre, fut apporté à Paris dans l'église de Saint-Jacques-du-Haut-Pas. Le style élégant de l'épitaphe appartient certainement à quelqu'un des savants latinistes de Port-Royal.

ÉPOUSE SANS ESPOUX, ET ROYNE SANS ROYAUME
VAINE OMBRE DU PASSÉ, GRAND ET NOBLE FANTOSME
ELLE TRAISNA DEPUIS LES RESTES DE SON SORT,
ET VIST JUSQU'A SON NOM MOURIR AVANT SA MORT [1].

M. S.
ANNA GENOVEFA BORBONIA
DUX LONGAVILLÆA

POST GUSTATUM IN PRIMA ÆTATE CHRISTUM AMORE SOECULI POSTMODUM ABREPTA ET BELLIS CIVILIBUS INFOELICITATE TEMPORUM IMPLICITA, DEO TANDEM REGIQUE RECONCILIATA, POENITENTIAM ALTO CORDE CONCEPTAM CORPORIS AFFLICTATIONE, ANIMI DOLORE, DISTRIBUTIS IN PROVINCIAS QUAS BELLUM AFFECERAT PECUNIIS, DETRACTIS EX EO QUOD SIBI DEERAT IN PAUPERES ET TEMPLORUM ORNAMENTA DONIS, INJURIARUM REMISSIONE PER ANNOS XXVII. PROTRACTAM, DEI UNIUS ET ECCLESIÆ AMORE CAPTA, JUSTITIAM ESURIENS ET SITIENS, ATQUE EÔ MISERICORDIÆ CERTIOR PRETIOSA MORTE CUMULAVIT XV. APRILIS M. DC. LXXIX. COR SUUM IN CONJUNCTISSIMO SIBI MONASTERIO CONDI VOLUIT.

*Requiescat in pace* [2].

108. *Vase du cœur de François I*$^{er}$ (de l'abbaye de Hautes-Bruyères)[3]. — François I$^{er}$ mourut au château de Ram-

---

[1]. Le vers placé entre deux guillemets a été omis sur le marbre.

J'ai vu à Saint-Denis, parmi des fragments, les restes d'une longue inscription qui avait été placée dans l'église des Petits-Augustins, sur la sépulture du cœur de Marguerite. Le savant avocat général Servin l'avait, comme on disait alors, curieusement latinisée.

[2]. Anne de Bourbon fit achever, dans l'église des Célestins, le magnifique monument des Longueville qui fut sculpté par les frères Auguier, et qui aurait dû venir à Saint-Denis; il est au Louvre, où les débris s'en trouvent dispersés dans trois ou quatre salles.

[3]. *Musée des Monuments français*, n° 539.

VASE DU CŒUR DE FRANÇOIS I<sup>er</sup>.

bouillet, le 31 mars 1547. « Son cœur et ses intestins furent
« portez en l'abbaye de Nostre-Dame des religieuses de Haute-
« Bruyère, qui est proche dudit Rambouillet, et mis au chœur
« de l'église, lesdicts intestins en terre, et le cœur enchâssé
« sur une haute colomne d'albastre, devant la grande grille [1]. »
Les registres de la chambre des comptes, exploités par M. Lenoir, constataient qu'il avait été payé à *Pierre Bontems la somme de 115 liv. pour ouvrage de maçonerie et taille de sculpture en marbre blanc par lui faits de neuf à un vase pour le chœur et l'église de l'abbaye de Hautes-Bruyères où est le cœur du feu roy François.*

Ce vase a été sauvé avec son piédestal par le directeur du Musée des monuments français qui donna, dit-on, en échange une voie de bois, et qui ne crut pas faire un mauvais marché. La forme et la sculpture de ce monument lui assignent une place distinguée entre les œuvres les plus remarquables de la Renaissance. Le piédestal est en marbre blanc comme le vase. Une plinthe sculptée d'os et de têtes de mort l'entoure à sa base. Plus haut, sur chacune des quatre faces, un cartouche agencé avec des têtes de femmes qui sont couronnées de laurier, présente un bas-relief ; on y reconnaît pour sujets la musique instrumentale, la musique vocale, la poésie lyrique et l'astronomie. Quatre femmes jeunes et charmantes jouent de divers instruments, et un enfant qui pourrait bien être l'Amour, leur donne le ton ; une femme chante accompagnée sur la guitare par une de ses compagnes, et sur la viole par un jeune homme ; une femme et un jeune homme

---

[1]. Dubreuil, *Théatre des Antiquitez de Paris*. L'abbaye de Haute-Bruyère a été démolie ; l'église renfermait plusieurs monuments de l'illustre maison de Montfort. Une porte de grange ornée de colonnettes est encore surmontée d'une pierre sur laquelle on voit gravée en creux une image de la Vierge assise entre deux chandeliers (XIVe siècle).

chantent au son de la lyre; deux personnages étudient avec une attention extrême la structure d'une sphère, et un troisième écrit. Sur la corniche du piédestal quatre tablettes portent les inscriptions suivantes :

CHRISTIANISS REGI FRANCISCO PRIMO VIC
TORI TRIVMPHATORI ANGLICO HISPANICO GER
MANICO BVRGONDICO IVSTISS CLEMENTISS PRIN
CIPI HENRICVS SECVNDVS REX CHRISTIANISS
AMANTISS PATRI PIENTISS FILIVS
B M F

PVLVERE IN EXIGVO QVAM MAGNI PECTORIS EXTA
COR QVANTVM HECTOREA STRENVITATE IACET
REX FRANCISCE TVVM SVPERIS QVEM FATA DEDERE
OCYVS ILIACÆ FATA SEVERA DOMVS
CONSVMPTIS LACHRYMIS DESIDERIOQZ RECENTI
AMPLIVS HOC QVO TE PROSEQVEREMVR ERAT

L'urne, d'une forme très-évasée et d'une ampleur considérable, a pour supports quatre griffes. Des cartouches accompagnés de têtes de femmes, de mufles de lion et de draperies, en décorent élégamment le pourtour. A chaque bout, il y a un chiffre du roi avec une couronne au-dessus. Sur chacun des des deux grands côtés on voit entre deux bas-reliefs un écusson de France que surmonte une salamandre entourée de flammes. Les bas-reliefs, travaillés avec la même finesse que des camées, représentent la sculpture, l'étude du dessin, l'architecture et la géométrie. Ce sont trois sculpteurs qui copient une Vénus antique et mutilée, debout sur un piédestal; un artiste assis au milieu de fragments antiques, et dessinant une statue que deux autres personnages admirent ; un architecte, le compas en main, dirigeant des ouvriers qui élèvent une construction à l'aide de machines et d'échafauds ; enfin un géomètre ou un géographe qui a près de lui un globe terrestre, et qui indique à deux autres hommes une boussole posée sur une table. Peut-être ce dernier sujet fait-il allusion aux grandes découvertes géographiques de la première moitié du XVIe siècle. C'était une belle et ingénieuse idée de réunir ainsi les arts et les sciences autour du cœur d'un prince qui les avait constamment aimés. Une inscription latine autrefois placée auprès du monument redisait la douleur des Muses, des Arts libéraux, des Sciences, de la Foi et de l'Église, et leurs larmes répandues sur la mort du vengeur de leur liberté, de leur protecteur, de leur père.

Benvenuto Cellini ayant fait pour François Ier le modèle d'une statue de Mars, qui devait avoir cinquante-quatre pieds de hauteur et représenter le roi, avait disposé autour les quatre figures allégoriques de la science des lettres, de l'art du dessin, de la musique et de la libéralité[1]. Il est possible que Pierre Bontems se soit rappelé cette composition.

Le couvercle de l'urne est orné de masques de femmes, de têtes d'anges et de deux petits génies qui tiennent des flambeaux renversés. La pomme de pin qui figure en amortissement est une restauration moderne.

109, 110. *Henri II et Catherine de Médicis*[2]. — A côté du splendide mausolée de la chapelle des Valois, des statues en marbre de Henri II et de Catherine de Médicis reposaient couchées sur deux magnifiques lits d'apparat en bronze, semés de chiffres et de fleurs de lis. Les statues sont aujourd'hui placées l'une auprès de l'autre sur un grand socle de marbre qui avait été préparé, du temps de l'empire, pour servir de support, dans l'abside de l'église haute, à un groupe colossal

---

[1]. *Œuvres complètes de Benvenuto Cellini*, traduites par Leclanché, t. II, p. 6 et 7. Paris 1847.

[2]. *Musée des Monuments français*, n° 103.

représentant la Religion soutenue par la France. Ce groupe est heureusement resté à l'état de projet.

Les effigies de Henri II et de Catherine sont de la main de Germain Pilon ; elles attestent un talent d'exécution vraiment merveilleux. Après la mort de cet illustre sculpteur, elles étaient restées entre les mains de ses héritiers, et ce ne fut qu'à l'époque du décès de Catherine de Médicis qui les avait fait faire, qu'elles furent apportées à Saint-Denis par ordre du parlement de Paris.

On pourrait reprocher à ces figures une exagération d'étoffes, de draperies, de costumes, une profusion de pierreries et d'ornements de toute espèce. Mais on demeure surpris de l'adresse avec laquelle tous les plis ont été fouillés, et de l'incroyable légèreté de ciseau qui a rendu tous les détails des somptueux vêtements royaux que portent les personnages. Les têtes, celle de Henri II surtout, sont d'un travail admirable et d'une ressemblance parfaite.

111. *Diane de France* (de l'église des Minimes de la Place-Royale, à Paris)[1]. Il n'était peut-être pas parfaitement convenable de placer à côté de l'effigie de Catherine de Médicis celle de Diane de France, fille naturelle légitimée de Henri II et de Philippe Duc, demoiselle piémontaise. La statue de Diane de France est sculptée en marbre blanc et agenouillée devant un prie-Dieu sur un sarcophage cannelé en marbre noir. Elle porte une large robe bouffante, un corsage garni d'hermines, un manteau doublé de même fourrure, une fraise à deux étages et une coiffe à l'espagnole. En posant la statue, on a tourné vers le public le côté qui aurait dû regarder le mur, et

---

1. *Musée des Monuments français*, n° 118. Une rue passe sur l'emplacement de l'église des Minimes, qui possédait un grand nombre de monuments funéraires du XVIIe siècle; une caserne de gardes municipaux occupe le cloître et le couvent.

CHARLES DE VALOIS, COMTE D'ANGOULÊME

que le sculpteur n'avait pas en conséquence pris la peine d'achever. Ni le sarcophage ni le prie-Dieu n'appartenaient autrefois à Diane de France; on les a dérobés à des monuments d'autres personnages; cela n'a pas empêché de graver sur l'un l'épitaphe et sur l'autre les armoiries de la princesse. L'inscription est ainsi conçue :

DIANE DE FRANCE FILLE ET SOEVR LÉGITIMÉE DES ROIS DVCHESSE D'ANGOVLESME DOVAIRIÈRE DE MONTMORANCY DÉCÉDÉE A PARIS L'ONZIESME JANVIER 1619 AGÉE DE 80 ANS

Diane de France épousa en premières noces Horace Farnèse, duc de Castro, et en secondes François, duc de Montmorency, pair et maréchal de France. Elle posséda successivement les duchés de Châtelleraut, d'Étampes et d'Angoulême.

L'écusson du prie-Dieu présente plusieurs erreurs de blason dans la forme de la couronne, et dans la disposition des armoiries.

112. *Charles de Valois* (des Minimes de la Place-Royale)[1]. — Ce personnage était fils naturel de Charles IX et de Marie Touchet, fille d'un lieutenant particulier au présidial d'Orléans. Il eut une vie marquée par des événements extraordinaires. En 1589, à la bataille d'Arques, il tuait de sa main le général de la cavalerie des ligueurs; il fut condamné en 1605 par le parlement de Paris à avoir la tête tranchée, et passa, par commutation, onze ans à la Bastille ; après sa sortie de prison, il prit une part active à toutes les guerres du règne de Louis XIII. Il fut tour à tour abbé de la Chaise-Dieu, grand

1. *Musée des Monuments français*, n° 182.

prieur de France, comte d'Auvergne, duc d'Angoulême ; il était aussi en dernier lieu chevalier des ordres et colonel général de la cavalerie légère[1].

Une statue de marbre représente le duc d'Angoulême à demi couché et appuyé sur un trophée. Le prince est vêtu de l'armure de guerre ; il porte par-dessus le manteau semé de fleurs de lis et doublé d'hermines. Les colliers de Saint-Michel et du Saint-Esprit pendent sur sa poitrine. Sa main droite tient un bâton de commandement fleurdelisé. Il a les cheveux longs, la moustache et une touffe de barbe en pointe au bas du menton. Comme celui de Diane de France, le sarcophage cannelé qui sert de support à l'effigie de Charles de Valois a été emprunté à un monument étranger. On y lit néanmoins cette nouvelle édition de l'ancienne épitaphe qui était gravée non pas sur le mausolée, mais sur le cercueil du duc d'Angoulême :

CY GIST TRÈS HAVT ET PVISSANT PRINCE
MONSEIGNEVR CHARLES DE VALOIS DVC D'ENGOVLESME
COMTE D'AVVERGNE ET DE CLERMONT, PAIR DE FRANCE,
DÉCÉDÉ A PARIS LE 23 SEPTEMBRE 1650, A L'AGE DE 78 ANS

Ce monument, resté plus de vingt ans au milieu d'une cour, était devenu tout noir ; il a fallu, pour le nettoyer, lui faire prendre un bain d'eau seconde, opération funeste et destructive, dont les effets se manifesteront tôt ou tard.

Les crabes de marbre blanc posés sous le sarcophage en manière de consoles proviennent de je ne sais plus quel autre tombeau. Quant à cette table de marbre campan-isabelle qui remplit l'intervalle des supports, elle a fait partie du pié-

---

[1]. Ce fils de Charles IX était né en 1573. Sa seconde femme Françoise de Nargonne vécut jusqu'à la fin du règne de Louis XIV ; elle mourut le 10 août 1713, c'est-à-dire cent quarante ans après la naissance de son mari.

destal de la colonne érigée aux Célestins en mémoire du connétable Anne de Montmorency ; elle est incrustée d'une main sortant d'un nuage et couverte de fer, qui tient une épée nue dont la pointe s'engage dans une couronne de feuilles de chêne. Ce large glaive était un des emblèmes de la dignité de connétable ; il est souvent figuré en sculpture et en peinture au château d'Écouen construit par Anne de Montmorency. Pour déguiser l'origine du débris employé au monument de Charles de Valois, on a fait disparaître plusieurs alérions qui accompagnaient l'épée.

113. *Henri III*. — L'épitaphe de ce prince était comprise dans le monument érigé à Saint-Cloud, dont nous avons déjà décrit la portion la plus considérable sous le n° vi des tombeaux de l'église haute. Les deux anges d'albâtre qui la soutiennent sortent évidemment de l'école de Germain Pilon ; mais on les a faussement attribués à ce maître, qui n'existait plus à l'époque où ils ont été sculptés. Ils sont élégants, mais maniérés ; des robes flottantes les couvrent. Le marbre noir en forme de cœur sur lequel était gravée l'inscription originale, et que j'ai vu à Saint-Denis, a été perdu ou détruit. L'épitaphe actuelle n'est qu'une reproduction de l'ancienne [1] :

HENRICVS. III. FRAC. REX
OBIIT ANNO D. MDXIC.
PRIMO. MENS. AVG. DIE
ADSTA VIATOR ET DOLE REGVM VICEM
COR REGIS ISTO CONDITVM EST SVB MARMORE
QVI IVRA GALLIS SARMATIS IVRA DEDIT
TECTVS CVCVLLO HVNC SVSTVLIT SICARIVS
ABI VIATOR ET DOLE REGVM VICEM

[1]. L'omission du mot *isto*, dans l'inscription gravée, détruit la mesure du second vers.

Au-dessous de l'inscription, comme sur le monument primitif, on a gravé au trait une tige de lis dont une fleur tombe coupée, tandis qu'une autre est au moment de s'épanouir ; le sens allégorique ne demande pas d'explication.

114. *Henri IV.* — Avant l'année 1840, ce grand roi n'avait point de monument à Saint-Denis. Pour lui en ériger un au plus bas prix possible, on est allé ramasser quelques fragments dans les cours des Petits-Augustins, et l'on s'est efforcé de les appareiller tant bien que mal. Une petite niche ovale contient un buste de Henri IV, moulé en pierre factice d'après un buste original en albâtre qui est au Louvre[1]. Les deux figures de marbre sculptées en demi-relief, dont la taille cambrée s'ajuste assez bien avec la niche, avaient été employées à la décoration d'un cénotaphe de Jean Cousin fabriqué au Musée des monuments français ; ce sont des femmes élégantes et drapées avec coquetterie, qui tiennent en main les attributs de la victoire et de la prudence. Le tout est surmonté d'un fronton demi-circulaire au centre duquel une guirlande de marbre dérobée à sa destination première, encadre aujourd'hui les armes de France et de Navarre. Le buste du roi, remarquable par la ressemblance, porte l'armure, l'écharpe et la collerette. L'inscription qui était placée sur le cercueil dans le caveau des Bourbons, a été reproduite ici sur une tablette de marbre :

Icy gist le corps de Henry par la grace de Diev qvatriesme de ce nom Roy de France et de Navarre, très chrestien, qvi trespassa en son chasteav dv Lovvre a Paris, le 14 de may l'an de grace mil six cens dix.

1. L'original attribué à Prieur était placé aux Petits-Augustins sous le n° 265.

L'histoire nous dit que Henri IV expira aussitôt après avoir été frappé du poignard de Ravaillac. L'épitaphe garde le silence sur l'assassinat, et parle de la mort du prince arrivée au Louvre, comme si elle eût eu lieu dans les circonstances les plus ordinaires.

115. *Marie de Médicis* [1]. — La femme de Henri IV se crut appelée à jouer le rôle de Catherine de Médicis ; mais elle n'avait ni la tête assez puissante, ni le cœur assez viril. Elle succomba au milieu des intrigues, et s'en alla mourir à Cologne. Nous avons vu dans la magnifique cathédrale de cette ville, au pied de la splendide châsse des rois Mages, le pauvre carreau de marbre qui recouvre le lieu où furent déposées les entrailles de cette reine exilée. Au Musée des Petits-Augustins, on avait fait graver sur une dalle de pierre une épitaphe en vers consacrée à la mémoire de Marie de Médicis ; c'est celle que nous avons devant les yeux :

LE LOUVRE DE PARIS VIT ÉCLATER MA GLOIRE :
LE NOM DE MON ÉPOUX, D'IMMORTELLE MÉMOIRE,
EST PLACÉ DANS LE CIEL COMME UN ASTRE NOUVEAU.
POUR GENDRES J'EUS DEUX ROIS, POUR FILS CE CLAIR FLAMBEAU
QUI PAR MILLE RAYONS BRILLERA DANS L'HISTOIRE.
PARMI TANT DE GRANDEUR (LE POURRA-T-ON BIEN CROIRE?)
JE SUIS MORTE EN EXIL ; COLOGNE EST MON TOMBEAU !
COLOGNE, ORIL. DES CITÉS DE LA TERRE ALLEMANDE,
SI JAMAIS UN PASSANT CURIEUX TE DEMANDE
LE FUNESTE RÉCIT DES MAUX QUE J'AI SOUFFERTS,
DIS : CE TRISTE CERCUEIL CHÉTIVEMENT ENSERRE
LA REINE DONT LE SANG COULE EN TOUT L'UNIVERS,
QUI N'EUT PAS EN MOURANT UN SEUL POUCE DE TERRE.

---

1. C'est à la munificence de la reine Marie, qui avait apporté de Florence l'amour des arts, que Paris doit le palais du Luxembourg et la fameuse galerie de Rubens.

Une inscription dont Pierre Corneille est l'auteur, et qui avait aussi été transcrite sur une dalle pour le Musée des monuments français, fut un moment placée à Saint-Denis en regard de celle-là Mais on l'a retirée comme injurieuse à la mémoire de Richelieu, et l'on a bien fait. S'il était permis à Corneille de ne pas rendre justice au cardinal, la France n'est pas obligée de penser comme ce grand poëte. Elle a depuis longtemps oublié le roi ; elle ne cessera jamais d'admirer le ministre.

116. *Louis XIII* (de l'église de la maison professe des Jésuites à Paris)[1]. — Le cœur de Louis XIII fut porté à la grande église des Jésuites que ce prince avait fondée, et dans laquelle Anne d'Autriche lui fit ériger un riche monument par le sculpteur Jacques Sarrazin. Deux anges plus grands que nature, coulés en argent et en bronze, soutenaient un cœur de vermeil ; quatre bas-reliefs ovales en marbre représentaient les vertus cardinales, et des anges portaient deux inscriptions gravées sur des cartouches entourés de draperies. Le métal a été fondu ; les marbres sont à Saint Denis ; mais on n'a jusqu'à présent mis en place que les inscriptions. Elles ont été appliquées sur les panneaux d'une espèce de monument dont la forme rappelle exactement celle de quelque ancien bahut. Chacune est accompagnée de deux enfants nus qui ont des ailes aux épaules ; l'un tient un sablier, l'autre pleure. A Saint-Denis, ces épitaphes n'ont plus de sens ; les voici cependant :

| | |
|---|---|
| AVGVSTISSIMVM | SERENISSIMA |
| LVDOVICI XIII. | ANNA AVSTRIACA |
| IVSTI REGIS, | LVDOVICI XIV. |
| BASILICÆ DVIVS | REGIS MATER |

1. *Musée des Monuments français*, nos 245 et 246.

| | |
|---|---|
| Fvndatoris | et Regina Regens, |
| Magnifici | Prædilecti |
| Cor, | Conivgis svi |
| Angelorvm hic | Cordi Regio |
| In Manibvs | Amoris hoc |
| In Coelo | Monvmentvm P. |
| In manv Dei. | Anno salvtis |
| | M. DC. XLIII. |

Le buste de Louis XIII placé au-dessus du monument a été exécuté en pierre factice d'après un bronze de Varin qu'on peut voir au Louvre. Des attributs royaux et guerriers, des chiffres de Louis XIII et d'Anne d'Autriche, sculptés en marbre blanc, ont été rapportés sur les parois rentrantes de ce bizarre cénotaphe.

117. *Gaston de France.* — Un simulacre de sarcophage en marbre blanc marqué d'une couronne ducale, une niche de forme circulaire et un fronton que je me souviens d'avoir vus tous trois employés à divers monuments au Musée des Augustins, composent maintenant le tombeau de Gaston de France. Le buste en marbre qui est posé dans la niche paraît avoir fait partie de l'ancienne décoration du palais du Luxembourg; il représente le prince très-jeune et vêtu du costume romain. L'épitaphe gravée sur le soubassement est une reproduction de celle qui se lisait autrefois sur le cercueil :

**ICY EST LE CORPS**
de très havt, très Pvissant et Excellent prince
GASTON, Jean Baptiste de France dvc d'ORLÉANS
Frère dv Roi Lovis XIII
décédé av chasteav de Blois le 2 févrie 1660.

REQVIESCAT IN PACE.

**118, 119. *Louis XIV, Marie-Thérèse d'Autriche*** [1]. — Comme plusieurs des monuments que nous venons de décrire, ceux de Louis XIV et de la reine Marie-Thérèse, sa femme, ne sont que des assemblages honteux et ridicules d'oripeaux volés à des personnages qui n'avaient pas d'autre bien. Si chacun des pauvres morts qu'on a mis à contribution pouvait venir un jour réclamer son morceau de sépulcre, il ne resterait rien à ces rois enrichis même après décès de la dépouille de leurs très-humbles serviteurs et sujets.

Le médaillon sculpté en marbre qui représente seulement la tête de la reine Marie-Thérèse est appliqué sur une draperie de même matière au-dessus de laquelle pleurent deux petits enfants. Pour se placer dans cet ajustement, l'effigie royale en a expulsé un marbre noir taillé en forme de cœur sur lequel se lisait l'épitaphe de deux dames du nom de Canteleu mortes à la fin du XVIIe siècle, et qui se trouve encore dans le grand magasin de l'église. L'urne de marbre noir mise en amortissement, les consoles, la plinthe qui a reçu après coup les armoiries de la reine, sont autant de fragments soudés ensemble sans que leur diversité d'origine ait pu être complétement dissimulée. L'épitaphe gravée au soubassement est celle que portait le cercueil :

ICY EST LE CORPS
DE TRES HAVTE TRES PVISSANTE
ET VERTVEVSE PRINCESSE
MARIE THERESE D'AVSTRICHE
EPOUSE DU ROY LOVYS XIV
DECEDEE AV CHASTEAV DE VERSAILLES
LE 30 JVILLET 1683.
REQVIESCAT IN PACE

---

1. Il y avait aux Petits-Augustins deux médaillons en marbre de ces personnages sous le n° 262. On les attribuait à Coyzevox.

Au monument de Louis XIV, le buste sculpté en bas-relief sur un médaillon de marbre est la seule chose qui ait appartenu à ce puissant monarque, trop pauvre aujourd'hui pour avoir un tombeau dont il soit légitime propriétaire. Les quatre colonnes composites en marbre de couleur ont été extraites de la décoration d'une salle des Petits-Augustins. Les trophées de marbre blanc viennent du tombeau que le prince de Conti, François-Louis de Bourbon, avait dans l'église de Saint-André-des-Arcs à Paris. Les deux pleureuses versaient jadis leurs larmes sur la cendre d'un particulier obscur, et représentaient quelques vertus posthumes découvertes dans le défunt; elles ont fait fortune, au moyen d'une substitution d'armoiries opérée sur les cartels qui les accompagnent : l'une est devenue France, l'autre Navarre, et toutes deux déplorent de leur mieux le trépas de Louis le Grand. Enfin, un ange d'emprunt a été chargé de tenir sur une draperie un cœur de marbre; on assure que c'est le cœur du roi qu'il emporte au ciel.

Nous ne connaissons rien de misérable comme des pastiches de cette espèce. Louis XIV, qui a élevé tant de magnifiques constructions, méritait mieux qu'un habit d'arlequin.

120. *Le duc d'Orléans, régent.* — Un piédestal moderne en marbre de Provence, surmonté d'une plinthe de marbre blanc au milieu de laquelle est sculptée une tête de mort couronnée de lauriers, supporte un buste en pierre factice de Philippe [1], duc d'Orléans, régent du royaume pendant la minorité de Louis XV. Le prince est vêtu d'une cuirasse et d'un manteau; la plaque et le cordon de l'ordre du Saint-Esprit se détachent sur le costume. La corniche du piédestal a fait partie d'un tombeau qui était appliqué au mur, dans la cour du cloître des Petits-Augustins.

---

1. L'original était aux Petits-Augustins sous le n° 391.

**121.** *Marie Lecsinska.* — Une statue en marbre blanc, à demi nue, d'un style gracieux, mais très-maniéré, représente, dit-on, la reine Marie Lecsinska avec les attributs de la piété filiale. Elle tient de la main gauche un médaillon qui serait le portrait de son père, le roi Stanislas; c'est une tête couronnée de lauriers. La ressemblance des deux personnages ne m'a point frappé et j'ignore d'ailleurs la provenance de cette figure. Une cigogne, deux enfants, un miroir autour duquel s'enlace un serpent, et enfin un autel se voient aux pieds de la statue. Le piédestal, composé de fragments, a reçu cette inscription qui était celle du cercueil de la reine :

> ICI EST LE CORPS
> DE TRÈS HAUTE TRÈS PUISSANTE ET
> TRÈS VERTUEUSE REINE MARIE LECSINSKA
> ÉPOUSE DE TRÈS HAUT ET TRÈS PUISSANT ROI LOUIS XV
> DÉCÉDÉE LE 24 JUIN 1768 A L'AGE
> DE SOIXANTE CINQ ANS
>
> REQUIESCAT IN PACE

**122.** *Louis XV.* — L'analyse des différentes parties du tombeau de Louis XV donne un résultat des plus singuliers. Deux illustres dames et une bourgeoise de Paris en ont fourni les pièces principales. Le sarcophage, en beau marbre noir, était originairement placé dans l'église des Cordeliers, à Paris, et portait la statue d'une duchesse de Joyeuse [1]; on en a détaché le côté où se lisait l'épitaphe. L'urne, en lumachelle, à moitié couverte d'un voile, à laquelle sert de support un piédestal élevé sur le sarcophage, surmontait jadis, dans l'église des Célestins, un cippe de marbre consacré à la mémoire d'une comtesse de Brissac; le cippe, couvert d'une longue inscription,

---

[1]. *Musée des Monuments français*, n° 110.

est resté aux Petits-Augustins [1]. Une femme en marbre blanc, vêtue à l'antique, agenouillée devant l'urne, pleure et se tord les mains ; le sculpteur Moitte, qui en est l'auteur, avait voulu représenter de cette manière madame Moitte, son épouse, et destinait cette statue à un tombeau de famille ; c'est aujourd'hui une France au désespoir d'avoir perdu son Louis XV, peu digne assurément d'exciter de pareils regrets. Un bas-relief signé du sculpteur Berruer, et daté de 1770, a été encastré dans le piédestal de l'urne ; il se trouvait autrefois au Louvre, dans la salle des séances de l'Académie des arts. La peinture et la sculpture y sont figurées sous les traits de deux jeunes et jolies femmes tenant pour attributs les pinceaux, la palette et le marteau ; Louis XV, en costume d'empereur romain, leur fait un bienveillant accueil, et se dispose à leur offrir pour récompense ou la couronne de laurier, ou le cordon de Saint-Michel qu'une Minerve lui présente.

Le monument s'adosse à une pyramide en marbre à laquelle est accroché un médaillon de Louis XV en bronze, acquis dans la boutique d'un marchand de curiosités [2].

123. *Madame Louise de France.* — Une colonne moderne en marbre de Provence, coiffée d'un ancien chapiteau ionique en marbre blanc, et capable, en raison de son volume, de soutenir un poids considérable, ne porte qu'un petit médaillon de marbre sur lequel est sculptée l'effigie en buste de Louise-Marie de France, fille de Louis XV, morte religieuse au couvent des Carmélites de Saint-Denis. L'église de ce couvent, devenue l'église paroissiale de la ville, possède encore l'épita-

---

1. *Musée des Monuments français*, n° 347.
2. Dans un savant et spirituel discours, prononcé le 26 juillet de la présente année 1847, M. le comte de Montalembert a signalé, du haut de la tribune de la chambre des pairs, à l'indignation publique, ce rétablissement dérisoire des sépultures royales.

phe de la pieuse princesse gravée sur un marbre bleu turquin :

> DANS LE CHAPITRE DE CE MONASTERE, REPOSE LE CORPS
> DE LA TRÈS RÉVÉRENDE MERE THÉRESE DE S<sup>t</sup> AUGUSTIN
> LOUISE *Marie de France*
> FILLE DU ROI TRÈS CHRETIEN *Louis* XV,
> ELLE PRIT L'HABIT DE L'ORDRE DU MONT CARMEL
> LE X. SEPTEMBRE M DCC LXX
> ELLE S'Y CONSACRA A *Dieu* PAR LA PROFESSION RELIGIEUSE
> LE XII SEPTEMBRE M DCC LXXI
> ELLE DECEDA LE XXIII DECEMBRE M DCC LXXXVII.
>
> PRIEZ POUR ELLE
>
> Ce marbre a été conservé  Ils en ont fait hommage à cette église,
> par les S<sup>r</sup> et D<sup>me</sup> Laruelle  lieu de sa première destination,
> depuis l'an 1793.  le 25 août 1817.

**124, 125.** *Louis XVI et Marie-Antoinette.* — Les statues en marbre blanc de Louis XVI et de Marie-Antoinette sont agenouillées devant des prie-Dieu et vêtues du costume de cour. La première, sculptée par M. Gaulle, nous a paru très-mauvaise ; la seconde, ouvrage de M. Petitot, pourrait, à notre avis, passer pour médiocre. Ces figures devaient être placées à la chapelle de Saint-Louis, dans l'église haute, et les piédestaux destinés à les recevoir y avaient même été construits. A la suite des événements de 1830, on crut devoir les exiler dans la crypte, où leur attitude de prière n'est justifiée par la présence d'aucun emblème sacré. On craignait si fort de voir revenir pour Saint-Denis les mauvais jours de 1793 que, par excès de prudence, on profita de cette translation pour retourner en dedans les panneaux des piédestaux sur lesquels étaient gravés en lettres d'or l'immortel testament de Louis XVI, et l'admirable lettre que Marie-Antoinette écrivit de la Conciergerie à madame Élisabeth, captive, elle aussi, dans la tour du Temple. Il n'y a plus sur les monuments que des étiquettes contenant le nom, la date de naissance et celle de mort de chaque personnage.

Bien des livres ont été faits sur tous les détails du pompeux appareil qui accompagnait, du temps de l'ancienne monarchie, les funérailles des rois. Nous dirons à notre tour ce que furent celles du malheureux Louis XVI. Le jour même de sa mort, quelques serviteurs fidèles osèrent demander à la Convention qu'il fût inhumé dans la cathédrale de Sens, auprès de son père et de sa mère. L'assemblée décida qu'il serait déposé dans le lieu affecté à la sépulture des citoyens de la section. Le corps du roi, enlevé de l'échafaud, fut porté au cimetière de la Madeleine, dans un cercueil suivi de deux prêtres qui l'avaient attendu à la porte de l'église paroissiale de ce nom, et qui marchaient la croix levée. Ces ecclésiastiques psalmodièrent les vêpres et récitèrent toutes les prières usitées pour le service des morts; le peuple, chose étrange, assistait aux prières dans le silence le plus religieux, lui qui, quelques instants auparavant, n'avait pas assez de haine pour le monarque conduit au supplice. Un lit de chaux vive fut ensuite jeté au fond de la fosse, profonde d'environ douze pieds; les membres du département et de la commune qui étaient présents, y firent précipiter le cadavre encore couvert de ses vêtements; puis on acheva de combler la fosse avec de la chaux et de la terre fortement battue [1].

126, 127. *Les deux fils de Louis XVI.* — Un petit monument orné de deux colonnes doriques, dont les fûts sont de

---

[1]. V. dans le *Moniteur* du mois de mai 1814 la déposition du sieur Renard ancien vicaire de la Madeleine.

marbre noir veiné et les chapiteaux de marbre blanc, présente le médaillon en marbre de Louis de France, dauphin, mort à Meudon, le 4 juin 1789, et celui de Louis XVII. La légende gravée autour de l'effigie du second fils de Louis XVI, donne à ce prince le titre de roi de France et de Navarre ; mais la date de la mort ne s'y trouve pas mentionnée. Bien des gens ont cru que Louis XVII était sorti vivant de la tour du Temple, et quelques-uns même l'attendent encore comme un sauveur promis à la France. Les tortures physiques et morales infligées à cet enfant roi, l'abrutissement calculé par lequel on tuait l'esprit avec le corps, sont une honte éternelle pour les hommes qui ont toléré que de pareils actes fussent accomplis sous leurs yeux. Malheur à celui dont les vengeances sont impitoyables, et dont l'âme reste insensible au spectacle d'une grande infortune.

128. *Charles-Ferdinand de France duc de Berry.* — Nous étions bien jeune alors, mais nous ne pouvons nous rappeler sans émotion la stupeur qui se répandit dans la capitale entière, lorsque, le 14 février 1820, on apprit que le duc de Berry venait d'être assassiné. La salle de l'Opéra, aux portes de laquelle le crime avait été commis, fut démolie bientôt après, et une chapelle expiatoire s'éleva sur l'emplacement de ce théâtre. C'était un monument d'une déplorable architecture. La révolution de juillet le trouva inachevé ; elle le fit détruire pour dégager les abords de la rue de Richelieu et de la Bibliothèque. Nous aurions compris que l'ancien gouvernement eût érigé en ce lieu funeste une colonne ou une statue ; mais la France ne pouvait être condamnée, comme solidaire du crime, à s'imposer une expiation solennelle.

Un groupe, d'une dimension colossale et d'une laideur équivalente, commencé par M. Dupaty et terminé par M. Cortot, aurait été placé au fond de l'abside de la chapelle. Resté sans asile, il a été recueilli dans la crypte de Saint-Denis ; il était taillé sur de telles proportions qu'on a été obligé de le diviser pour lui trouver une place suffisante. Les figures ont environ quatre mètres. Le sujet est de la plus froide allégorie. La Ville de Paris s'incline et pose sur un autel l'urne funèbre du prince, que la France, debout et appuyée sur un long sceptre, semble prendre sous sa protection. La face principale de l'autel porte ces mots :

A LA MÉMOIRE<br>
DE CHARLES<br>
FERDINAND<br>
DE FRANCE<br>
DUC<br>
DE<br>
BERRY

**129.** *Louis XVIII.* — La première branche des Capétiens a fini par trois frères : il en a été de même de la branche royale de Valois et de la branche aînée des Bourbons. Des trois petits-fils de Louis XV, Louis XVIII est le seul qui soit mort aux Tuileries et dont les obsèques aient été célébrées à Saint-Denis avec le cérémonial usité pour les rois ses prédécesseurs. On vient de lui élever un monument d'une mesquinerie indécente, composé de parties hétérogènes qui n'avaient jamais eu cette destination. Au soubassement, trois médaillons de marbre qui avaient été faits pour la chapelle de Saint-Louis, représentent mesdames Adélaïde et Victoire de France, filles de Louis XV, et l'angélique sœur de Louis XVI, Élisabeth-Philippine-Marie-Hélène de France. Une branche de lis, d'une très-belle sculpture, qui provient, dit-on, d'un des tombeaux que la famille des princes de Conti avait à Saint-André-des-Arcs, couronne le socle. Plus haut, un piédestal carré attend une épitaphe, et sert de support à un buste du roi sculpté en marbre par M. Valois ; ce buste, qui n'appartenait pas à Saint-Denis, a été tiré des magasins de la liste civile. Enfin, aux côtés de ce misérable tombeau, sont assises deux grosses figures de femmes qui dépendaient du cénotaphe consacré au duc de Berry ; l'une vêtue d'une peau de lion et tenant une massue, serait l'armée française ; l'autre se laisse facilement reconnaître pour la charité, entourée qu'elle est, comme à l'ordinaire, d'enfants dont elle se fait la nourrice.

Le monument de Louis XVIII est le dernier, et la place manquerait dans la crypte pour les monuments à venir. Mais Saint-Denis ne doit plus recevoir de tombeaux ; la dynastie régnante s'est choisi une autre sépulture au milieu des ruines de l'antique château de Dreux, dans une chapelle qu'elle veut posséder sans partage. Ce qu'il faut à ses morts ce n'est plus l'éclat bruyant d'un monument national, mais le calme religieux du tombeau de famille.

Depuis douze siècles que l'abbaye de Saint-Denis a commencé d'exister, combien n'a-t-elle pas vu passer d'hommes et de choses. C'est un monument plein de vie et de souvenirs dont chaque pierre parle un merveilleux langage. Pour nous, toutes les fois qu'il nous arrive de voir célébrer les cérémonies saintes dans cette auguste basilique, l'aspect de ces débris de tous les âges qui nous environnent, et de ces tombeaux vides qui proclament d'une façon si énergique le néant de toutes choses, le chant de ces hymnes dont l'éternelle psalmodie s'est à peine interrompue quelques jours dans la longue suite des siècles, la présence de cette croix toujours combattue et toujours triomphante, nous rappellent à la mémoire l'infaillible promesse du Sauveur : Le ciel et la terre passeront, mes paroles ne passeront pas !

FIN

# TABLE DES MATIÈRES

|  | Pages |
|---|---|
| CHAPITRE PRÉLIMINAIRE | 5 |
| CHAPITRE Ier. — Sépulture des rois et princes des trois dynasties. | 27 |
| — II. — Sépultures royales à Saint-Denis, leur nombre, leur ancienne disposition. | 35 |
| — III. — Personnages étrangers à la maison royale inhumés à Saint-Denis. | 44 |
| — IV. — Violation des Tombeaux. | 52 |
| — V. — Notes sur les exhumations de Saint-Denis par un religieux de cette abbaye, témoin oculaire de ces exhumations en 1793. | 55 |
| — VI. — Indication et description des tombeaux qui ont été détruits en 1793. | 84 |
| — VII. — Transport des monuments à Paris, leur réintégration à Saint-Denis. | 98 |
| MONUMENTS DE L'ÉGLISE HAUTE. | 111 |
| LA CRYPTE, ses Caveaux, ses Chapelles, ses Monuments funéraires. | 185 |

A la même Librairie.

## ANNALES ARCHÉOLOGIQUES,

Revue mensuelle, in-4°, avec gravures sur métal et sur bois, rédigée par les principaux architectes et archéologues, sous la direction de DIDRON aîné. Par an. . . . . . . 25 fr.

## MANUEL D'ICONOGRAPHIE CHRÉTIENNE,

Par DIDRON aîné. Comprend l'Iconographie du moyen âge en Occident et en Orient. In-8° de 530 pages. Prix. . 10 fr.

## DICTIONNAIRE DES ORNEMENTS ECCLÉSIASTIQUES,

Par M. PUGIN, architecte. Comprend, par ordre alphabétique, les vêtements, meubles et vases sacrés. Grand in-4° de 260 pages et 73 lithographies en couleurs. Prix. 185 fr.

## DICTIONNAIRE ABRÉGÉ DE L'ARCHITECTURE ANTIQUE ET DU MOYEN AGE,

Par H. PARKER. In-12 de 300 pages, avec 440 gravures sur bois. . . . . . . . . . . . . . . . . . . . . . . . . . . . . . 12 fr.

## ARMORIAL DE L'ANCIEN DUCHÉ DE NIVERNAIS,

Par G. de SOULTRAIT, correspondant des Comités historiques. In-8° de 200 pages, avec des planches gravées sur métal. Prix. . . . . . . . . . . . . . . . . . . . . . . . . . . . . 15 fr.

Typ. CLAYE ET TAILLEFER.

www.ingramcontent.com/pod-product-compliance
Lightning Source LLC
Chambersburg PA
CBHW050429170426
43201CB00008B/595